出土文献释读与先秦史研究

马 超 / 著

科 学 出 版 社
北 京

内 容 简 介

本书主要对2011年以来多件新出土铜器铭文进行释读研究，在吸收学界研究成果的基础上对铭文中的疑难字词、语句进行了考释，疏通文意，提出了一些新的见解。此外，本书还对金文、古玺、楚简等古文字材料中所见疑难字词给予考释，其中以金文字词考释为主。最后，本书在出土文献释读基础上，对春秋时期楚国历法、西周王室和姬姓封国婚姻状况、夌氏铜器所属国别及其地望、宜国地望及其与吴国关系、六国文字与隶变关系等问题进行了讨论。

本书可供先秦史、古文字研究领域学者及相关专业学生阅读与参考。

图书在版编目（CIP）数据

出土文献释读与先秦史研究/马超著.—北京：科学出版社，2019.10
ISBN 978-7-03-062526-7

Ⅰ. ①出… Ⅱ. ①马… Ⅲ. ①出土文物-文献-研究-中国 ②中国历史-研究-先秦时代 Ⅳ. ①K877.04

中国版本图书馆CIP数据核字（2019）第221832号

责任编辑：任晓刚 / 责任校对：韩 杨
责任印制：张 伟 / 封面设计：黄华斌

科 学 出 版 社 出版
北京东黄城根北街16号
邮政编码：100717
http://www.sciencep.com
北京建宏印刷有限公司 印刷
科学出版社发行 各地新华书店经销
*

2019年10月第 一 版　开本：720×1000 B5
2022年 1 月第二次印刷　印张：14
字数：200 000
定价：128.00元
（如有印装质量问题，我社负责调换）

目　录

第一章　近出铜器铭文研究 ……………………………………… 1

　　一、伯晋生鼎 …………………………………………………… 3

　　二、许成季鼎 …………………………………………………… 7

　　三、嬰鼎 ………………………………………………………… 9

　　四、蔡公孙鱓戈 ………………………………………………… 14

　　五、作宝觯 ……………………………………………………… 17

　　六、巩子鼎 ……………………………………………………… 20

　　七、曾侯钟 ……………………………………………………… 24

　　八、曾侯與鬲 …………………………………………………… 31

　　九、景之鐈鼎 …………………………………………………… 34

　　十、中臣登鼎 …………………………………………………… 38

第二章　金文字词释读研究 ……………………………………… 43

　　一、金文"圝"字音读及相关问题研究 ……………………… 45

　　二、试说遹尊铭文中的"肖"字 ……………………………… 54

　　三、释"叮" …………………………………………………… 59

　　四、叶家山铜鼎铭文"彳子"试解 …………………………… 63

　　五、许大戭伯国父鼎跋 ………………………………………… 68

　　六、金文考释二题 ……………………………………………… 72

　　七、关于"龟"字上古读音的补证 …………………………… 79

　　八、金文考释拾零两则 ………………………………………… 85

第三章　古文字构形分析丛说 …………………………………… 93

　　一、"陈"字新解 ……………………………………………… 95

· i ·

二、续释"筭"字 …………………………………………………… 104

三、吴越文字中读为鱼部的"大"形来源试析 ………………… 108

四、说字杂记 …………………………………………………… 117

五、形声字丛考 ………………………………………………… 129

第四章 战国文字研究 …………………………………………… 137

一、郑韩故地所出战国牛骨账簿释文校注 …………………… 139

二、释燕国弩牙铭文中的"厥"字 ……………………………… 157

三、释王蔑鼎铭文中的"毕芷" ………………………………… 160

第五章 古史研究 ………………………………………………… 163

一、再论贾子叔子屖盘的归属 ………………………………… 165

二、邁子受铜器铭文"亡作"试解及其年代推断——楚历建丑说新证 …………………………………………………… 169

三、西周金文所见姬姓婚姻及相关问题述论 ………………… 175

四、西周金文夌氏考 …………………………………………… 193

五、新出霸国铜器与宜国地望研究 …………………………… 202

六、六国文字与隶变关系的再思考——黄惇先生《战国竹简墨迹的笔法问题》一文阐微 ……………………………… 212

第一章　近出铜器铭文研究

一、伯晋生鼎

时代：西周晚期。

出土时地：2004 至 2007 年山西绛县横水镇横北村西周墓地（M1016：42）。

著录：《两周封国论衡》第 101 页；《商周青铜器铭文暨图像集成续编》0181；《金玉交辉》第 290 页。

尺寸：未详。

释文：唯八月初吉，伯晋生（甥）[肇作]宝尊鼎，其㝬（万）年永宝，其用亯（图 1-1）。

图 1-1　伯晋生鼎铭文

【注释】

器主"伯晋生"，"晋生"之"生"当读为甥舅之"甥"[①]。谢尧亭先生指

---

① 张亚初：《两周铭文所见某生考》，《考古与文物》1983 年第 5 期，第 83 页。

出"伯"是倗伯之省，器主"伯晋生"的母亲为晋国之女嫁于倗国者。①所谓国名"倗"实际上应该释为"朋"，从"朋"的演变过程看，并不能从其字形中分离出人旁。②又据李学勤先生研究，山西绛县横水所发现的朋国应该就是文献记载中的倗国。③

铭文中的"▉（▉）"从文例上说是"万"字无疑，左侧作"▉"形，故严格说来当隶定为"憤"。这个字形有两种解释的可能。第一种可能是将"▉"形看作反写的"彳"形之省。金文嘏辞"万年无疆"之"万"有时从"彳"作"▉"（郑饔邍父鼎，《殷周金文集成》02493），"彳"若省去上面的部分就会变为"亻"形，这个字形如果再反写就会变为"卜"形。

第二种可能是将左侧的"▉"释为"卜"字。"卜"在卜辞中常用为"外"，《甲骨文合集》20333"丁丑卜王贞：令竹求□于卜，肩出朕事。"裘锡圭指出其中的"卜"就应读为"外"。④还有学者提出"卜"本为"外"之初文，以卜兆方向表示内外之"外"，后增加"月"为声旁，遂成"外"形。⑤

故鼎铭"憤"所从之"卜"完全可以理解为"外"，"外"为疑母月部字，"万"为明母元部字。二字韵部月元对转，声纽虽有差距，但是从"万"得声之字常可以和从"歺"得声之字通假，如：

《礼记·祭法》："是故厉山氏之有天下也，其子曰农，能殖百谷。"《经典释文》："厉山，《左传》作'列山'。"

《诗经·小雅·都人士》："彼都人士，垂带而厉。"郑玄笺："厉，字当作裂。"

可见"万""歺"音近，而"歺"古音属疑母月部字，总之"万"与"外"古音当较为接近。"卜（外）"完全可以充当"万"字的叠加声符。以上两种意见，我们倾向于后者。

需要注意的是传世有一件椃伯鼎或称杞伯鼎（《殷周金文集成》02460），

---

① 谢先生之说转引自陈昭容：《两周夷夏族群融合中的婚姻关系——以姬姓芮国与媿姓倗氏婚嫁往来为例》，陕西省考古研究院、上海博物馆编：《两周封国论衡——陕西韩城出土芮国文物暨周代封国考古学研究国际学术研讨会论文集》，上海：上海古籍出版社，2014年，第101页。

② 季旭昇：《说文新证》，台北：艺文印书馆，2014年，第306页。

③ 李学勤：《绛县横北村大墓与倗国》，《中国文物报》，2005年12月30日，第7版；李学勤：《文物中的古文明》，北京：商务印书馆，2008年，第272、273页。

④ 裘锡圭：《裘锡圭学术文集·甲骨文卷》，上海：复旦大学出版社，2012年，第283页。

⑤ 此说参季旭昇：《说文新证》，福州：福建人民出版社，2010年，第573页。

其铭文字体与伯晋生鼎高度相似,参见表 1-1:

表 1-1　梌伯鼎与伯晋生鼎铭文对比表

例字	梌伯鼎	伯晋生鼎
宝		
鼎		
其		
万		
年		
用		
宫		

两器铭文"万"左侧均有"卜"旁,"年"字上部的"禾"旁均将"∨"形笔画写为"—"笔,尤其令人称奇的是两器中"用"字居然均是倒书。两器在字形上的共同特点恐怕绝非巧合,梌伯鼎为传世器,出土信息不详,铭文为:

梌(?)伯肇作肆(?)宝鼎,其萬(万)年用宫。

梌伯鼎(图 1-2)据说在清代原藏"热河行宫"(即承德避暑山庄),早在《贞松堂集古遗文》中既已收录[①],铭文首字或释为梌或释为杞[②],字形均不似,留待后考。器主自称"梌(?)伯","梌(?)"当为族氏名,未详所指。我们怀疑梌伯与伯晋生应是同国之人,两件器的铭文也极有可能出自同一书者之手,否则就无法合理解释为何两器铭文字体如此高度一致。毕竟梌伯鼎著录在前,而伯晋生鼎又是后来经考古发掘出土的,二者均没有铭文是仿造或伪刻的可能。目前伯晋生鼎仅公布铭文,器形以及墓葬信息尚未知晓,《商周青铜器铭文暨图像集成续编》定伯晋生鼎的年代为西周晚期,而梌伯鼎的年

---

① 罗振玉:《贞松堂集古遗文·卷二·四十六》,刘庆柱、段志洪、冯时主编:《金文文献集成》,北京:线装书局,2005 年,第 24 册,第 48 页。

② 山东省博物馆编:《山东金文集成》,济南:齐鲁书社,2007 年,第 146 页。

代又多认为是西周中期,存在差距,这个问题有待伯晋生鼎全部资料公布后再来讨论。

图 1-2　棫伯鼎铭文

二、许成孚鼎

时代：春秋早期。

出土时地：谷城县城关镇邱家楼春秋早期墓地。

著录：《文物》2014年第8期，第47页；《商周青铜器铭文暨图像集成续编》0190。

尺寸：通高25.6厘米、口径26.4厘米。

释文：唯八月初吉，盨（许）成孚（宝）择其吉金作鼎，子子孙孙永寳（宝）用之（图1-3）。

说明：2007年6月谷城县公安局向文物部门转交。

图1-3　许成孚鼎及其铭文

【注释】

盨，在金文中作为国名即是姜姓许国。字《湖北谷城出土许国铜器》缺释①，《商周青铜器铭文暨图像集成续编》释为"孝"。我们认为此字可以分析

---

① 李广安：《湖北谷城出土许国铜器》，《文物》2014年第8期，第46页。

为从玉、从子，当隶定为"季"，有可能是金文常见的"俘"字之省。"俘"金文常作"[字形]"（太保盉，《商周青铜器铭文暨图像集成》14789）、"[字形]"（作册大方鼎，《殷周金文集成》02760）、"[字形]"（叔簋，《殷周金文集成》04132.1）、"[字形]"（矢令方彝，《殷周金文集成》09901.1）等形。若省去"人"旁即是鼎铭"[字形]"字，无独有偶，保利艺术博物馆所收藏的益余敦（《商周青铜器铭文暨图像集成》06072）铭文"永宝用之"，其中的"宝"字正作"[字形]"形[①]，可证"俘"确有省去"人"旁的"季"形异体，故我们认为鼎铭"[字形]"字当释为"宝"。

"永宝用之"的"宝"放大看（图 1-4），上部从宀、从个（缶之省）、从玉，下部却是从"鬲"。故严格来说此字当隶定为"寫"，此种写法的"宝"字似为金文首见，较为特殊。我们推测此种从"鬲"的"宝"当是由从"鼎"的"宝"字讹变而来，"宝"字一般从"贝"会意，但是"贝"旁偶有讹变为"鼎"形的，如："[字形]"（友簋，《殷周金文集成》03727）、"[字形]"（遲盨，《殷周金文集成》04436.2）、"[字形]"（许男鼎，《殷周金文集成》02549）等。而在古文字中有时"鼎"和"鬲"在作偏旁时可以互作，如："献"既从"鼎"作"[字形]"（多友鼎，《殷周金文集成》02835）、"[字形]"（陈公子弔邅父瓶，《殷周金文集成》00947），又从"鬲"作"[字形]"（鲁仲齐瓶，《殷周金文集成》00939）、"[字形]"（虢季子白盘，《殷周金文集成》10173）等形。因此本铭"寫（宝）"所从的"鬲"，当是"鼎"的讹变。

图 1-4 "宝"字放大图

[①] 《新金文编》将"俘"视为"保"之异体，徐在国在安徽大学讲授字形学课程时强调，此字当是从玉、保声，是"宝"之异体，我们赞同徐先生的意见。

三、㚋鼎

时代：西周早期。

出土时地：1993 年 4 月平顶山滍阳岭应国墓地（M242：11）。

著录：《平顶山应国墓地Ⅰ》第 151 页；《商周青铜器铭文暨图像集成续编》0195。

尺寸：通高 22.8 厘米、口径约 20.3 厘米。

释文：㚋拜稽首，皇兄考（老）于公，宔（宠）氒（厥）事弟。不敢不䍙（释）衣（依），夙夜用旨䵼（肆）公（图1-5）。

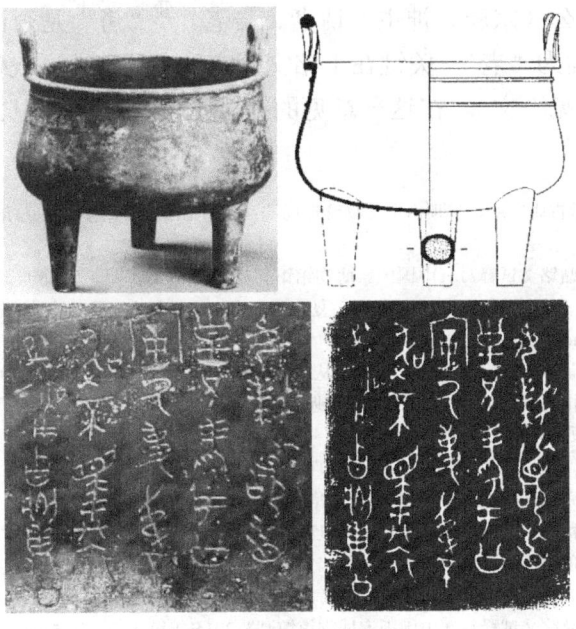

图 1-5　㚋鼎及其铭文

【注释】

（一）瘿拜稽首，皇兄考（老）于公

🔲字《平顶山应国墓地Ⅰ》释为"旡"①；黄锦前先生认为此字是"旻"殆无问题②，《商周青铜器铭文暨图像集成续编》从之；网友金滕则指出应释为"瘿"③，我们赞同释"瘿"之说。冯胜君先生指出古文字中很多旧释为"旻"之字，实际当释为"瘿"。"瘿"甲骨文作🔲（《甲骨文合集》190），字像女人的脖颈处长有肿瘤的样子，战国文字中的"瘿"，是其后起形声字，单独成字的"旻（晏）"均从"安"省声。④春秋文字中"瘿"字作🔲（王子婴次炉"婴"之所从，《殷周金文集成》10386）与本铭首字"🔲"显然是一个字，网友金滕释首字为"瘿"，可信，据此鼎名应改称为"瘿鼎"。

"皇兄"之"皇"当是对其兄的美称⑤，金文中"皇祖""皇考""皇王""皇天""皇公""皇父""皇母"等称谓习见。⑥

铭文中的"考"，《平顶山应国墓地Ⅰ》认为通"孝"，意为享孝、追孝。⑦黄益飞⑧、袁俊杰、王龙正⑨等先生亦主读"孝"之说。黄锦前先生主张"考"如字读，将其训作"成"⑩。陈剑先生认为"兄考于公"有可能读为"兄老于公"，即其兄向公（宗庙、神主）请老、告老。⑪"考"是否读为"孝"或者如字读，亦或读为"老"，关键在于铭文"宔"字的释读，我们认为"宔"当读为"宠"（详见下文）。在这一意见的基础上，几家说法中当以陈先生之说

---

① 河南省文物考古研究所、平顶山市文物管理局编：《平顶山应国墓地Ⅰ》，郑州：大象出版社，2012年，第170页。
② 黄锦前：《旻鼎铭文试释》，《中国国家博物馆馆刊》2015年第3期，第56页。
③ 黄锦前：《旻鼎铭文试释》第1楼评论，复旦大学出土文献与古文字研究中心网站，2012年9月8日，http://www.gwz.fudan.edu.cn/Web/Show/1924。
④ 冯胜君：《试说东周文字中部分"婴"及从"婴"之字的声符——兼释甲骨文中的"瘿"和"颈"》，《出土文献与传世典籍的诠释——纪念谭朴森先生逝世两周年国际学术研讨会论文集》，上海：上海古籍出版社，2010年，第67页。
⑤ 河南省文物考古研究所、平顶山市文物管理局编：《平顶山应国墓地Ⅰ》，第170页。
⑥ 张亚初：《殷周金文集成引得》，北京：中华书局，2001年，第928—934页。
⑦ 河南省文物考古研究所、平顶山市文物管理局编：《平顶山应国墓地Ⅰ》，第170页。
⑧ 黄益飞：《平顶山应国墓地出土"旡"鼎铭文研究》，《考古》2015年第4期，第96、97、100页。
⑨ 袁俊杰、王龙正：《论旡鼎与丧服礼》，《考古》2015年第6期，第82页。
⑩ 黄锦前：《旻鼎铭文试释》，《中国国家博物馆馆刊》2015年第3期，第56页。
⑪ 黄锦前：《旻鼎铭文试释》第5楼评论，复旦大学出土文献与古文字研究中心网站，2012年9月8日。

最为合理。

（二）宔（宠）毕（厥）事弟。不敢不鼌（释）衣（依）

，一般隶定为"宔"。《平顶山应国墓地Ⅰ》认为"宔"字意为赏赐①；黄锦前先生将"宔"读作"休"，训为美善②；黄益飞先生指出"宔厥事"，犹"休有成事"，"休厥成事"③；袁俊杰、王龙正先生指出"宔"有"赐""休"二义，于本铭皆可通，综合分析还是赐义为长④；经陈剑先生考证，金文常见的"宔"字，其所从的"丑"旁即是"琮"字，甲骨文作"▨"（《甲骨文合集》32807），象玉琮之形，后来简化作"▨"（《甲骨文合集》32806）、"▨"（《甲骨文合集》36959）之形，金文中的"宔"可以读为光宠之"宠"。⑤陈先生之说可信，各家将"宔"读为"休"或训为"赏赐"均是不够恰当的。"宠厥事弟"中"厥"可以理解为代词，本句按陈先生意见大意为：其兄将其事宠加于其弟。⑥按照这种意见，上文"皇兄考于公"中"考"读为"老"，将此句理解为其兄向公请老，就非常顺畅了。

"鼌衣"一词是铭文解读的难点与关键，"鼌"字裘锡圭先生以为象两手脱离手铐，应即"释"之初文，"释""择"古通。⑦有学者将"鼌衣"看作"鼌（择）入（纳）北"三字⑧，亦有观点认为"鼌衣"乃一字，乃从"衣"、"鼌"声，即"襗"之异体，读为"怿"。⑨首先应指出将"鼌衣"视为一字是绝对不可能的，从整篇铭文的行款看，每行大致为四、五、六字，若"鼌衣"为一字则本行仅三字，不符合通篇的行款布局。有学者之所以会认为"鼌衣"为三字，主要是因为"衣"字写法特殊，其下部竖笔外侈似"北"形而与"衣"字有别。其实此种写法的"衣"并非特例，伯僭簋（《商周青铜器铭文暨图像集成续编》0395）中"哀"字作"▨（▨）"，其所从的"衣"旁下部即向外扩张，与本铭"衣"形接近。由此知将铭文"鼌衣"释为"释衣"二字当无疑问。

"鼌衣"二字的意义同样难以理解，《平顶山应国墓地Ⅰ》认为"择衣"意

---

① 河南省文物考古研究所、平顶山市文物管理局编：《平顶山应国墓地Ⅰ》，第170页。
② 黄锦前：《晏鼎铭文试释》，《中国国家博物馆刊》2015年第3期，第56、57页。
③ 黄益飞：《平顶山应国墓地出土"无"鼎铭文研究》，《考古》2015年第4期，第99、100页。
④ 袁俊杰、王龙正：《论无鼎与丧服礼》，《考古》2015年第6期，第83、84页。
⑤ 陈剑：《释"琮"及相关诸字》，《甲骨金文考释论集》，北京：线装书局，2007年，第273页。
⑥ 黄锦前：《晏鼎铭文试释》第5楼评论，复旦大学出土文献与古文字研究中心网站，2012年9月8日。
⑦ 裘锡圭：《裘锡圭学术文集·古代历史、思想、民俗卷》，上海：复旦大学出版社，2012年，第175页。
⑧ 黄锦前：《晏鼎铭文试释》第8楼评论，复旦大学出土文献与古文字研究中心网站，2012年9月8日。
⑨ 黄锦前：《晏鼎铭文试释》第6楼评论，复旦大学出土文献与古文字研究中心网站，2012年9月8日。

为选择衣服，这里是指无（按：依我们的意见当改释为"瘿"）为其新死的父亲着丧服①；袁俊杰、王龙正先生赞同此说，进一步指出衣、服可相通，又均可特指戎服、礼服、祭服和丧服，而本铭之择衣又正值其父刚死不久，故这里的衣实可引申为丧服②；黄锦前先生指出"睪（择）"当读作"殬"或"斁"。《说文》："殬，败也。"或又可读作"怿"。《尔雅》："怿……服也。""衣"，与"卒"通，在铭文中应读作"瘁"。瘁，《广韵》："病也。"黄先生还说明在古代"衣"一般是指上衣。在传世文献中也没有见到以"衣"来称丧服的，说"择衣"关乎丧服制度，完全是无稽之谈。③黄益飞先生认为"衣"或当读为"哀"，"择哀"即谓择合适之容体、声音、言语、饮食、居处、丧服，以致其哀痛。④

"睪衣"二字解释不清，则铭文所载器主不敢不做什么也就难以确定。按照我们对铭文的理解，鼎铭前言器主之兄年事已高，请老于宗庙之事，并将此事交给器主打理，那么紧接着似乎应是器主表达"不敢不接受此事"之类的意思。"睪衣"当与"接受""服从"之意相关。按照这种思路，我们倾向于将"睪衣"读为"怿依"，《说文·心部》："怿，说也"，即是愉悦之意。"依"则可以训为顺从、依从，《庄子·养生主》："依乎天理，批大郤，道大窾。"成玄英注："依天然之腠理。"⑤此处"依"即顺从、依从之意。则铭文"怿依"可以理解为"愉快地依从"。或者"睪"当如字读，依裘锡圭先生的意见释为"释"，《尔雅·释诂上》："释，服也。"郭璞注："皆喜而服从。"则"释衣（依）"亦可解释为"服从"。

（三）夙夜用旨肆（肆）公

在讨论""字之前，应先说明鼎铭之"肆"当释为"肆"。此字旧多释为"肆"，后陈剑先生将其改释为"肆"⑥，其说可信。

字，《平顶山应国墓地Ⅰ》释为"占"，认为其字义为占卜。⑦黄益飞⑧、

---

① 河南省文物考古研究所、平顶山市文物管理局编：《平顶山应国墓地Ⅰ》，第170页。
② 袁俊杰、王龙正：《论无鼎与丧服礼》，《考古》2015年第6期，第83、84页。
③ 黄锦前：《晏鼎铭文试释》，《中国国家博物馆刊》2015年第3期，第56、57页。
④ 黄益飞：《平顶山应国墓地出土"无"鼎铭文研究》，《考古》2015年第4期，第99、100页。
⑤ （清）王先谦编著：《庄子集解》，成都：成都古籍书店，1988年，第18、19页。
⑥ 陈剑：《甲骨金文旧释"肆"之字及相关诸字新释》，复旦大学出土文献与古文字研究中心编：《出土文献与古文字研究》第二辑，上海：复旦大学出版社，2008年，第13页。
⑦ 河南省文物考古研究所、平顶山市文物管理局编：《平顶山应国墓地Ⅰ》，第170页。
⑧ 黄益飞：《平顶山应国墓地出土"无"鼎铭文研究》，《考古》2015年第4期，第98页。

袁俊杰、王龙正等先生从之。①黄锦前先生改释为"旨"。②黄杰先生从之，并将"旨"理解为副词（意为美），用以修饰动词鼄。③

"🗒"从字形以及文意上看，释为"旨"较释为"占"合理。"占"字从卜从口，此字下部口中有"·"，当是"甘"字，这一点从照片中看得格外清楚，"🗒"当是从匕从甘的"旨"字无疑。此字既不能释为"占"，则有学者提出的铭文末句意为"为公占卜葬期"等说法就无法成立了。

"旨"有"嘉、美"之意，《说文·旨部》："旨，美也。"又《诗经·邶风·谷风》："我有旨蓄，亦以御冬。"毛传："旨，美。"郑笺："蓄聚美菜者，以御冬日之无时也。"又《诗经·小雅·頍弁》："有頍者弁，实维伊何？尔酒既旨，尔殽既嘉。"郑笺云："旨、嘉皆美也。女酒已美矣，女殽已美矣。"黄杰先生以为此处"旨"意为"美"是可取的，但却不应理解为副词，我们认为此处将其理解为名词或许更合适，"用旨肆"或意即"用美味的食物祭祀（庙主）"。《论语·阳货》："食旨不甘，闻乐不乐。"其中"旨"即用为名词。"旨"字与本铭相似的用法，还见于姬兔母鼎（《商周青铜器铭文暨图像集成续编》0153）：

姬兔母作鯺鼎，用旨障（尊）厥公厥姊。

障（尊）有祭祀之意④，"用旨障（尊）厥公厥姊"意为用美味的食物祭祀公与姊⑤，与瘿鼎"用旨鄚（肆）公"可以互参，两处"旨"字意义应相同，均应指味美之食。整篇铭文按照本文的理解大致可以作如下解说：瘿拜稽首，吾皇兄老于宗庙之事，将宗庙之事宠加于其弟我，我不敢不服从，早晚用美食祭祀公。

---

① 袁俊杰、王龙正：《论无鼎与丧服礼》，《考古》2015年第6期，第84页。
② 黄锦前：《晏鼎铭文试释》，《中国国家博物馆馆刊》2015年第3期，第56、57页。
③ 黄锦前：《晏鼎铭文试释》第9楼评论，复旦大学出土文献与古文字研究中心网站，2012年9月8日。
④ 张世超等：《金文形义通解》，京都：中文出版社，1996年，第3510页。
⑤ 袁国华：《姬隽母温鼎初探》，张光裕、黄德宽主编：《古文字学论稿》，合肥：安徽大学出版社，2008年，第249页。

四、蔡公孙鯆戈

时代：春秋晚期。

出土时地：2006年安徽省六安市九里沟乡第三窑厂（M3283）。

著录：《文物》2014年第5期，第72页；《商周青铜器铭文暨图像集成续编》1200。

尺寸：通长21.9厘米。

释文：蔡公孙鯆（魸）之用戈（图1-6、图1-7）。

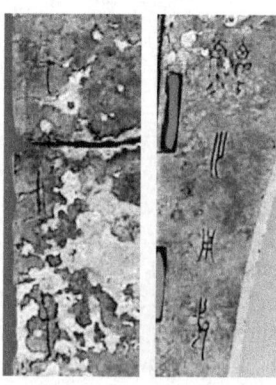
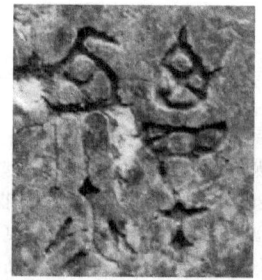

图1-6　蔡公孙鯆戈及其铭文

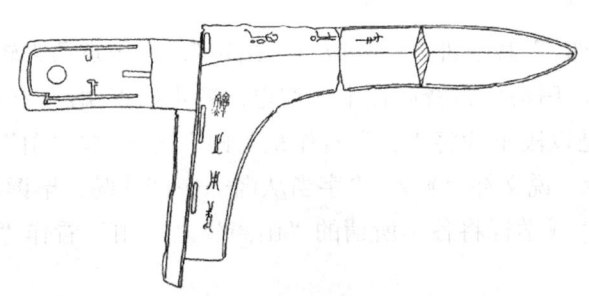

图 1-7　蔡公孙鱀戈摹本

【注释】

　　铜戈援部铭文为"蔡公孙",胡部首字为"▉(鱀)",其后为"之用戈"三字,从文例可知,胡部首字当是"蔡公孙"的私名,此字王长丰先生等认为从鱼、从罩,将其释为"鱀","罩"与"霍"古音接近,蔡公孙鱀即见于《春秋·哀公四年》的"蔡公孙霍";石小力先生认为此字右侧当是"覃"旁,故此字当释作"鱏","蔡公孙鱏"不见于文献记载。①

　　鱀字右侧释"覃"或"罩"均有问题,其上为"▉"形,"罩"字有作"▉"、"▉"(《楚文字编》②595 页)一类的形体,上部与"▉"形接近。但是下部却与"▉"相差甚远,这一点石小力先生已经说明,故释此字为"鱀"不可信。"覃"字一般作"▉"(亚辛铜残片,《殷周金文集成》10476)、"▉"(亚覃父丁爵,《殷周金文集成》08890)、"▉"(晋姜鼎,《殷周金文集成》02826)等形,同样是上部形体与"▉"接近而下部差别较大。石先生认为戈铭"▉"是由"覃"字底部的"▉"演变而来,并引用了"墉(郭)"旁由"▉"演变为"▉","厚"由"▉"演变为"▉"来作证明。事实上,"▉"(墉/郭)"▉"(厚)下部的"▉"、"▉"与"▉"依旧判然有别,故释此字释为"鱏"同样有问题。

　　我们认为此字当释为"鱕",金文"毕"字有作"▉"(楷伯簋,《殷周金文集成》04205)、"▉"(毕鮮簋《殷周金文集成》04061)等形的写法,陶文中作"▉"(《古陶文汇编》3.673)、"▉"(《古陶文汇编》3.674)下部与"▉"较为接近。唯是毕上部一般从"田",而戈铭作"▉(囟)",较有差距。然而《说文·华部》对"毕"字的解释为此字形体提供了认知依据。

　　《说文·华部》载:"毕,田罔也。从华,象毕形,微也。或曰由声。"徐

---

①　石小力:《安徽六安出土蔡公孙鱏戈补释》,复旦大学出土文献与古文字研究中心网站,2014 年 6 月 12 日,http://www.gwz.fudan.edu.cn/Web/Show/2292。

②　李守奎:《楚文字编》,上海:华东师范大学出版社,2003 年。

铉注："甶，音弗。"其中讲"毕"或有"甶声"，这一点历来较为费解。段注云："或曰田声，田与毕古音同在十二部也，各本田误甶。铉曰：'甶音拂'，此大误也。"① 是以段玉裁将"甶"看作是"田"之误字，"甶"与"毕"读音有差距。戚学标《说文补考》云："字当从囟……囟读瞎，毕读近秘，声自合。鬼头义无取。"② 戚学标将各本所谓的"甶声"之"甶"看作"囟"字之讹，堪为卓识。

《说文·甶部》："甶，鬼头也。"《说文·囟部》："囟，头会，匘盖也。"在《说文》系统中"甶""囟"二字有别，但是古文字中"鬼"字既作"𩲡"（《甲骨文合集》14271）、"𩲡"（六年上郡间戈，《商周青铜器铭文暨图像集成》17276），又作"𩲡"（《郭店简·老子乙本》简5），字形上部既可从"甶"又可从"囟"，二字可以通用。从古文字资料来看，姚孝遂、肖丁③、季旭昇④等学者均指出"囟""甶"古本同字，本意为头匘。"囟""毕"古音均为真部字，韵部相同，"毕"可以从田得声，田为定母字，"囟"为心母字，二字声纽发音部位相邻。总之，"囟""毕"当音近。《说文》认为"毕"有从"甶"声的写法，蔡公孙𩵦中"毕"旁从囟作"𩵦"，"囟""甶"本为一字，该戈的出土恰可证明《说文》所载属实。

《广韵·入声·质韵》："鯏，《尔雅》曰：'鯏鳟'。"可知"鯏"为"鯏"之异体。《说文·鱼部》："鯏，鱼名。"戈铭中则用为人名。此戈按照我们的意见，铭文可以释为"蔡公孙𩵦（鯏）之用戈"。

---

① （汉）许慎撰，（清）段玉裁注：《说文解字注》，上海：上海古籍出版社，1981年，第158页。
② （清）戚学标：《说文补考》，丁福保编纂：《说文解字诂林》，北京：中华书局，1988年，第4299页。
③ 姚孝遂、肖丁：《小屯南地甲骨考释》，北京：中华书局，1985年，第87页。
④ 季旭昇：《说文新证》，福州：福建人民出版社，2010年，第745页。

五、作宝觯

时代：西周早期。

出土时地：2011 年 6 月湖北省随州市淅河镇蒋寨村叶家山西周墓地（M27：10）。

著录：《文物》2011 年第 11 期，第 51 页；《商周青铜器铭文暨图像集成》10574；《随州叶家山：西周早期曾国墓地》第 199 页。

尺寸：通高 18.6 厘米、口径 8 至 9.8 厘米。

释文：盖：作宝瓒（祼）蘁（觯）；器：作宝瓒（祼）[蘁（觯）]（图 1-8）。

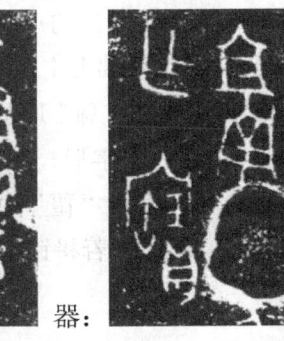

盖：　　　　　　　　器：

图 1-8 作宝觯及其铭文

【注释】

盖铭与器铭右侧一行上部之字""、""，《湖北随州叶家山西周墓地发掘简报》[①]及《商周青铜器铭文暨图像集成》均释为"且（祖）南"二字。但是从器铭拓片来看""与下部""明显是连在一起的。此二字实际当为

---

① 湖北省文物考古研究所、随州市博物馆：《湖北随州叶家山西周墓地发掘简报》，《文物》2011 年第 11 期，第 31 页。

一字，至于盖铭中这两个偏旁分离，则非常有可能是残泐所致。通过拓片可见"▨"旁上部残蚀严重仅剩纤细的线条且中间断开。因此我们有理由怀疑盖铭中的"▨"旁与"▨"之间还有锈蚀掉的其他笔画。

周忠兵先生指出铭文此字当释为"瓒"，读为"祼"，表明青铜觯的用途。①我们赞成周先生的意见，在此试做一点补充。金文"瓒"字作▨（子黄尊，《殷周金文集成》06000）、▨（多友鼎，《殷周金文集成》02835）、▨（麦方鼎"瓒"字所从，《殷周金文集成》02706）等形。其字形旧或以为是甗之象形假借为"瓒"②；臧振先生以为是玉件或圭璋植于鬲中之形③；方稚松先生则认为是玉件植于"同"（引者按："同"即被习称为"觚"之器）中之形④；严志斌先生则指出其字形当是取象于将祼礼所用之玉实于彝器之中而已，至于是何种彝器，则不必拘泥，文献记载中"觚""爵""斝""角"等酒器皆可用为祼器。⑤严先生的说法后出转精，当可信从。多友鼎、麦方鼎铭文"瓒"字与本器"▨"字形体接近，故周忠兵先生将此字释为"瓒"，应是正确的。

铭文右下部之字"▨"，在器铭中被掩去不见。《湖北随州叶家山西周墓地发掘简报》释为"兽"；《商周青铜器铭文暨图像集成》释为"蓶"；周忠兵先生怀疑为"彝"字，并认为铭文行款是左起右行，与《发掘简报》和《商周青铜器铭文暨图像集成》的意见不同⑥；谢明文先生赞成将此字释为"蓶"，读为"罐"。并在此基础上主张将以往青铜器命名中的觯，改名为"罐"。⑦从字形上看末字与"兽""彝"均差别迥然，而与金文中"蓶"作▨、▨、▨（《新金文编》第443页⑧）字形一致，当释其为"蓶"。

虽然周忠兵先生将"蓶"释为"彝"不确，但是其认为铭文应该左起右行，却是很有道理的。若将铭文按右起左行释读，则为"瓒蓶作宝"，除非将

---

① 周忠兵：《释甲骨文中的"觯"》，中国古文字研究会、中山大学古文字研究所编：《古文字研究》第三十辑，北京：中华书局，2014年，第64页。
② 郭沫若：《金文丛考》，北京：人民出版社，1954年，第279页。
③ 臧振：《玉瓒考辨》，《考古与文物》2005年第1期，第31页。
④ 方稚松：《释殷墟花园庄东地甲骨中的瓒、祼及相关诸字》，《中原文物》2007年第1期，第84页。
⑤ 严志斌：《小臣𪔳玉柄形器诠释》，《江汉考古》2015年第4期，第98页。
⑥ 周忠兵：《释甲骨文中的"觯"》，中国古文字研究会、中山大学古文字研究所编：《古文字研究》第三十辑，第64页。
⑦ 谢明文：《谈谈金文中宋人所谓"觯"的自名》，复旦大学出土文献与古文字研究中心网站，2014年12月25日，http://www.gwz.fudan.edu.cn/Web/Show/2406。
⑧ 董莲池：《新金文编》，北京：作家出版社，2011年，第443页。

"瓒蘿"解释为人名，否则文意难解①，而"瓒蘿"作为人名又显得非常奇怪。故铭文应该左起右行，为"作宝瓒蘿"四字。按照这种理解末字"蘿"在铭文中当为器物之自名，但是在此处应读为"觯"而不是"罐"。

有学者已经指出自名为"蘿（罐）"的觯（仲罐盖，《殷周金文集成》09986；伯罐，《商周青铜器铭文暨图像集成》10855），器形上都是带盖小觯，这种器物有时也自名为"壶"，可见"罐"与"觯"的对应关系并不是唯一的。是否所有的"觯"都应该称"罐"，从目前的材料看，似乎仍不能下定论。②我们认为仅据觯有自名为"蘿（罐）"的现象，就将所有的觯改名为"罐"是不够准确的。事实上，"觯"与其自名用字"蘿（罐）"之间可能还存在着另外一种关系："蘿（罐）"是"觯"的借字。

"觯"字的读音《上古音手册》归入章母支部③，《古韵通晓》归入章母歌部④，略有分歧，而"蘿"为见母元部字，与"觯"读音稍有差别。但是"觯"从单声，单从叩声，"蘿"亦是从"叩"得声之字。

《说文·角部》："觯，乡饮酒角也。《礼》曰：'一人洗，举觯。'觯受四升。从角单声。"

《说文·叩部》："单，大也，从叩甲，叩亦声，阙。"

《说文·萑部》："蘿，小爵也，从萑叩声。《诗》曰：'蘿鸣于垤'。"⑤

可见"觯""蘿"基本声符相同，此外徐王义楚觯（《殷周金文集成》06513）、徐王㐄又觯（《殷周金文集成》06506）自名分别为"鍴""耑"，"耑"为端母元部字，虽然与支部或歌部的"觯"字读音稍有区别，却与"觯"的声符"单"声韵俱同。由此知虽然古音学家将"觯"归入支部或歌部，但实际上此字的读音与元部字非常紧密，将"蘿"理解为"觯"的借字不存在语音上的障碍。"觯"自名为"蘿（罐）"，应是与其自名为"耑（鍴）"一样，均是借字。

综上所言，觯铭当释为"作宝瓒（祼）蘿（觯）"，铭文意在强调此觯是用于祼祭之器。

---

① 鹏宇先生即主张将铭文释为"瓒蘿作宝"，其说参见谢明文：《谈谈金文中宋人所谓"觯"的自名》第3楼评论，复旦大学出土文献与古文字研究中心网站，2014年12月25日。

② 各家说法参见谢明文：《谈谈金文中宋人所谓"觯"的自名》第1、3楼评论，复旦大学出土文献与古文字研究中心网站，2014年12月25日。

③ 唐作藩编著：《上古音手册》增订本，北京：中华书局，2013年，第208页。

④ 陈复华、何九盈：《古韵通晓》，北京：中国社会科学出版社，1987年，第185页。

⑤ （汉）许慎：《说文解字》，北京：中华书局，1963年，第94、35、77页。

六、夙子鼎

时代：西周早期。

出土时地：2011 年 6 月湖北省随州市淅河镇蒋寨村叶家山西周墓地（M2:2）。

著录：《文物》2011 年第 11 期，第 14、17 页；《商周青铜器铭文暨图像集成》02385；《随州叶家山：西周早期曾国墓地》第 172 页。

尺寸：通高 20.9 厘米、口径 16 至 16.5 厘米。

释文：丁巳，王大祓（侑）。戌（戊午），夙（冲）子蔑厤（曆），敞白牡一。己未，王赏多邦伯，夙（冲）子丽，赏瑪（旡曾）卣、贝二朋，用作文母乙隩（尊）彝（图 1-9）。

图 1-9　夙子鼎及其铭文

【注释】

（一）丁巳，王大祓（侑）。戌（戊午），夙（冲）子蔑厤（曆），敞白牡一

此字从示、友声，可以隶定为"祓"。李学勤先生认为"祓"为祭祀名，

应即商代卜辞中的"㞢"或"又",读为"侑",就是文献中的"报祭"①;李天虹先生同样认为此字当读为"侑",但将铭文中的"侑"解释为王对众邦国首领的报答②;王占奎先生读此字为"祐",认为是一种祭祀性的礼仪行为③;黄凤春等先生引郭沫若、马承源的意见认为"祙"为"佑"之古文,意为助祭。④

释"祙"为助祭之意,主要是依据马承源先生对保卣铭文(《殷周金文集成》05415)"遘于四方会,王大祀祙于周"一语的解释,马先生认为"祙于周"即四方诸侯都与会助祭。⑤但是由本铭"丁巳,王大祙"一语可知,"大祙"的主语应当是王。将保卣"王大祀祙"与本铭"王大祙"相对比,知"祙"与"祀祙"意义当近似,李学勤先生将"祙"解释为祭祀之名,读为"侑",释为"报祭",较为可信。

王占奎先生释为"成"⑥,不确。黄凤春等先生已经指出当是"戊午"合文。⑦鼎铭所载时间"丁巳""戊午""己未"日期相连。

"夃子"按照我们的意见应读为"冲子",关于此词的解释请参本书所收《叶家山铜鼎铭文"彳子"试解》一文。

多数学者将其释为"敞",于薇则认为是"尚父"二字合文,并推测可能是指师尚父。⑧在铭文照片中此字形体清晰,右侧从"攴"无疑,不是"父"字,此字既不从"父",则"尚父"合文之说也就无从谈起了。

在释"敞"的说法中,各家对其在铭文中的用法并没有取得一致意见。或以为"敞"是某种用牲之法⑨;或认为"敞"当读为"赏"⑩;亦或主张读其为"上",认为"敞(上)白牡一"是增献白牡以助祭⑪;还有学者主张读

---

① 李学勤:《斗子鼎与成王岐阳之盟》,《中国国家博物馆馆刊》2012年第1期,第53—55页;李学勤:《夏商周文明研究》,北京:商务印书馆,2015年,第136页。
② 李天虹:《湖北随州叶家山西周墓地笔谈》,《文物》2011年第11期,第76、77页。
③ 王占奎:《湖北随州叶家山西周墓地笔谈》,《文物》2011年第11期,第73页。
④ 黄凤春、陈树祥、凡国栋:《湖北随州叶家山新出西周曾国铜器及相关问题》,《文物》2011年第11期,第78、79页。
⑤ 马承源主编:《商周青铜器铭文选》第三卷,北京:文物出版社,1990年,第23页。
⑥ 王占奎:《湖北随州叶家山西周墓地笔谈》,《文物》2011年第11期,第73页。
⑦ 黄凤春、陈树祥、凡国栋:《湖北随州叶家山新出西周曾国铜器及相关问题》,《文物》2011年第11期,第78、79页。
⑧ 于薇:《湖北随州叶家山M2新出彳子鼎与西周宗盟》,《江汉考古》2012年第2期,第70—76页。
⑨ 李天虹:《湖北随州叶家山西周墓地笔谈》,《文物》2011年第11期,第76、77页。
⑩ 王占奎:《湖北随州叶家山西周墓地笔谈》,《文物》2011年第11期,第73页。
⑪ 冯时:《叶家山曾国墓地札记三题》,《江汉考古》2014年第2期,第58—61页。

为"尝",以为是祭名。①铭文"赏"字两见,皆作"⁂"(从贝、商省声),此处恐不应再借"啟"为之。冯时先生指出"尝"为尝新之礼,与铭文所载祭祀献牲不合②,较有道理。但是其提出的"增献"之说尚缺乏更多证据。从现有资料来看,将"啟"解释为用牲之法是较为合适的。

铭文"氶(沖)子蔑曆(曆),啟白牡一"记录的是"戊午"这一天的活动。具体包括两件事,一是"氶(沖)子蔑曆(曆)",即"氶(沖)子"受到了嘉奖,但是铭文没有给出受奖的具体原因。二是"啟白牡一"。这两件事之间似乎没有因果联系,若器主是因为"啟白牡一"而受到嘉奖,那么铭文"啟白牡一"似乎应放在"蔑曆(曆)"之前。按照我们的理解,"啟白牡一"应是周王褒奖"氶(沖)子"之后,在戊午当天举行的另外一场活动(祭祀)。

(二)氶(沖)子丽,赏椞(天罍)卣、贝二朋

"丽"字的释读同样有较多争议,黄锦前先生对学界释"醽"③"侍"④"列"⑤"人名"⑥等意见有过详细辩证⑦。从上下文看"氶(沖)子丽",应是讲氶(沖)子受到赏赐的原因。"丽"字在本铭中似当依沈培先生的意见读为"赞","氶(沖)子丽(赞)"就是讲器主在周王赏赐诸邦伯的时候,充当了辅助性的职务⑧,黄锦前先生进一步认为是"傧相的角色"⑨,也是可信的。

此字上从"夭"下从"罍",可以隶定作椞。从金文"秬罍"常写作合文这一点看,黄凤春等先生认为此字是"夭罍"合文,是有道理的。但是将"夭"

---

① 黄凤春、陈树祥、凡国栋:《湖北随州叶家山新出西周曾国铜器及相关问题》,《文物》2011 年第 11 期,第 78、79 页。
② 冯时:《叶家山曾国墓地札记三题》,《江汉考古》2014 年第 2 期,第 58—61 页。
③ 黄凤春、陈树祥、凡国栋:《湖北随州叶家山新出西周曾国铜器及相关问题》,《文物》2011 年第 11 期,第 78、79 页。
④ 李学勤:《斗子鼎与成王岐阳之盟》,《中国国家博物馆馆刊》2012 年第 1 期,第 53—55 页;又收录于李学勤:《夏商周文明研究》,第 136 页。
⑤ 李天虹:《湖北随州叶家山西周墓地笔谈》,《文物》2011 年第 11 期,第 76、77 页。
⑥ 陈小三:《新出荆子鼎与武王克殷的年代——兼论周武王时期的标准青铜器群》,复旦大学出土文献与古文字研究中心网站,2012 年 1 月 18 日,http://www.gwz.fudan.edu.cn/Web/Show/1776。
⑦ 黄锦前:《再论荆子鼎》,复旦大学出土文献与古文字研究中心网站,2012 年 2 月 28 日,http://www.gwz.fudan.edu.cn/Web/Show/1789。
⑧ 黄锦前:《再论荆子鼎》第 7 楼评论,复旦大学出土文献与古文字研究中心网站,2012 年 2 月 28 日。
⑨ 黄锦前:《荆子鼎与成王岐阳之盟》,《中国国家博物馆馆刊》2013 年第 9 期,第 67 页。

理解为"省作'夫'形的矩字别体"①就不对了。"矩"字之所以能省简为"夫"除了其与"矩"字形体上的联系之外，主要还是因为"夫"与"矩"古音同为鱼部字，语音接近，二者有语音上的联系。但是"禾"与"夫""矩"在形体和语音上均有差距，"禾"是"夫"别体的可能不大。冯时先生将"禾"理解为人名，认为是曾侯谏的字②，冯先生的说法建立在释"丞（冲）子"为"犁子"的基础上，目前已知"丞（冲）"不为"犁"，"禾"为人名的说法也就不可信了。

我们认为此处的"禾"或许不应理解为做酒的原料，而是修饰酒的形容词。按照这种理解，"禾"似乎可以读为"釀"。《说文·廿部》有"芺"字"从廿禾声"，《说文·食部》又有"餏"字，"从食芺声，《诗》曰'饮酒之餏'。"段注曰："韩诗作'釀'……毛诗假餏为釀。"③可证"釀"与"禾"可以通假。《玉篇·酉部》："釀，私也，酒美也。"④《文选·左太冲魏都赋》："惜惜釀讌，酣湑无晔。"李善注曰："许氏曰：'釀，酒美也。'"⑤可见"釀"有"酒美"之意，则本铭之"禾鬯"似可以读为"釀鬯"，意为美味的鬯酒。

铭文中的释字问题，大致如上所述。有学者在错误释读文字的基础上引申出种种论述，自然是不可信的。还有学者从铭文记载的干支出发，将此鼎与保卣、董鼎铭文联系起来，证据同样是不充分的，孙启康先生对此已有专文论述。⑥

---

① 黄凤春、陈树祥、凡国栋：《湖北随州叶家山新出西周曾国铜器及相关问题》，《文物》2011 年第 11 期，第 78、79 页。
② 冯时：《叶家山曾国墓地札记三题》，《江汉考古》2014 年第 2 期，第 58—61 页。
③ （汉）许慎撰，（清）段玉裁注：《说文解字注》，上海：上海古籍出版社，1981 年，第 29、221 页。
④ （梁）顾野王：《大广益会玉篇》，北京：中华书局，1987 年，第 135 页。
⑤ （梁）萧统编，（唐）李善注：《文选》，上海：上海古籍出版社，1986 年，第 283、284 页。
⑥ 孙启康：《〈耒子鼎〉与"西周宗盟"一文中的几个问题》，《江汉考古》2014 年第 5 期，第 125 页。

七、曾侯钟

时代：春秋晚期偏早。

出土时地：2011年湖北省随州市东城区（M4：016）。

著录：《江汉考古》2015年第1期，第5页；《商周青铜器铭文暨图像集成续编》1025。

尺寸：通高43.4厘米。

释文：均（洵）乔（矫）臧（壮）武，差（左）右（背面右鼓）楚王，弗戢（讨/雠？）是舞（许）（背面钲部），穆穆曾侯，愧（畏）记（忌）温（背面左鼓）龏（恭），□□笄□□（正面右鼓）諭（命），台（以）忧此鳏寡（正面钲部），妥遗（？）皮（彼）无□，余……（正面左鼓）详见图1-10、图1-11、图1-12、图1-13、图1-14、图1-15、图1-16、图1-17、图1-18。

图1-10 曾侯钟

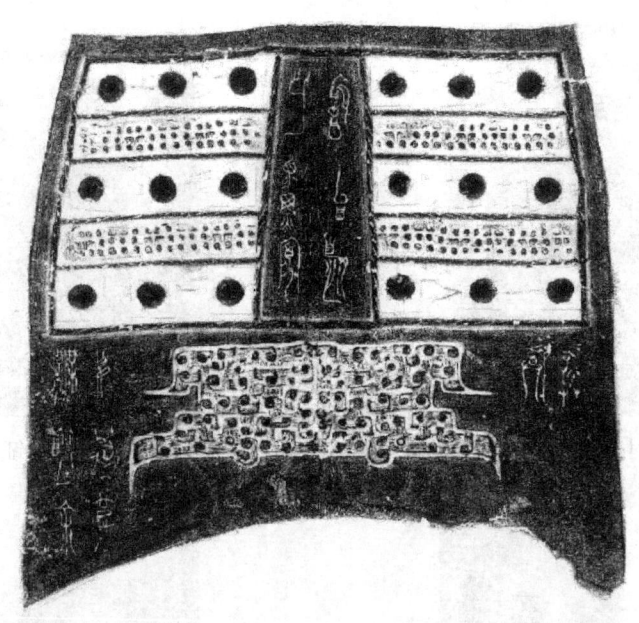

图 1-11　曾侯钟正面及其铭文

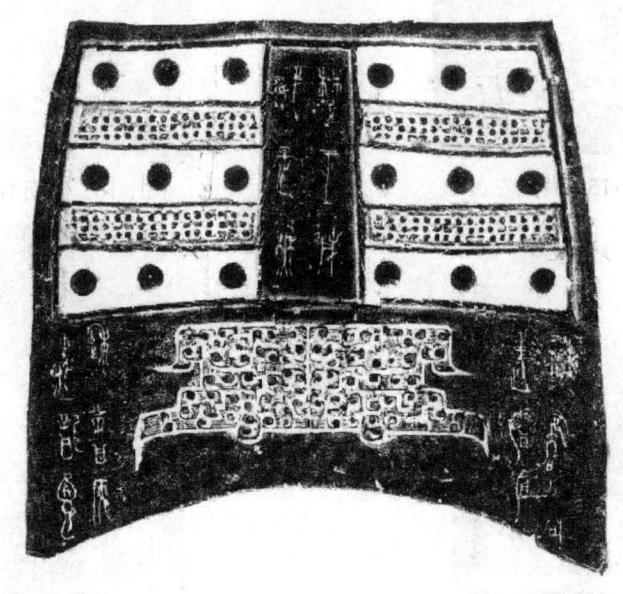

图 1-12　曾侯钟背面及其铭文

图 1-13　背面右鼓

图 1-14　背面钲部

图 1-15　背面左鼓

图 1-16　正面右鼓

图 1-17　正面钲部

图 1-18　正面左鼓

【注释】

￼，《湖北随州文峰塔墓地 M4 发掘简报》释为"徇"①，照片中可见残余"ㄣ"形笔画，右侧与"勻"类似，左侧为土旁，看不出字形中有"彳"旁存在，因此准确来说，此字隶定为"均"或"坷"的可能性较大。就意义而言，此处或许应该读为"洵"，训为"信"。《诗经·邶风·静女》云："自牧归荑，洵美且异。"郑玄笺："洵，信也。"《诗经》中此类用法的"洵"还有多处，如《郑风·叔于田》云："洵美且仁"，《郑风·羔裘》云："洵直且侯"，《陈风·宛丘》云："洵有情兮"②，钟铭"均（洵）乔壮武"可以与此合观。

￼，《湖北随州文峰塔墓地 M4 发掘简报》释为"乔"，并怀疑此处读为"骄"③。此字与一般的"乔"字写法差别较大。"乔"一般是从高，上部从又、九、中等形，有学者认为"乔"乃"高"之分化字，又、九、中等均是指事符号。④此字左下则是从大、从口，即"去"字，与"高"形有别。《湖北随州文峰塔墓地 M4 发掘简报》释为"乔"，可能是将"去"当作"高"之讹变，可备一说。

此字右上侧当分析为又、丩两个偏旁，"丩"属幽部字，"乔"属宵部字，可以看作是其声符。《诗经·陈风·株林》："乘我乘驹。""驹"，《经典释文》作"骄"⑤，"句"从"丩"声，可证"丩""乔"音近。铭文"乔壮武"三字应是曾侯的夸耀之辞，旨在表明曾侯强悍勇武之类的意思。颇疑铭文此处的"乔"当读为"矫"，《尔雅·释训》云："矫矫，勇也。"⑥《玉篇·矢部》曰："矫，强也。"⑦《诗经·鲁颂·泮水》载："矫矫虎臣，在泮献馘。"郑玄笺："矫矫，武貌。"⑧可见"矫"有勇武之意，与下文"壮武"语意相合。

￼，残损严重，《湖北随州文峰塔墓地 M4 发掘简报》径释为"壮"⑨。此

---

① 湖北省文物考古研究所、随州市博物馆：《湖北随州文峰塔墓地 M4 发掘简报》，《江汉考古》2015 年第 1 期，第 5 页。
② 李学勤主编：《十三经注疏·毛诗正义》，北京：北京大学出版社，1999 年，第 175、283、291、438 页。
③ 湖北省文物考古研究所、随州市博物馆：《湖北随州文峰塔墓地 M4 发掘简报》，《江汉考古》2015 年第 1 期，第 5 页。
④ 季旭昇：《说文新证》，福州：福建人民出版社，2010 年，第 801 页。
⑤ 高亨纂著，董治安整理：《古字通假会典》，济南：齐鲁书社，1989 年，第 338 页。
⑥ 李学勤主编：《十三经注疏·尔雅注疏》，北京：北京大学出版社，1999 年，第 95 页。
⑦ （梁）顾野王：《大广益会玉篇》，第 80 页。
⑧ 李学勤主编：《十三经注疏·毛诗正义》，第 1401 页。
⑨ 湖北省文物考古研究所、随州市博物馆：《湖北随州文峰塔墓地 M4 发掘简报》，《江汉考古》2015 年第 1 期，第 5 页。

字下部仅余"口"旁清晰可辨,金文有"臧(壮)武"一词,周王孙季怡戈(《殷周金文集成》11309)"孔臧(壮)元武"。故怀疑此字当是"臧","臧武"即是"壮武"。

▇,当释为"差",在铭文中读为"左"。"左右楚王",意即辅佐楚王,曾侯㝬钟同样有"左右楚王"一语。可见曾侯历来重视与楚的关系,将辅佐楚王当作荣耀之事。

▇,《湖北随州文峰塔墓地 M4 发掘简报》释为"弗"①,正确可从。"弗"上部作"廿"形,此类写法的"弗"见弗父丁爵(《殷周金文集成》08478),作"▇"。《新金文编》释此类"弗"为"茀",不确。《古文字谱系疏证》说:"弗,甲骨文、金文或从己(象绳索之形),从二木,多数抽象为‖(或作⦀),会矫干使直之意。"②铭文上部的"中"连同下部的"|",当理解为"木"之省,故"▇"也当以释为"弗"为是。

▇,此字右从戈、左从昌,当隶定为"戠",昌即田畴之"畴"的象形初文,此处当为"戠"字的声符。《郭店简·尊德义》26 号简有"▇"字,与铭文"戠"类似,简文为"民爱,则子也;弗爱,则▇也。"裘锡圭先生主张读▇为"雠"③。《湖北随州文峰塔墓地 M4 发掘简报》读铭文"戠"字为"讨",则铭文"弗讨是许"是在讲曾楚关系密切,翻译成白话就是说楚王承诺不讨伐(曾国)。④

其实将"戠"与简文▇一样读为"雠"也未尝不可,若此铭文则为"弗雠是许",意为楚王许诺不与曾国为雠敌。相对于"弗讨","弗雠"一词更能体现两国之间的友好关系,然而钟铭原意究竟是"弗讨"还是"弗雠",目前还难以决断,有待进一步研究。

▇,《湖北随州文峰塔墓地 M4 发掘简报》释为"无"读为"许"⑤,细看拓片,上部似乎还有"▇(网)"形笔画,故我们主张将此字隶定为"羁"。《说

---

① 湖北省文物考古研究所、随州市博物馆:《湖北随州文峰塔墓地 M4 发掘简报》,《江汉考古》2015 年第 1 期,第 5 页。

② 黄德宽主编:《古文字谱系疏证》,北京:商务印书馆,2007 年,第 3272 页。

③ 武汉大学简帛研究中心、荆门市博物馆:《楚地出土战国简册合集》第一册《郭店楚墓竹书》,北京:文物出版社,2011 年,第 96 页。

④ 湖北省文物考古研究所、随州市博物馆:《湖北随州文峰塔墓地 M4 发掘简报》,《江汉考古》2015 年第 1 期,第 14 页。

⑤ 《湖北随州文峰塔墓地 M4 发掘简报》原释文"弗讨是无许","许"字当加"()",表示"无""许"二字的假借关系,文中漏失。

文·网部》云："舞，庸中网也。从网舞声。"①在铭文中当依《湖北随州文峰塔墓地 M4 发掘简报》意见读为"许"，"弗讨（或雠）是许"一语宾语前置，"许"是谓语动词，"弗讨"为宾语。

"穆穆曾侯"，"穆穆"大意为"美"，常用来修饰人的德行，典籍习见。《诗经·大雅·文王》载："穆穆文王，于缉熙敬止。"毛传："穆穆，美也。"《诗经·鲁颂·泮水》载："穆穆鲁侯，敬明其德，敬慎威仪。"②两处诗文均可与钟铭对照。

"愧（畏）记（忌）温龏（恭）"，"愧"从心、鬼声，《湖北随州文峰塔墓地 M4 发掘简报》读"愧记"为"畏忌"③，可信。"畏忌"一词金文习见，如，王子午鼎（《殷周金文集成》02811）"畏鸎（忌）趩趩，敬厥盟祀"，陈侯簋盖（《殷周金文集成》04190）云："毕龏（恭）愧（畏）忌"，郘公牼钟（《殷周金文集成》00149）"余毕龏（恭）威（畏）忌"等。陈侯簋盖中"愧（畏）忌"之"畏"原拓作"▨"，与本铭写法近似，只是增加了"口"旁。

"温"原篆作"▨"，上部偏旁"囚"，金文、楚简以及甲骨习见，刘钊先生考释为"𥁕"，"温恭"一词金文常见，《诗经·邶风·燕燕》载："终温且惠，淑慎其身。"郑笺："温，谓颜色和也。"《礼记·曲礼》载："是以君子恭敬撙节退让以明礼。"郑注："在貌曰恭，在心为敬。"《诗经·小雅·小宛》载："温温恭人，如集于木。"《诗经·商颂·那》云："温恭朝夕，执事有恪。"④可与铭文"温恭"相对照。

▨，依照我们的意见应当释为"笄"，参本书所收《续释"笄"字》一文。参照钟铭行款，"笄"字上下当各缺两字。

▨，《湖北随州文峰塔墓地 M4 发掘简报》释为"命"⑤，正确可从。此字左下加"言"旁为意符，严格来说当隶定为"諭"。

▨，《湖北随州文峰塔墓地 M4 发掘简报》释为"忧"，"忧此鳏寡"意为

---

① （汉）许慎：《说文解字》，北京：中华书局，1963 年，第 158 页。
② 李学勤主编：《十三经注疏·毛诗正义》，第 961、1400 页。
③ 湖北省文物考古研究所、随州市博物馆：《湖北随州文峰塔墓地 M4 发掘简报》，《江汉考古》2015 年第 1 期，第 5 页。
④ 刘钊：《释𥁕》，《古文字考释丛稿》，长沙：岳麓书社，2005 年，第 149 页。
⑤ 湖北省文物考古研究所、随州市博物馆：《湖北随州文峰塔墓地 M4 发掘简报》，《江汉考古》2015 年第 1 期，第 5 页。

忧爱鳏寡者①,可从。左下为"心"较易辨识,剩余的"页"旁下部的"人"与上部"首"形分离,且书写故作弯曲。

,模糊不清,只能辨认出下部为"辵"旁,上部似是"臼"旁,《湖北随州文峰塔墓地 M4 发掘简报》释为"遗",读为"怀"②,可备一说。

,左从口,最右侧为"人",剩余部分难于确识,存疑待考。

钟铭并不完整,末尾没有铜器常见的"嘏辞",开头参照一般文例亦缺"记时"和"自报出身"之语。该器当是整套编钟中的一件,然而从残存的文字看,钟铭语意还是较易理解的。前面是曾侯自诩执政上的功勋,接着自美德行上的优良,以及所行的仁政等。《湖北随州文峰塔墓地 M4 发掘简报》说铭文"武、许、命、韹、寡"可以成韵。③其中"武、许、寡"皆为鱼部字,押韵不成问题。"命""韹"一属真部(或说为耕部),一为东部,韵部差距较大,恐不能算作韵脚。

---

① 湖北省文物考古研究所、随州市博物馆:《湖北随州文峰塔墓地 M4 发掘简报》,《江汉考古》2015 年第 1 期,第 5 页。

② 湖北省文物考古研究所、随州市博物馆:《湖北随州文峰塔墓地 M4 发掘简报》,《江汉考古》2015 年第 1 期,第 5 页。

③ 湖北省文物考古研究所、随州市博物馆:《湖北随州文峰塔墓地 M4 发掘简报》,《江汉考古》2015 年第 1 期,第 7 页。

八、曾侯舆鬲

时代：春秋晚期。
出土时地：湖北省随州市文峰塔墓地（M1：19）。
著录：《江汉考古》2014 年第 4 期，第 13 页；《商周青铜器铭文暨图像集成续编》0240。
尺寸：通高 11.6 厘米、口径 14.4 厘米。
释文：曾侯与之行鬲（图 1-19）。

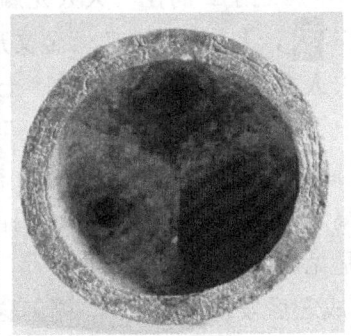

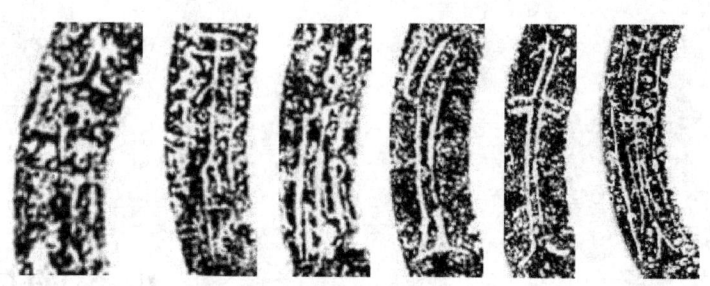

图1-19 曾侯與鬲及其铭文

【注释】

末字《随州文峰塔M1（曾侯與墓）、M2发掘简报》①、《商周青铜器铭文暨图像集成续编》均释为"鬲"，《通鉴》则释为"鬶"，与同墓所出行鬲铭文"鬲"（）字（《江汉考古》2014年第4期第13页拓片一、《商周青铜器铭文暨图像集成续编》0236）对比可知，二字形体有别，释"鬲"之说不可信。此字似可摹写作""，字形上部中间应即"圭"字，《通鉴》释为"鬶"应可信。青铜鬲自名为"鬶"还见于樊君鬲（《殷周金文集成》00626），字形作，应是从鬲、圭声之字。而在樊夫人龙嬴鬲（《殷周金文集成》00676）铭文中自名用字则作，上部从"土"。《金文形义通解》指出樊君鬲此字所从的"圭"乃是由樊夫人龙嬴鬲中所从的"土"旁演变而来②，当可信。可以补充的是，事实上"圭"最初就是写作"土"形的，后来叠床架屋才作"圭"形。③《金文形义通解》将此字释为《说文·鬶部》之"鬶"，则不够准确。圭为见母支部字，鬲为来母锡部字。支部、锡部对转，从鬲得声的"隔""嗝""膈"等字又均是见母字，故"圭"与"鬲"上古音非常接近，"鬶"当即"鬲"的异体。（文成之后发现石小力④、禤健聪⑤先生亦提出了与本文相似的看法，可以参考。）

樊夫人诸器出自河南信阳，则此樊国地望当在信阳附近，信阳与曾国所在的湖北随州距离较近，此外据禤健聪先生研究，河南南阳淅川徐家岭

---

① 湖北省文物考古研究所、随州市博物馆：《随州文峰塔M1（曾侯與墓）、M2发掘简报》，《江汉考古》2014年第4期，第10页。

② 张世超等：《金文形义通解》，京都：中文出版社，1996年，第591、592页。

③ 王蕴智：《释甲骨文字》，中国古文字研究会、华南师范大学文学院编：《古文字研究》第二十六辑，北京：中华书局，2006年，第76页。

④ 石小力：《〈商周青铜器铭文暨图像集成续编〉释文校订》，邹芙都主编：《商周青铜器与先秦史研究论丛》，北京：科学出版社，2017年，第144页。

⑤ 禤健聪：《释遱子受鬲的自名"盉"》，《华夏考古》2018年第1期，第120页。

出土的遱子受鬲亦是以从圭得声的䪇字为自名①，随州、信阳、南阳均属于周代之南土，春秋时期处在楚文化的范围之内。目前"鬲"作"䪇"形似乎也仅见于樊、曾、楚三国铜器，则"䪇"很有可能是这一地域语言文字的特色。

---

① 禤健聪：《释遱子受鬲的自名"䪇"》，《华夏考古》2018年第1期，第120—122页。

九、景之䲣鼎

时代：战国早期。

出土时地：2005 年河南上蔡县大路李乡郭庄 1 号墓。

著录：《鼎盛中华——中国鼎文化》第 122 页；《商周青铜器铭文暨图像集成续编》0178。

尺寸：未详。

释文：唯王八月丁丑，竞（景）之䲣（渔）自作䟽（齍）彝鬻𥁕（盂），般共（供）盟祀（图 1-20）。

图 1-20　景之䲣鼎及其铭文

【注释】

此字《商周青铜器铭文暨图像集成续编》隶定为"䲣"，不确。此字左侧上部" "旁当是"川"字，不为"舟"。"朝"西周早期金文有作" "（利簋,《殷周金文集成》04131)、"![]"(先兽鼎,《殷周金文集成》02655)等形体,战国文字中则作"![]"(朝歌右库戈,《殷周金文集成》11182),其中的"![]"旁与鼎铭"![]"一致,乃是由早期的"![]"旁中间"·"演变为"—"得来,"朝"字的"![]"旁后来进一步声化为"舟"。① 谢明文先生将此字隶定为"變",引陈剑先生的观点指出"![]"作偏旁字表示的是"朝/潮",其读音与"朝""籥""跃"接近。鼎铭"![]"是从"![]"得声,并从"鱼""又"(按:实际当是"止"),字义当与捕鱼有关,故将此字释为"罩"之异体。②

我们倾向于将鼎铭"![]"所从之"![]"看作意符,"![]"即是从"川"讹变而来,意义也应与之相关,可以将其看作"![]"字的意符,这样的话此字倒有可能是"渔"字异体。"渔"有捕鱼之意,"止"作偏旁可以表示行动义,也可以看作是意符。经学者研究,"竞之變"之"竞"当即楚平王的谥号"景","變"为楚平王之族裔。③ 此类人名还有"竞之定"(竞之定鬲,《商周青铜器铭文暨图像集成》03015、竞之定豆,《商周青铜器铭文暨图像集成》06150等)、"昭之即"(《商周青铜器铭文暨图像集成续编》0224、0225、0226)等。谢明文先生指出鼎铭中的"竞之變"与楚王孙變(《殷周金文集成》11152、11153)所处时代相同,二者或为同一人④,较为可信。

《商周青铜器铭文暨图像集成续编》将其隶定为"瀇"并括注为"将"。此字严格说来当隶定为"瀍",下部所从为"止"不为"井"。谢明文先生认为此字当读为"鬻"训为"煮"⑤,可从。

字形可以隶定为"鬻",金文多见,此字的释读尚存在争议。吴振武先生主张此字从"鬻"得声,将其释为"沥"读为"列"⑥;董珊先生以为是"濽"字异构,在铭文中读为"荐"⑦;黄锦前先生认为从辞例上看此字的意义当与

---

① 季旭昇:《说文新证》,福州:福建人民出版社,2010年,第557页。
② 谢明文:《竞之變鼎考释》,李学勤:《出土文献》第九辑,上海:中西书局,2016年,第66页。
③ 董珊:《出土文献所见"以谥为族"的楚王族——附说〈左传〉"诸侯以字为谥因以为族"的读法》,复旦大学出土文献与古文字研究中心编:《出土文献与古文字研究》第二辑,上海:复旦大学出版社,2008年,第110页。
④ 谢明文:《竞之變鼎考释》,李学勤:《出土文献》第九辑,第67页。
⑤ 谢明文:《竞之變鼎考释》,李学勤:《出土文献》第九辑,第67、68页。
⑥ 吴振武:《释鬻》,《文物研究》第六辑,合肥:黄山书社,1990年,第218—223页。
⑦ 董珊:《竞孙鬲、壶铭文再考》,复旦大学出土文献与古文字研究中心网站,2012年6月4日,http://www.gwz.fudan.edu.cn/Web/Show/1882。

铜器自名修饰词"宝""尊"相当①；邓佩玲先生认为此字从"广"得声，当读"延"，置于铜器自名前用于表示铺陈、陈列之意，形容器物依次排列。②

吴振武、邓佩玲两位先生立论的基础是将此字看作形声字，而董珊先生则以为是会意字，但是无论将其看作会意还是形声均出于一种假设，并没有切实的根据。虽然从文例上看释为"列""荐""延"都能讲得通，但均没能对字形进行很好的解释，仍旧显得证据不足。"鬻"字有一种异体作"䰜"（有儿簠，《商周青铜器铭文暨图像集成》05166）形，所从的"鬲"旁替换为"因"（簟之初文），谢明文先生认为是文字的变形音化，而"因"读音与"列"接近，故支持吴振武先生的意见。③谢先生认为"䰜"是"鬻"变形音化的异体是有可能的，但是并不能据此就认定此字当读为"列"，因为"延""荐"古音均属元部字，读音同样与"因""列"相近。

黄锦前先生认为此字意义与"尊""宝"接近也不够准确，蔡公子缶（《殷周金文集成》10001）铭文云："蔡公子作姬安尊鬻□"。"尊"字与"鬻"连言，可知此字意义不当再与"尊"接近，否则便有语义重复之嫌。总之，以目前的资料来看，"鬻"字还不能确识，当存疑待考。

此字《商周青铜器铭文暨图像集成续编》缺释，谢明文先生以为上部为"央"，释此字为"盎"，以为是鼎之自名。④谢先生引颜师古《急就篇》注"缶即盎，大腹而敛口。"也就是说"盎"在形体上具有两个特征：大腹和敛口。但是从景之孷鼎器形来看，可以说其"大腹"，但是绝对不是"敛口"。谢先生似乎忽略了文献记载中"盎"器"敛口"这一特征，其说难以令人信服。此外"央"字所有与"䰜"接近的写法中，上部均作"屮"、"屮"（参见谢文所举字例）之形，与本铭"䰜"形不类。总之，从"盎"字意义以及"央"字古文字形体来看，释此字为"盎"是难以成立的。

石小力先生认为此字当释为"鼉"，即"鑐"字，但是"鑐"为何物，石先生却没有解释。⑤我们认为将"䰜"释为"鼉"较有道理，"䰜"字上部"屯"

---

① 黄锦前：《新见几件有铭铜簠》，《文物》2012年第7期，第76页。
② 邓佩玲：《铜器自名前修饰语"鬻"字试释——兼谈"延钟、反钟"等辞》，中国古文字研究会、中山大学古文字研究所编：《古文字研究》第三十辑，北京：中华书局，2014年，第201—203页。
③ 谢明文：《竞之孷鼎考释》，李学勤主编：《出土文献》第九辑，第68页。
④ 谢明文：《竞之孷鼎考释》，李学勤主编：《出土文献》第九辑，第68页。
⑤ 石小力：《〈商周青铜器铭文图像集成续编〉释文校订》，邹芙都主编：《商周青铜器与先秦史研究论丛》，北京：科学出版社，2017年，第142页。

旁似是"雨",下部"▨"当理解为"天",金文"需"字作▨（曶叔奂父盨，《新收殷周青铜器铭文暨器影汇编》41）、▨（孟簋，《殷周金文集成》04162），战国文字作▨（《中国历代货币大系》291）。与本铭"▨"字相较，二者字形是非常接近的，故将此字释为"盨"当可信。

从文例上说，"自作醴（饙）彝鬻盨"中"盨"无疑是用作器物自名的，盨不见于字书，理应是从皿、需声之字，此处盨当读为"盂"。"需"上古音属心母侯部，"于"属匣母鱼部，"需"声之字在古籍中可以和从"女""禹""虎"得声的鱼部字相通假。① "虎"属晓母、"禹"属匣母，可见"需"字古音虽在齿音心母，但是却可以和喉音晓母鱼部以及匣母鱼部字相通假，故从语音上讲，"盨"读为"盂"当不存在障碍。

在青铜器自名中存在着鼎类器有时自名为"盂"的现象，陈剑先生指出此类用法的"盂"实际上是"盂鼎"的省称，而据唐兰、张亚初等学者的研究，"盂鼎"意即盂形之鼎，"盂"是"鼎"的修饰语，此类鼎器形上的特征是附耳、侈口、圆形深腹。② 而景之䚄鼎在形制上完全符合盂鼎的所有特征，这更加坚定了我们将"▨"释为"盨"读为"盂"的信心。

"▨"，《鼎盛中华》一书释为"服"③；《商周青铜器铭文暨图像集成续编》释为"般"；谢明文先生提出释"般"和"用"两种意见，并倾向于释为"用"④；石小力先生赞同谢说。⑤ 此字左侧为"舟"，右侧可以看作反写之"又"，"般"有从"攴""舟"的写法"▨"（兮甲盘，《殷周金文集成》10174），而"攴"与"又"作偏旁时可以互作。青铜器盘自名用字"般"有作"▨"（▨）（郘伯盘，《江汉考古》2016 年第 5 期，第 22 页；《商周青铜器铭文暨图像集成》0941）、▨（▨右盘，《殷周金文集成》10150），即是从"又"作。因此我们倾向于将鼎铭▨释为"般"，在铭文中的意义可以从谢先生之说认为与"供"接近。

---

① 张儒、刘毓庆：《汉字通用声素研究》，太原：山西古籍出版社，2001 年，第 281 页。
② 陈剑：《青铜器自名代称、连称研究》，李圃主编：《中国文字研究》第一辑，南宁：广西教育出版社，1999 年，第 341 页。
③ 转引自谢明文：《竞之䚄鼎考释》，李学勤主编：《出土文献》第九辑，第 64 页。
④ 谢明文：《竞之䚄鼎考释》，李学勤主编：《出土文献》第九辑，第 72 页。
⑤ 石小力：《〈商周青铜器铭文暨图像集成续编〉释文校订》，邹芙都主编：《商周青铜器与先秦史研究论丛》，第 142 页。

十、中臣登鼎

时代：商代晚期或西周早期。

出土时地：2012年陕西省宝鸡市渭滨区石鼓镇石嘴头村四组石鼓山（M3∶81）。

著录：《文物》2013年第2期，第38页；《周野鹿鸣》第185页；《宝鸡戴家湾与石鼓山出土商周青铜器》第291页；《商周青铜器铭文暨图像集成续编》0093。

尺寸：高21.8厘米、口径14.6厘米。

释文：中臣登鼎，帝姛。

说明：《中国考古学年鉴（2014）》一书第797页将此鼎编号记为"M3∶18"[①]，查《陕西宝鸡石鼓山西周墓葬发掘简报》M3∶18实为一件铜斧，此鼎编号当为M3∶81（图1-21）。

图1-21 中臣登鼎及其铭文

【注释】

中臣登鼎铭文"中"字作" "，写法较为原始。该器出土于宝鸡石鼓山

---

① 中国考古学会编：《中国考古学年鉴（2014）》，北京：中国社会科学出版社，2015年，第797页。

墓地，无独有偶，在宝鸡戴家湾墓地出土过两件青铜觯（《殷周金文集成》06087、《殷周金文集成》06482），铭文中也有族氏铭文■。鼎铭与两件觯铭"中"字写法完全一致，仅仅方向相背。

戴家湾西周墓地与石鼓山墓地关系密切，两处墓地隔渭河相望，距离较近。戴家湾墓地上世纪被盗掘出土大量铜器，其中的部分铜器与石鼓山所出铜器在形制特征上具有共同性。① 有学者指出在整个宝鸡地区，唯有戴家湾的铜器与石鼓山的铜器最为相近。充分表明了两处墓葬存在的内在联系。② 基于这样的事实，我们认为中臣登鼎铭文的"■"，与两件出土于戴家湾的青铜觯铭文中的族氏铭文"■"所指应该是同一族氏。"■"形族氏铭文尚见于两件鼎和一件簋，另有作"■"形的族氏铭文，何景成将其与"■"分为两类族氏铭文③，似乎没有必要。

鼎铭"中"下一字为"臣"当无疑义，在铭文中表示作器者的职称。④ 铭文中的"中臣"，李学勤先生以为即《周礼》所载的负责王后祭祀活动的职官"内小臣"，我们已经指出"中"为族氏铭文，则"中臣"为职官之说就无从谈起了。"中臣"当是"中"族之人身份为"臣"者。

"登"字较难辨识，李学勤先生释此字为"尊"，将上部的"■"看作是"八"形笔画。⑤ 所幸《宝鸡戴家湾与石鼓山出土商周青铜器》一书公布有鼎铭的清晰照片，从照片中看此字上部为"■（ᴗᴗ）"，可见所从当是"廾"形，下部则是"止"（讹变为"■"）形，中间的"■"可与"登"字作"■"（登艿罍，《殷周金文集成》09771）形中所从之"豆"旁相对比。总之，《发掘简报》释其为"登"⑥ 是可信的。

■，《陕西宝鸡石鼓山西周墓葬发掘简报》释为"辛"，李学勤先生释为"帝"。"辛"字金文一般作■（父辛鼎，《殷周金文集成》01269）、■（祖辛禹方鼎，《殷周金文集成》02112）、■（邑祖辛父辛觯，《殷周金文集成》06463）等形。"帝"字作■（天亡簋，《殷周金文集成》04261）、■（荣作周公簋，《殷周金文集成》04241）、■（寰子卣，《殷周金文集成》05392）等形。可见本铭

---

① 朱凤瀚：《宝鸡戴家湾与石鼓山出土商周青铜器·序二》，台北："中央研究院"历史语言研究所，2015年，第18页。
② 陈昭容主编：《宝鸡戴家湾与石鼓山出土商周青铜器·前言》，第35页。
③ 何景成：《商周青铜器族氏铭文研究》，济南：齐鲁书社，2009年，第444页。
④ 陈昭容主编：《宝鸡戴家湾与石鼓山出土商周青铜器》，第291页。
⑤ 李学勤：《石鼓山三号墓器铭选释》，《文物》2013年第4期，第57页。
⑥ 石鼓山考古队：《陕西宝鸡石鼓山西周墓葬发掘简报》，《文物》2013年第2期，第22页。

"✦"与"辛""帝"二字的常见形体均有差距，仅依据字形本身难以对此字的释读作出更多的判断，后文"司"的释读为解决这个问题提供了很好的线索。

鼎铭"✦"从✦、从卩✦，即卜辞之"✦"（《甲骨文合集》27607）字，本铭之✦，"口"旁上部与外部偏旁有借笔。✦有不少学者都主张释为"后"，裘锡圭先生则认为当以释"司"为是。裘先生指出卜辞中有"✦"（《甲骨文合集补编》7042）字，亦作"✦"（《甲骨文合集补编》7480）形，所从的"✦（以）""✦"均为声符，"以"和"司"音近，而与"后"读音差距较大，故"✦""✦"当释为"司"。①裘说至确，鼎铭的✦当隶定为"𡥧"，《宝鸡戴家湾与石鼓山出土商周青铜器》认为古文字中从"女"、从"卩"可以通用，故将此字释为"姛"，②意见可从。

✦既然应该释为"姛"，那么"✦"从文意上看，最好就是释为"帝"。李学勤先生指出"帝后"（按：当是司字）指已故之王的配偶③，裘锡圭先生亦有相似的说法。④可见"帝司"乃是一种固定的称谓。若释"✦"为"辛"，那么铭文中的"辛司"就不明所以了。《宝鸡戴家湾与石鼓山出土商周青铜器》说"辛姛"是日名为辛的女性尊长，其说恐难以成立。安阳殷墟妇好墓出土的铜器中有诸多"姛辛""姛戊"铜器⑤，还出土有一件玉牛（《商周青铜器铭文暨图像集成》19744），刻有"司辛"二字。卜辞中亦可见"司辛""司戊""司庚""司癸"等称谓。⑥可见日名"辛""戊""癸"等均在"司"之后，"辛姛"与这种文例不合，故鼎铭释为"帝姛"应是最合适的。

李学勤先生还据器物年代指出"帝后"应该是武王配偶"邑姜"，这一点有待研究。《宝鸡戴家湾与石鼓山出土商周青铜器》一书已经指出中臣登鼎与同墓所出的"围鼎"形制类似，这类分裆鼎是商末周初常见的类型⑦，目前来看，中臣登鼎的时代尚难以确切判断出属于商末或周初的哪一位王，"帝司"所指何人尚难以确知。

"登"甲骨文作"✦"（《甲骨文合集》376正）从廾、从豆，会捧物祭神

---

① 裘锡圭：《裘锡圭学术文集·甲骨文卷》，上海：复旦大学出版社，2012年，第523页。
② 陈昭容主编：《宝鸡戴家湾与石鼓山出土商周青铜器》，第291页。
③ 李学勤：《石鼓山三号墓器铭选释》，《文物》2013年第4期，第57页。
④ 裘锡圭：《裘锡圭学术文集·古代历史、思想、民俗卷》，上海：复旦大学出版社，2012年，第124页。
⑤ 原称"司母戊""司母辛"，裘先生认为当是"姛戊""姛辛"，详见裘锡圭：《裘锡圭学术文集·甲骨文卷》，上海：复旦大学出版社，2012年，第523页。
⑥ 姚孝遂主编：《殷墟甲骨刻辞类纂》，北京：中华书局，1989年，第846、847页。
⑦ 陈昭容主编：《宝鸡戴家湾与石鼓山出土商周青铜器》，第289页。

之意，后来自然引申出进奉等义。①《吕氏春秋·仲夏》载："以祈谷实，农乃登黍。"高诱注："登，进。稙黍熟，先进之。"②《礼记·月令》载："农乃登麦，天子乃以彘尝麦，先荐寝庙。"郑玄注："登，进也。"③ "登鼎"可以和"登麦""登黍"相比较，意思大概是"献鼎"，"中臣登鼎"意为"中臣进献之鼎"，铭文中的"帝妘"当是所献给的对象。

  鼎铭反映出了"中"族与商王或周王统治集团的密切关系，前文已述宝鸡戴家湾与石鼓山不同墓地出土有三件"中族"铜器，可见宝鸡一带有可能是"中族"的活动区域之一。

---

① 季旭昇：《说文新证》，福州：福建人民出版社，2010 年，第 112—114 页。
② 许维遹撰，梁运华整理：《吕氏春秋集释》，北京：中华书局，2009 年，第 105 页。
③ 李学勤主编：《十三经注疏·礼记正义》，北京：北京大学出版社，1999 年，第 494 页。

第二章　金文字词释读研究

一、金文"圝"字音读及相关问题研究

(一)"圝"字释读及其构形与读音之间的矛盾

金文中数见"圝",为便于讨论现将其字形和文例分列如下:

▢、▢、▢、▢ 癲钟;▢ 九年卫鼎;▢ 史墙盘;▢ 师酉鼎;▢ 五祀㝬钟;▢、▢ 毛公鼎;▢ 叔向父禹簋;▢ 㝬簋;▢ 番生簋;▢ 秦景公石磬;▢ 宋公固鼎;▢ 宋公固铺;▢ 曾侯與钟

（1）癲钟:癲不敢弗帅祖考,秉明德,圝夙夕,左(佐)尹氏。(《殷周金文集成》00247、00248、00249、00250,西周中期)

（2）九年卫鼎:舍颜有司寿商(赏)圝裘、盠㡇。(《殷周金文集成》02831,西周中期)

（3）史墙盘:天子圝𢛳文武长剌(烈)。(《殷周金文集成》10175,西周中期)

（4）师酉鼎:圝夙夜,辟事我一人。(《商周青铜器铭文暨图像集成》02475,西周中期)

（5）五祀㝬钟:用䚋(申)圝先王,受皇天大鲁令。(《殷周金文集成》00358,西周晚期)

（6）毛公鼎:用卬(仰)卲(昭)皇天,䚋(申)圝大命,康能四国。(《殷周金文集成》02841,西周晚期)

（7）叔向父禹簋:用䚋(申)圝奠保我邦、我家。(《殷周金文集成》04242,西周晚期)

（8）㝬簋:䚋(申)圝皇帝大鲁令。(《殷周金文集成》04317,西周晚期)

（9）番生簋:用䚋(申)圝大令。(《殷周金文集成》04326,西周晚期)

・45・

（10）秦景公石磬：圌天命，曰：肇敷蛮。（《商周青铜器铭文暨图像集成》19789，春秋晚期）

（11）宋公固鼎：宋公圌乍（作）渼叔子饙鼎。（《文物》2014 年第 1 期，第 21 页，又《商周青铜器铭文暨图像集成续编》0209，春秋晚期）

（12）曾侯与钟：余䍤（申）圌楚成，孜复曾疆。（《江汉考古》2014 年第 4 期，第 17—22 页；《商周青铜器铭文暨图像集成续编》1029，春秋晚期）

从文中开头所列字形可以清楚地看到"圌"外部从"囗"，内部右侧偏旁从秦景公石磬等较为清晰的字形中，可知是"舟"字无疑，左侧偏旁为"🐘"、"🐘"等形，应是某种动物的象形，董莲池①、刘光②等以为是"象"字。陈剑则指出此字内部所从的"🐘"旁与"象"字的前身🐘、🐘、🐘等形有别，且与秦汉文字中的"象"字不存在形体演变上的关系。③在毛公鼎、史墙盘中"象""圌"同见，铭文为：

女母（毋）敢象（惰）④，在乃服，圌夙夕。（毛公鼎，《殷周金文集成》02841）

天子圌屖文武长剌（烈）……史墙夙夜不象（惰）。（史墙盘，《殷周金文集成》10175）

毛公鼎"象"作"🐘""🐘"，"圌"作"🔲""🔲"；史墙盘"象"作"🐘"，"圌"作"🔲"，相互对比可知"圌"所从的偏旁与"象"绝不相同，因此金文中的这些字形还应以隶定为"圌"为宜。此字的释读过去一直存有争议，有释读为"造""遞""客""遂""窓""貌""匋""圌""貂"等多种意见。⑤

---

① 董莲池：《新金文编》，北京：作家出版社，2011 年，第 797 页。
② 刘光：《补论金文"申固"与"固"字的释读》，李学勤主编：《出土文献》第八辑，上海：中西书局，2016 年，第 61—65 页。
③ 陈剑：《金文"象"字考释》，《甲骨金文考释论集》，北京：线装书局，2007 年，第 268 页。
④ "象"读为"惰"依陈剑意见，详见他《金文"象"字考释》一文。
⑤ 此字的释读意见可以参见李孝定、周法高、张日昇编著：《金文诂林附录》，香港：香港中文大学出版社，1977 年，第 1839—1846 页；杨树达：《积微居金文说》增订本，长沙：湖南教育出版社，2007 年，第 16 页；徐中舒：《西周墙盘铭文笺释》，《徐中舒历史论文选辑》，北京：中华书局，1998 年，第 1300 页；唐兰：《略论西周微史家族窖藏铜器群的重要意义》，《唐兰先生金文论集》，北京：紫禁城出版社，1995 年，第 219 页；张政烺：《周厉王胡簋释文》，中华书局编辑部编：《古文字研究》第三辑，北京：中华书局，1980 年，第 111 页；于省吾：《墙盘铭文十二解》，中山大学古文字研究室编：《古文字研究》第五辑，北京：中华书局，1981 年，第 5 页；陈秉新：《释"圌"及相关字词》，安徽大学古文字研究室编：《古文字研究》第二十二辑，北京：中华书局，2000 年，第 98 页；孟蓬生：《金文考释二则》，《古汉语研究》2000 年第 4 期；王辉：《一粟集——王辉学术文存》，台北：艺文印书馆，2002 年，第 139 页；朱凤瀚：《师酉鼎与师酉簋》，《中国历史文物》2004 年第 1 期，第 4—10 页。

2009 年，山东枣庄徐楼村墓地出土三件宋公鼎和两件宋公铺，为"圖"字的释读提供了契机。鼎和铺的器主名为"宋公圖"，这是"圖"字首次作为人名出现在金文中，为其字义、字音的考证提供了机会。《商周青铜器铭文暨图像集成》06157 收录了一件藏于海外的铜铺，形制、纹饰以及铭文与徐楼墓地宋公固铜铺近似，只是大小稍有差别，理应是同墓所出。《商周青铜器铭文暨图像集成》释器主之名为"司"①，据枣庄徐楼墓地所出的同铭鼎、铺铭文可知，当是"圖"字，傅修才先生已指出其非。②《山东枣庄徐楼东周墓地发掘简报》根据出土器物形制等，推测枣庄徐楼宋公墓葬的年代为春秋晚期③，依靠历史记载以及墓葬年代等信息，李学勤认定铜器铭文中的"宋公圖"即是文献中的宋共公，据文献记载宋共公名瑕，一说名固。因此可知"圖"与"固"及"瑕"通假，所以李学勤肯定了杨树达读"圖"为"窓"的意见。并指出"圖"在铜器铭文"申圖"一词中，最好也读为"固"，训为安定。④

将"圖"读为固，符合徐楼墓地宋公铜器的年代，也符合传世文献的记载，后来刘光在李学勤观点的基础上，对金文中"圖"的用法进行了补充论证⑤，进一步证明了将"圖"读为"固"是可信的。后来 2014 年曾侯与编钟铭文的发表，又为李先生对"圖"字的释读提供了坚实的证据。曾侯与钟铭文言：

穆穆曾侯，憼（壮）武愄（畏）諅（忌），恭寅斋盟，代武之表，裵（怀）燮四旁（方），余▨（申）▨⑥楚成，孜复曾疆。

---

① 吴镇烽：《商周青铜器铭文暨图像集成》第十三卷，上海：上海古籍出版社，2012 年，第 414 页。
② 傅修才：《新见宋公司铺铭文辨正——兼论宋公司铺与宋公圖鼎的关系》，复旦大学出土文献与古文字研究中心网站，2013 年 10 月 18 日，http://www.gwz.fudan.edu.cn/Web/Show/2143。
③ 枣庄市博物馆等：《山东枣庄徐楼东周墓发掘简报》，《文物》2014 年第 1 期，第 4 页。
④ 李学勤：《枣庄徐楼村宋公鼎与费国》，《史学月刊》2012 年第 1 期，第 128 页；裘锡圭、李家浩先生亦曾指出过金文中"申圖"的意义与文献中的"申固"一词相近。参见裘锡圭：《裘锡圭学术文集·金文及其他文字卷》，上海：复旦大学出版社，2012 年，第 59 页；裘锡圭：《古文字论集》，北京：中华书局，1992 年，第 427 页。
⑤ 刘光：《补论金文"申固"与"固"字的释读》，李学勤主编：《出土文献》第八辑，上海：中西书局，2016 年，第 61—65 页。
⑥ 此字《随州文峰塔 M1（曾侯與墓）、M2 发掘简报》（《江汉考古》2014 年第 4 期）摹写作"▨"；凡国栋《曾侯與编钟铭文柬释》（《江汉考古》2014 年第 4 期）摹写作"▨"；苏建洲《随州文峰塔曾侯與墓编钟铭文"圖"字补说》（武汉大学简帛研究中心主办：《简帛》第十二辑，上海：上海古籍出版社，2016 年）摹写为"▨"，三家摹本略有不同。《随州文峰塔 M1（曾侯與墓）、M2 发掘简报》所公布的此字铭文不够清晰，难以作出进一步判断。此处摹本仍从《随州文峰塔 M1（曾侯與墓）、M2 发掘简报》的意见，事实上不管哪家摹本，此字下部为"央"形这一点是没有疑问的。

凡国栋将钟铭之"▨"与"圁"联系起来，并将其读为"固"。①吴雪飞进一步说明"▨"从"囗"，囗内从"舟"、从"央"（有学者不认同此字从"央"，其说有误，详后文），右上部所从不明（疑为"犬"字讹形），暂可隶定为"圁"。其在铭文中的辞例为"申圁楚成"，对照金文中常见的辞例"申圁大命"等，"圁"当为"圁"字异体……亦当释为"固"。②凡、吴的说法均正确可从，此处的"央"旁从结构上说应该是"圁"之声符，"央"古音为影纽阳部，上文已述"圁"作为宋共公的私名，其读音当与"固""瑕"相近，固字古音属见纽鱼部，瑕字古音属匣纽鱼部，鱼、阳二部阴阳对转，见纽属牙音，影纽、匣纽均属喉音，牙音与喉音部位相近。曾侯与钟"圁"字的出现，充分证明了将"圁"读为"固"的意见是正确的。

然而我们知道了"圁"可以读为"固"③，并且有一个从"央"得声的异体，也仅仅是知道了"圁"的大致读音及其在金文中的用法，此字的释读仍存有一些疑问。《说文·豸部》云："貈，似狐，善睡兽，从豸舟声。"徐铉等对此字所注的反切为"下各切"，并云："舟非声，未详。"④从汉字结构规律来讲，"圁"字应是以"貈"为声符的（"貈"字反切也与"圁"在金文中用法相符合，可以证实这一点），而"貈"又应是以"舟"为声的，"舟"为幽部字，而"圁"字的读音却与鱼部、阳部接近，二字读音差距过大。若依徐铉等人的意见，"舟"不是"貈"的声符，那么"舟"旁在"貈"字结构中该如何理解，又成了一个新的棘手问题。

有学者曾试图对"貈"字构形与读音上的矛盾进行解释，他们的意见大概是："貈"本是从"舟"声的幽部字，"下各切"是"貉"字的反切，"貈"与"貉"意义接近，于是二字在古书中就会"同义换读"，"貈"便有了"貉"的读音，而后世韵书又仅保留了"貈"字"下各切"的读音，其幽部字的本音遂不为后世人所知。⑤这种意见的推测成分较多，从目前的出土文献资料来看，从未见"圁""貈"有幽部字的读音，各种文例均表明其本音就应是与鱼

---

① 凡国栋：《曾侯與编钟铭文柬释》，《江汉考古》2014年第4期，第64页。
② 吴雪飞：《说曾侯與编钟铭文中的"圁"》，复旦大学出土文献与古文字研究中心网站，2014年12月10日，http://www.gwz.fudan.edu.cn/Web/Show/2396。
③ 刘光先生《补论金文"申固"与"固"字的释读》一文，认为"圁"有可能就是"固"字异体，目前来看，此说尚缺乏证据。
④ （汉）许慎：《说文解字》，第198页。
⑤ 孟蓬生：《金文考释二则》，《古汉语研究》2000年第4期；郑妞：《"同义换读"现象在上古音研究中的作用》，《陕西理工学院学报》（社会科学版）2012年第1期。

部、阳部字接近的。

（二）"貉"字声符辨证

仔细观察"圌"字在金文中的写法，可以发现以前人们普遍认为"圌"字所从的"舟"旁，在较早期的金文九年卫鼎、史墙盘中分别作"▢""▢"之形，在师酉鼎中作"▢"①，在馱簋中作"▢"，在《殷周金文集成》《商周青铜器铭文暨图像集成》等书所收录的"瘋钟"铭文拓片中"圌"字较为模糊，影响了此字的释读。曹玮编著的《周原出土青铜器》②一书中公布有瘋钟的高清照片和拓片，其中"圌"字在照片和拓片中分别作：

▢、▢（甲钟）；▢、▢（乙钟）；▢、▢（丙钟）；▢、▢（丁钟）

从乙钟和丁钟铭文中可见所谓的"舟"旁作："▢、▢"（注：乙钟"▢"上部的笔画"▢"，从照片可知是与左侧的动物形偏旁连写在一起的，拓片中则断开）和"▢、▢"形。再结合九年卫鼎、史墙盘来看，这几件器中的"圌"字明显并不从"舟"。"舟"是一个象形字，在甲骨文以及西周金文中常作▢、▢、▢、▢、▢等形。与西周时期"圌"字所从之"▢""▢""▢""▢""▢"差别明显，但需要注意的是西周晚期的毛公鼎以及春秋时期秦景公石磬、宋公固鼎、宋公固铺中"圌"字所从的偏旁"▢""▢""▢""▢"，却又明是"舟"旁无疑。朱凤瀚曾说西周晚期"貉"所从的"舟"旁，应是早期字形的讹变③，这种意见十分具有启发意义。破解"圌"字音读问题的关键，就在于正确认识其早期所从的"▢""▢""▢"等偏旁究竟是何字。

我们认为"▢""▢""▢""▢""▢""▢"都应是"亡"字，"亡"字甲骨文中作▢（《甲骨文合集》12900）、▢（《甲骨文合集》12）、▢（《甲骨文合集》12715）、▢（《甲骨文合集》23143）等；金文作▢（天亡簋，《殷周金文集成》04261）、▢（麦方尊，《殷周金文集成》06015）、▢（杞伯每亡簋，《殷周金文集成》03898）、▢（中山王壶，《殷周金文集成》09735）等形，林洁明指出"亡"字是锋芒之芒的本字，字从刀，一点以示刀口锋芒之所在，是一个指事字。④

瘋钟乙、馱簋"圌"字所从的所谓"舟"旁作"▢""▢"，与"亡"字甲骨

---

① 摹本出自朱凤瀚：《师酉鼎与师酉簋》，《中国历史文物》2004年第1期，第4页。
② 曹玮主编：《周原出土青铜器》，成都：巴蜀书社，2005年，第797—827页。
③ 朱凤瀚：《师酉鼎与师酉簋》，《中国历史文物》2004年第1期，第4页。
④ 周法高主编：《金文诂林》，香港：香港中文大学出版社，1975年，第7059页。

文和西周早期的写法完全相同;而若"亡"字中作为指示符号的短竖笔延长,与下部刀身笔画相接,其字形就变为"✍"(《甲骨文合集》23143)形。① 而瘋钟丁与师酉鼎中"圐"字所从的所谓"舟"旁作"✍""✍",与此种写法的"亡"字恰好完全对应;至于九年卫鼎、史墙盘中分别作"✍""✍"之形的所谓"舟"旁,则是由"✍"形的"亡"字进一步发展而来。古文字形体演变中常在某字空白处加饰笔,如:"辰"字作✍,又作✍;"南"字作✍,又作✍;"且"字作✍,又作✍等②,例不赘举。"亡"字在作"✍"形的基础上,于其空白处再加一饰笔,即发展为"✍""✍"之形。金文中的"朕"字有时作:✍(五祀卫鼎,《殷周金文集成》02832,西周中期)、✍(申簋盖,《殷周金文集成》04267,西周中期)、✍(颂簋,《殷周金文集成》04334,西周晚期)、✍(鼄叔鲁生鼎,《殷周金文集成》02605,春秋晚期),所从的"舟"旁即与作"✍""✍"形的"亡"形体近同,这就为"亡"讹变为"舟"提供了可能;若作"✍""✍"形的"亡"字下部断开,就成了与"舟"旁作"✍"完全同形。毛公鼎、秦景公石磬、宋公固鼎中"圐"所从的"舟"旁,当即由此演变而来。综上,"圐"字所从"舟"旁的演变轨迹,可以如下所示:

✍(瘋钟乙)、✍(默簋)— ✍(瘋钟丁)、"✍"(师酉鼎)— ✍(九年卫鼎)、✍(史墙盘)— ✍(毛公鼎)、✍(秦景公石磬)、✍(宋公固鼎)、✍(宋公固铺)

事实上作"✍""✍""✍""✍""✍"形的"亡"字,在战国文字中还有所遗留,如:✍(亡纵熊节,《殷周金文集成》12092)、✍(中山王方壶,《殷周金文集成》09735.2B),又古玺印有"忘"字作"✍"(《甘露堂藏战国箴言玺》③086);有"芒"字作"✍"(《古玺汇编》④0089)、"✍"⑤(《古玺汇编》2304),其所从的"亡"旁分别作✍、✍、✍,正是圐字所从偏旁✍、✍、✍等较为规整和变换方向之后的写法。

苏建洲认为"圐"为幽/宵部字,此字右侧乃是从"舟"或"刀"旁,进而将✍(《清华简二·系年》简56,此字的解释参下文)、✍(曾侯与钟)中的

---

① 甲骨文中作下部封口之形的"亡"字并非孤证,卜辞中还有不少,如:✍(《甲骨文合集》12606)、✍(《甲骨文合集》16716)、✍(《甲骨文合集》16754)、✍(《甲骨文合集补编》4895)、✍(《甲骨文合集补编》7642)、✍(《甲骨文合集补编》8628)等。
② "辰""南""且"字形出自刘钊:《新甲骨文编》增订版,福州:福建人民出版社,2016年,第828、381、779页。
③ 周建亚:《甘露堂藏战国箴言玺》,北京:文物出版社,2013年。
④ 罗福颐主编:《古玺汇编》,北京:文物出版社,1981年。
⑤ 此字《古玺汇编》缺释,后由吴振武先生释出,参见吴振武:《古玺文编校订·附录》,北京:人民美术出版社,2011年,第362页。

"央"形看作"貈"形体的变形,否定了"央"为其声符的说法。^①我们前文已述"圝"字所从的"舟"旁最初是写作"亡"的,"舟"旁乃是"亡"的讹变。《周原出土青铜器》所公布的瘋钟铭文"圝"字照片,可以确凿无疑地证明这一点。事实上苏文中所举的猷簋铭文中"圝"字从"",就是"亡"旁,而不是"刀"。总之,将"舟"或"刀"看作"圝"字的声符,不仅无法解决"貈"字构形与读音上的矛盾,更不符合"圝"字形体演变的规律,其说难以成立。

从古音的角度讲,"亡"古音属明纽阳部,"圝"在曾侯与钟中又从"央"得声,而"央"正是影纽阳部字,"亡"与"央"韵部相同,虽然二字声纽有差距,但是从"亡"得声的荒、肓、㡿等字古音皆属晓纽,晓纽与影纽又同属喉音。因此从古音上讲"亡"与"央"读音接近,完全可以充当"圝"字的声符。

(三)貈、貉、貊三字的关系

既然已经辨明了《说文》"貈"字的构形,就不得不谈与之相关的另外两个字:"貉"与"貊"。段玉裁《说文解字注》于"貈"字条注曰:"凡狐貉连文者,皆当作此貈字。今字乃皆假貉为貈,造貊为貉矣。"又《说文·豸部》云:"貉,北方豸种,从豸各声,孔子曰:'貉之为言恶也'。"段注曰:"孔子曰:'貉之言貉貉恶也'七字一句,各本作'貉之为言恶也'。今依《尚书音义》《五经文字》正,《尚书音义》作'貊貊',浅人所改耳。"^②依段注则"貈"乃是今天我们所说的"貉"的本字,而"貊"又是后人为"貉"字本义所造的字。

《说文》未收"貊"字,先秦古文字材料中亦未得见。金文中有"貉"字作: (伯貉卣,《殷周金文集成》05233.1,西周早期)、 (貉子卣,《殷周金文集成》05409.1,西周早期)、 (己侯貉子簋盖,《殷周金文集成》03977,西周中期)、 (穌貉簠,《殷周金文集成》04659,春秋)等,均用作人名。秦简中亦有"貉"字作" "(《睡虎地秦墓竹简·法律答问》简195)用为奴隶专名," "( )(《睡虎地秦墓竹简·日书甲种》简77背)用为人名。^③《龙

---

① 苏建洲:《随州文峰塔曾侯與墓编钟铭文"圝"字补说》,武汉大学简帛中心主办:《简帛》第十二辑,上海:上海古籍出版社,2016年,第19页。

② (汉)许慎撰,(清)段玉裁注:《说文解字注》,上海:上海古籍出版社,1981年,第458页。

③ 睡虎地秦墓竹简整理小组:《睡虎地秦墓竹简·释文》,北京:文物出版社,1990年,第140、220页。

》岗秦简》简34有"貓"字作[图]形,用为动物名。对比古文字资料中"貓"与"貉"二字的形体与文例,可知先秦出土文献中"貓"与"貉"是绝不相混的,段氏之说可信。

"貉"从"各"得声,古音属匣纽铎部,与从"亡"得声的"貓"读音接近。极有可能是"貓"所从的"亡"旁讹变为"舟"之后,字形不能准确地记录语言中"貓"的语音,因此时人就借用与之读音接近的"貉"来表示"貓",又为"貉"别造"貊"字。那么文献中以"貉"代"貓"发生在什么年代呢?《说文》之中未收"貊"字且貓、貉二字分别明晰,可知在许慎时代"貉"尚未用来代"貓"。到了《玉篇·豸部》中已经开始收录有"貊"字,释义为"蛮貊也",又同部"貉":"蛮貉也,亦与貊同";又"貓":"似狐也"。①可见《玉篇》的年代"貉"虽还保留有原意,但已经开始与"貓"字通假,并造"貊"字表示"蛮貉"之"貉",也就是说可能大致在南北朝时期的文献中,已经开始借"貉"来表示"貓"了。

(四)《清华简》"𤝜"字分析

《清华简二·系年》第十一章:楚穆王立八年,王会诸侯于厥𤝜。整理者注:地名第二字难于隶定,《左传》文公十年作"厥貉",《公羊传》作"屈貉"。②是以通过与传世文献对读得知𤝜当释读为"貉"。学界或释此字为"央",或释为"鱼",或释为"貓"之象形初文。③曾侯与钟资料公布以后,吴雪飞据钟铭"𦥑"字从央得声,推断此字当是从犬央声,为貓(貉)之异体。④

我们基本赞同吴先生的意见,只是需要补充的是,战国时期"貓""貉"二字尚未混同,且意义有别,传世文献中以"貉"代"貓"是后人所改。因此准确来讲此字应该是"貓"字异体,且极有可能就是后世字书所收的"狭"字。《尔雅·释兽》:"貓子,貆。"郭璞注:"今江东呼貉为狭狭。"邢昺疏云:"《字林》云:'狭,貍类。貐,谓之狭。'《广雅》云:'猇,狭也。'然则皆貓之通名也。"⑤据邢昺意见,可知"狭"是"貓"字异体,"狭""𤝜"均从

---

① (梁)顾野王:《大广益会玉篇》,北京:中华书局,1987年,第112页。
② 李学勤主编:《清华大学藏战国竹简》二,上海:中西书局,2011年,第160页。
③ 参苏建洲、吴雯雯、赖怡璇:《清华二〈系年〉集解》,台北:万卷楼图书股份有限公司,1983年,第442—449页。
④ 吴雪飞:《说曾侯與编钟铭文中的"𦥑"》,复旦大学出土文献与古文字研究中心网站,2014年12月10日,http://www.gwz.fudan.edu.cn/Web/Show/2396。
⑤ 李学勤主编:《十三经注疏·尔雅注疏》,北京:北京大学出版社,1999年,325页。

"央"为声，若将"䐗"字的意符与声旁"央"分写开来，就有可能演变为后世字书中的"狭"。

（五）结语

经过全面梳理金文中"䑣"在不同时期的写法，我们可以得知此字最初是以"亡"为声符的，而西周晚期以后此字所从的"舟"旁则是由"亡"讹变而来的。这样就可以解释为何此"䑣"与"貈"构形上从"舟"，而读音却与鱼、铎、阳三部相近的原因。貈、貉、貊三字的关系段玉裁已有论证，借助于出土文献我们可以证实段氏的意见是可信的。曾侯与钟"䑣"字异体作"䑣"，以"央"为声，《清华简二·系年》"貈"字作"䐗"，也是以"央"为声。两条资料同属于楚文化的范围，则"貈"以"央"为声是否为楚方言的特色，也是值得考虑的。

二、试说𧖟尊铭文中的"𩒹"字

𧖟尊（图 2-1）或称大万尊、鱼尊，著录于《商周青铜器铭文暨图像集成续编》0790，器形与铭文资料最早由吴镇烽先生《𧖟尊铭文初探》一文公布，此器现藏于香港私人手中，时代为商代晚期①，尊铭长达 36 字，在商代铜器中可谓长篇巨制。由于器属商代，铭文较长，又涉及商代祭祀、乐舞等礼制内容，因此资料公布后便引起了学界的关注。朱凤瀚②、李家浩③、李学勤④等先生均著文对尊铭进行了讨论，阐发了诸多高见，网络上亦有不少网友发表了精彩看法。⑤

图 2-1 𧖟尊及其铭文

---

① 吴镇烽：《𧖟尊铭文初探》，复旦大学出土文献与古文字研究中心网站，2014 年 7 月 29 日，http://www.gwz.fudan.edu.cn/Web/Show/2311。
② 朱凤瀚：《新见商金文考释（二篇）》，复旦大学出土文献与古文字研究中心编：《出土文献与古文字研究》第六辑，上海：上海古籍出版社，2015 年，第 123 页。
③ 李家浩：《大万尊铭文释读》，李学勤主编：《出土文献》第八辑，上海：中西书局，2016 年，第 30 页。
④ 李学勤：《鱼尊铭文简释》，《中原文化研究》2016 年第 4 期，第 11 页。
⑤ 诸多网友高论，参见复旦大学出土文献与古文字研究中心网站吴镇烽《𧖟尊铭文初探》文后评论。

然而尊铭中个别问题仍存有较大异议，铭文中的"[字]"字即是争论的焦点之一，对此我们有一些不成熟的看法，在此提出，以就正于同好。为便于讨论，现参照各家意见，将䢂尊铭文释写如下：

辛未，妇尊宜，才（在）𠭯大（太）室，王卿（飨）酉（酒），奏庸，新宜欧，才（在）六月，鮋十终三朕。䢂肖，王赏，用乍（作）父乙彝。大万。

铭文前半部"辛未，妇尊宜……才（在）六月"是讲六月辛未这一天商王与其配偶在𠭯太室举行祭祀，典礼之后进行飨酒，并举行奏乐与舞蹈。接下来"鮋十终三朕。䢂肖"，从文意上说似是在讲器主受到商王赏赐的原因。"鮋"字原拓片作"[字]"，上为鱼旁，下部为[字]，即是"由"字，或有学者认为"[字]"为"鲁"字之讹①，或是"鱼由"二字，并将"鱼"视为器主②，恐均不可信。从铭文字形的总体铸写看，尊铭制作精致，字迹清晰，没有字形讹变与错乱的现象，故"[字]"没有理由是讹变的字形；从铭文的行款布局来看，[字]字的鱼、由两个偏旁书写紧凑，且与前文"庸""𠭯"相比，明显是占有一字的空间。这是我们赞同吴镇烽、朱凤瀚先生将䢂视为器主的主要依据。

尊铭末尾的"大万"是其族氏铭文，"大万"族的得名含义对于理解尊铭至关重要，有必要先费些笔墨对此进行说明。"[字]"释为"万"无疑，裘锡圭指出"万"为"𧍙"之初文。在甲骨、金文中常用来作"宾"字的声符，至战国文字里开始借为数词"万"。商代卜辞中屡见称为"万"的一种人，通常从事舞乐一类工作，"万"当读为万舞之"万"。商代金文中又有"大万"之称，大万应即万人之长。③

由上述可知"万"是乐舞一类的职事，尊铭"大万"吴镇烽先生已据裘先生的观点指出是"万"人之长。④"大万"在本铭中出现在铭文末尾，与上下文不连读，明显是族氏铭文无疑，或许"大万"族长期担任"万"人之长，因此便以此为氏。这与薛国族氏铭文"史"一样，均属于以"职事"为氏。⑤

---

① 李家浩：《大万尊铭文释读》，李学勤主编：《出土文献》第八辑，第 31 页。
② 李学勤：《鱼尊铭文简释》，《中原文化研究》2016 年第 4 期，第 12 页。
③ 裘锡圭：《裘锡圭学术文集·甲骨文卷》，上海：复旦大学出版社，2012 年，第 39、49、50 页。
④ 吴镇烽：《䢂尊铭文初探》，复旦大学出土文献与古文字研究中心网站，2014 年 7 月 29 日。
⑤ 李学勤：《〈仲虺之志〉与薛国史氏》，彭林主编：《中国经学》第四辑，桂林：广西师范大学出版社，2009 年，第 49 页；李学勤：《通向文明之路》，北京：商务印书馆，2010 年，第 163 页。

黄杰先生主张末字应释为"丐（宾）"并以为是祭祀名①，是不正确的。"大万"族氏铭文还见于另外几件铜器，如前所述"大万"并不是"大"族与"万"族的联合，《商周青铜器族氏铭文研究》认为"大万"是复合族氏铭文②，现在看来也是不妥当的。

"魶十终三朕"一句"魶"字朱凤瀚先生读为舞蹈之"蹈"③；"终"字各家均指出是指"奏毕一章之乐谓之一终"；"朕"字李学勤先生读为"振"，据文献知意为万舞的一种仪节④，这些意见我们认为都是可取的。既已明白"遹尊"器主"遹"属于"大万"族，尊铭又恰是讲商王及配偶行乐舞之事，铭文中"遹肯"的"肯"应是一个动词，从文意上说似乎也应理解为器主受赏的原因之一，意义很可能也与其职事——乐舞有关。

"肯"字的释读意见以笔者所见大致有以下几种：

（1）吴镇烽先生将其释为"歬"即"前"字。意为前引，引导。尊铭"遹前"或谓遹是乐队的指挥或乐舞的前导。⑤

（2）董珊先生指出从原形看此字似从之、从同，应将"之"形的横笔与"同"连起来看，即是从"舟"从"止"形的"前"字。器主黑之族以乐舞为职业，祭祀及之后的飨酒礼中，均有乐舞参与，他在商王和王后之前，因此受赏，为父乙作祭器以为纪念。

（3）网友"日古氏"指出所谓的"前"字，与陈剑释为"踊"的表意初文读为"通"之字是一个字形，因为同篇铭文的"庸"字下部明显与此字下部同形，已知"庸"下部为声符"用"，则此字下部视作声符"用"读为"通"恰好合适。也许此字就应该读为"踊"，训为"跳"，意思是说"黑"因参与了跳祭祀的舞蹈，所以"王赏"。

（4）有网友指出"遹前"与《简兮》的"在前上处"相当，是说遹排列在舞蹈队列的前面，担任前导。⑥

（5）朱凤瀚先生认为此字从之同声，读为通，训为得或达、至。"通

---

① 吴镇烽：《遹尊铭文初探》第十六楼评论，复旦大学出土文献与古文字研究中心网站，2014年7月29日。
② 何景成：《商周青铜器族氏铭文研究》，济南：齐鲁书社，2009年，第607页。
③ 朱凤瀚：《新见商金文考释（二篇）》，复旦大学出土文献与古文字研究中心编：《出土文献与古文字研究》第六辑，第127页。
④ 李学勤：《鱼尊铭文简释》，《中原文化研究》2016年第4期，第12页。
⑤ 吴镇烽：《遹尊铭文初探》复旦大学出土文献与古文字研究中心网站，2014年7月29日。
⑥ 以上观点参见吴镇烽《遹尊铭文初探》文后评论。

王赏"即器主得到王赏，或器主自认为其舞蹈达到了受王奖赏的高度。①

（6）李家浩先生认为此字上部的"之"乃是"止"旁之讹，其字为踊之异体，意为一种舞蹈动作。②

从字形看"𧾷"上部确是"之"旁，下部则是"同"字，因此严格来说，此字应该隶定为"䢈"。"前""踊（𧾷）"均从"止"不从"之"，这两种释读意见不合于字形，难以成立；董珊先生认为应将"之"形的横笔与"同"连起来看，这样字的下部就成了"舟"旁，但是铭文中"之"下部的横笔"一"与"同"旁并不相连，这样拆分形体也不太合适；朱凤瀚先生认为此字从之从同，意见正确，但是读此字为"通"训为"得"，此种训释在文献中用例极少，训为"达""至"于文意上说则又不够协恰。

我们认为"䢈"字有可能是"之同"二字的合文，可以读为卜辞常见的"置庸"，意义就是安放摆设乐器庸（大铙）。甲骨文置字作"𧾷"，裘锡圭指出其字形象双手置物于架座，"之"或"止"是其声符。而"庸"字又是从"同"得声。③因此"之同"读为"置庸"从语音上讲是毫无问题的。尊铭前言"奏庸"此言器主参与了"置庸"的工作，语义相协。或有人怀疑铭文先言"奏庸（演奏乐器）"后文才叙述器主"置庸（安置乐器）"，这样在逻辑上不符合先后顺序。

事实上并非如此，后文所述的"置庸"是器主追述自己受赏的原因，铭文的叙事逻辑是：先讲述了商王进行的一系列活动，然后器主再记叙其本人在这些活动中扮演的角色。西周早期的夃子鼎（《商周青铜器铭文暨图像集成》02385）即是此类叙述结构，其铭文言：

丁巳，王大祓。咸（戊午），夃子蔑曆（厤），敞白牡一。己未，王赏多邦伯，夃子丽，赏豛（天黾）卣、贝二朋，用作文母乙䔧（尊）彝。

沈培先生指出"夃子丽"中的"丽"应读为"赞"，"王赏多邦伯，夃子丽"就是说：王赏赐诸邦伯的时候，器主充当了辅助性的职务④，叙事逻辑同样是先讲王的活动（赏赐多邦伯），再追述器主在活动中承担的事务（丽）。

---

① 朱凤瀚：《新见商金文考释（二篇）》，复旦大学出土文献与古文字研究中心编：《出土文献与古文字研究》第六辑，第 128、129 页。
② 李家浩：《大万尊铭文释读》，李学勤主编：《出土文献》第八辑，第 34 页。
③ 裘锡圭：《裘锡圭学术文集·甲骨文卷》，第 37、38 页。
④ 黄锦前：《再论荆子鼎》第 7 楼评论，复旦大学出土文献与古文字研究中心网站，2012 年 2 月 28 日，http://www.gwz.fudan.edu.cn/Web/Show/1789。

金文万剢方彝（又称戍铃方彝、康方彝等，《商周青铜器铭文暨图像集成》13540）铭文言：

  己酉，戍铃尊宜于召，置庸，舞（歌？）九律舞（歌？）。商（赏）贝十朋，万剢（？）用□□宗彝，才（在）九月，唯王十祀翌日五，唯来东。①

  器主"万剢"的身份也是"万"，"剢"是其私名。戍铃在召地设置馈肴的时候，"万剢"参与了"置庸，舞（歌？）九律舞（歌？）"的活动，因此受到赏赐。彝铭与䢵尊多有可以互参之处，两器记载的事件近似，均是"尊宜（设置馈肴）"之后举行乐舞，器主"剢"与"䢵"身份职掌近似。由万剢方彝可知"置庸"也是"万"的职事之一，并可以因此受到赏赐，这为我们将"𠕂"释为"之同"合文，并读为"置庸"提供了依据。

---

① 铭文"置""舞"从裘锡圭《甲骨文中的几种乐器名称——释"庸""丰""鞀"》一文意见。二字或有学者提出应释为"奏""歌"，参见朱凤瀚：《新见商金文考释（二篇）》，复旦大学出土文献与古文字研究中心编：《出土文献与古文字研究》第六辑，第130页。我们认为"舞"原作𦥑，从兮声，改读为"歌"是有可能的，但是"置"字原形𠀭与"奏"差别较大，仍当以裘先生之说为是。

· 58 ·

三、释"⼫"

《华夏考古》2015年第3期《河南平顶山应国墓地M257发掘简报》,公布了两件出土于平顶山市应国墓地的同铭簋,《河南平顶山应国墓地M257发掘简报》称其为柯史簋。簋铭公布以后,有学者对铭文的释读提出了新的意见,簋铭中的"⼫"字是各家争论较多的地方。

李守奎先生《释楚简中的"规"——兼说"支"亦"规"之表意初文》一文(以下简称"李文")对古文字中"支"字的起源及流变进行了考证,指出:

"杖"、"支(枝)"、"支(规)"三字从实物来说,其形制分别是:丨、丫、十,下面加上"又"作为表意初文比较合理,"ᢩ"是"支(枝)"与"支(规)"的表意初文,二者形、音、义都有密切联系。支是规的后起本字。

树枝的原型是丫,甲骨文之 即手持树枝形,这种树枝也是最初的圆规,也是现今圆规的雏形,汉画像石上作"丫"(按:画像石原图形作"ψ")。①

我们认为若依李先生释"支(枝)"之说,簋铭文"⼫"字能够得到很好的释读。依据有关研究以及笔者的个人理解,现将铭文释读如下(为便于排版,释文采用宽式隶定):

隹(唯)十月初吉丁茆(卯)②,⼫史作霱(唐)姞(姒)媵簋,用祈眉寿永命,子子孙孙其万年永宝用享。

---

① 李守奎:《释楚简中的"规"——兼说"支"亦"规"之表意初文》,《复旦学报》(社会科学版)2016年第3期,第84、85页。

② "茆"字从李鹏辉意见,参见李鹏辉:《平顶山应国墓地M257出土铜簋铭文补释》,李学勤主编:《出土文献》第八辑,上海:中西书局,2016年,第66、67页。

"⿰"在拓片中原作"⿰"（M257：1 器铭）、"⿰"（M257：1 盖铭）、"⿰"（M257：2 器铭），字形清晰易辨，可以摹写作"⿰"。《河南平顶山应国墓地 M257 发掘简报》释此字为"柯"，对字形分析道："⿰字从木（从木之半）从丂，隶定为柯，应为国名。"①

王正、雷建鸽先生认为字形左侧的"⿰"为"中"之被劈开之形，而古文字中"中"与"木"作意符时可以通用，故将"⿰"看作"片"字异构。进而将"⿰"字字形分析为从草（或木）、从丂，将其释为柯。②

将"⿰"看作"中"之半，单从字形上看是很有道理的。王正、雷建鸽先生之所以采用这种意见，是受了"⿰"字的影响。"⿰"字见于折斝（《殷周金文集成》09248）、作册折尊（《殷周金文集成》06002）、作册折方彝（《殷周金文集成》09895）、作册折觥（《殷周金文集成》09303）等器。王正、雷建鸽先生将"⿰"看作从中之半、从斤，认为此字即是"析"字异体。事实上，"⿰"在上述几件铭文中均是作为人名出现的，将这些字中的"⿰"旁看作"中"之半，仅是依据字形进行的推测，并没有其他方面的坚强证据。在《殷周金文集成》《商周青铜器铭文暨图像集成》等书中"⿰"均被释为"折"，可见此字的释读是有争议的（按照我们后文对"⿰"旁的理解，⿰很有可能是从斤、从枝，是表示以斤伐柯的会意字），王正、雷建鸽两位先生的意见略显证据不足。

李鹏辉先生指出"此字确实从丂，但不从木之半，所以也就不是'柯'字"，并引用了战国文字中柯字从木的形体来证明"⿰"不当释为"柯"，进而主张将此字隶定为"⿰丂"，怀疑其即从攴、丂声的攷字，只是"攴"旁省去了"又"仅保留了声符"⿰"；同时李文还提出了另外一种可能，即"⿰丂"就是"考"字，"⿰丂"字形体是将"考"字的声符"丂"和"老"字的"⿰"（杖形）捏合一起而成的"考"字异体。③

"⿰"从"⿰"、从"丂"，"⿰"与"⿰"（攴，"改"字所从，《甲骨文合集》39468）上部所从形体一致，将二者理解为相同的字形是可信的。《河南平顶山应国墓地 M257 发掘简报》以为"⿰"为"半木"确实是错误的，但是李文的说法也有不当之处。李文指出古文字中有些从"又"的字存在省略"又"旁的异体，如"啓"既作"⿰"又作"⿰"。但是"攴"作偏旁时省"又"作"⿰"，与"啓"

---

① 河南省文物考古研究院、平顶山市文物管理局、河南大学历史文化学院：《河南平顶山应国墓地 M257 发掘简报》，《华夏考古》2015 年第 3 期，第 17 页。
② 王正、雷建鸽：《柯史簋与柯国、唐国》，《中原文物》2015 年第 5 期，第 25、26 页。
③ 李鹏辉：《平顶山应国墓地 M257 出土铜簋铭文补释》，李学勤主编：《出土文献》第八辑，第 67 页。

字省略"又"旁并不是同类现象。要想证明"屮"为"攴"之省，必须在古文字形体中找到一个字既有从"攴"的写法，而同时又有从"屮"的写法，这样才能说"屮"是"攴"之省。如果没有这样的例子，那么李文的第一种推测应该是不能成立的。

"攴"作偏旁时省作"屮"的例子可以举出一例，已见著录的几件商丘叔盨中"盨"字从匚、故声，作■（《殷周金文集成》04557）、■（《殷周金文集成》04558）、■（《殷周金文集成》04559.1）、■（《殷周金文集成》04559.2），前两个字形中均从"攴"，后两个字形则均从"卜"，"卜"无疑就是"攴"之省。然而毕竟在金文中"攴"旁习见，省作"卜"形的例证却十分罕有，所以将𠬝字的"屮"旁看作"攴"之省形，还是有过于主观臆测之嫌。更何况金文中还有"屮"与"攴"同见于一字的例证，金文中"畏"字有作■（王孙遗鼠钟，《殷周金文集成》00261.2）、■（王孙诰钟，《商周青铜器铭文暨图像集成》15614）的写法，这两个字形中"攴"旁均与"屮"同见，很明显这里的"屮"就不能理解为"攴"之省。

李文的第二种推测存在一个假设前提："丂"字的"丂"旁来自于"考"字，而"卜"旁来自于"老"字的"卜"（杖形）。古文字中从"卜"与从"丂"的字不在少数，前者如"贞""攴"等，后者如"考""巧""攷"等，并没有证据表明"丂"一定是糅合"考""老"二字而成的。

"丂"字的形体甲骨文作"丁""丁"等形。① 屈万里先生以为其初义是斧柯之象形②，《甲骨文字集释》则以为是"象枝柯之形"。③ 《诗》"执柯伐柯，其则不远。"枝柯意即枝条、树枝，将"丂"释为"柯"之初文，从文字形体和意义上看都是非常合适的。《说文·木部》："柯，斧柄也。"除了"斧柄"之意，"柯"在古书中还常训为"枝柯""树枝"，如：

《诗经·小雅·湛露》："湛湛露斯，匪阳不晞。厌厌夜饮，不醉无归。"
郑玄曰："露之在物湛湛然，使物柯叶低垂。"孔颖达曰："柯谓枝也。露在于叶，则令柯亦低，故言柯叶低垂。"④
《玉篇·木部》："柯，音哥，枝也。"⑤

---

① 刘钊主编：《新甲骨文编》增订本，福州：福建人民出版社，2014年，第291、292页。
② 屈万里：《殷墟文字甲编考释》，台北："中央研究院"历史语言研究所，1961年，664页。
③ 李孝定主编：《甲骨文字集释》，台北："中央研究院"历史语言研究所，1970年，第1627页。
④ 李学勤主编：《十三经注疏·毛诗正义》，北京：北京大学出版社，1999年，第622页。
⑤ （梁）顾野王：《大广益会玉篇》，北京：中华书局，1987年，第63页。

《韩非子·喻老》:"丰杀茎柯,毫芒繁泽,乱之楮叶之中而不可别也。"①

《辞源》将《韩非子·喻老》条中的"柯"字解释为"枝茎",并认为"柯"字本意是树木的枝茎,斧柄义是其引申②,均是非常可信的。大概是因为树枝是作斧柄的常用材料,所以会引申出斧柄之意。

"𣏗"字所从的"𠂭"旁是释读本字的关键,也是各家意见分歧所在,前文已经论述将其视为"木"之半或者"支"之省,均是不合适的。我们认为"𠂭"应该理解为"支(枝)"字的象形初文,"𠂭"与李守奎先生所论述的"支(枝)"也就是"𡳿"字的初文"丫",尤其是汉画像石中的图形"丫"形体近同,完全有可能是一个字。再联系到"𣏗"中"丂(柯)"旁有"树枝""枝条"之意,那么将树枝的象形初文"𠂭"视为"丂(柯)"字的叠加意符就是非常合理的了。

也就是说"𣏗"字的字形应分析为从支(枝)、从丂(柯),应当就是"枝柯"的"柯"字,"丂(柯)"既是意符也有表音作用。《河南平顶山应国墓地M257发掘简报》虽然对字形分析有误,但是将此字释为"柯"实在是"歪打正着"。丂、柯双声,丂、可上古同为溪纽,有学者指出可从丂声。③ "可"字的本意目前还不清楚,从字形上说"可"有可能是"丂"增加"口"旁而分化出来的一个字。

"柯"字在西周早期作"𣏗"(《殷周金文集成》02504),从木、丂声,可以隶定为"朽"(此处与腐朽之"朽"不是一字),战国文字中作"柯"(《商周青铜器铭文暨图像集成》14786),从木、可声,"柯"当是"朽"加"口"旁的后起字。这与"丂"分化出"可"是平行的演变现象。"𣏗"字有可能是"柯"字的异体,也可能是当"柯"字引申出斧柄义之后,为了表示其本义"枝柯"之"柯"而另造的一个新字,我们倾向于前一种可能,真实情况如何尚有待进一步研究。总之,在李守奎先生关于"支"字考释意见的基础上,将簋铭"𣏗"释为"柯"应是合理的。若本文所论不误,则应国墓地M257所出的两件簋仍应命名为柯史簋。

---

① (清)王先慎撰,钟哲点校:《韩非子集解》,北京:中华书局,1998年,第166页。
② 广东、广西、湖南、河南辞源修订组,商务印书馆编辑部编:《辞源》修订本,北京:商务印书馆,1988年,第1546页。
③ 李圃主编:《古文字诂林》第五册,上海:上海教育出版社,2002年,第40页。

四、叶家山铜鼎铭文"𰒡子"试解

随州叶家山曾国墓地出土有一件分裆鼎（M2：2，图2-2）[①]，铭文为：

丁巳，王大祓（侑）。咸（戊午），𰒡子蔑厤（曆），敞白牡一。己未，王赏多邦伯，𰒡子丽，赏琡（天黾）卤、贝二朋，用作文母乙尊彝。

图2-2　叶家山分裆鼎及其铭文

由铭文可知器主自称"𰒡子"，"𰒡"字的释读是鼎铭中争议最大的地方，有释"戍"[②]"荆""乃""斗""犁""耒"[③]等多种意见。释"耒"释"戍"与字形差距较大，此处不多做讨论。

李学勤先生释此字为"斗"[④]，其主要依据是曾侯乙墓漆箱盖（《商周青铜器铭文暨图像集成》19915）"斗"字的写法。此字作" "，与铭文"𰒡"

[①] 湖北省文物考古研究所、随州市博物馆：《湖北随州叶家山西周墓地发掘简报》，《文物》2011年第11期，第14—17页。
[②] 王占奎：《湖北随州叶家山西周墓地笔谈》，《文物》2011年第11期，第73页。
[③] 李天虹：《湖北随州叶家山西周墓地笔谈》，《文物》2011年第11期，第76、77页。
[④] 李学勤：《斗子鼎与成王岐阳之盟》，《中国国家博物馆馆刊》2012年第1期，第53—55页；李学勤：《夏商周文明研究》，北京：商务印书馆，2015年，第136页。

· 63 ·

并不相似，何琳仪先生将曾侯乙墓漆箱盖之字隶定为"抖"，认为此字从"斗"、"主"声，"主"是叠加之声符，为"斗"之繁文①，此说可信。季旭昇先生在《说文新证》中将此字摹写作"❋"，并指出旧摹皆误。②据季先生的摹本，释此字为"斗"是绝无可疑的，总之，曾侯乙墓漆箱盖释为"斗"之字，与本铭"ᛌ"不是同字，释"ᛌ"为"斗"不可信。

冯时先生释此字为"犁"，以为此字是农具"犁"之象形。③冯先生在其文中将铭文中两次出现的"ᛌ"字分别摹写作：ᛌ、ᛌ。冯先生的摹本将字形下部摹写作"♁"，成为上大下小之形，乍看之下整个字确实与"犁"形相像。但是细看铭文照片的话就可以发现冯先生的摹本并不可靠。此字铭文中两次出现，下部是粗细均一的。凡国栋先生将其摹写作"ᛌ""ᛌ"更为接近真实。④冯先生据不准确的摹本立论，观点难以成立。

否定了以上几种说法之后，我们认为释"荆"⑤"刅"⑥两说从字形上看是较为可信的。"ᛌ"字主体部分铭文中分别作"ᛌ""ᛌ"，与古文字形体中的"刀"形最为近似。"刀"及从"刀"之字形体有时作 ∫（《甲骨文合集》33037）、⚚（《甲骨文合集补编》5704）、⚚（《甲骨文合集》17531）、⚚（利簋，《殷周金文集成》04131）、⚚（召卣，《殷周金文集成》05416.2，上部"召"旁放大作"⚚"）等形，其中的"刀"旁与本铭较为近似。"ᛌ"字应是于"ᛌ（刀）"形上加指事符号"丨""一"得来。

金文中有"⚚""⚚"（董莲池《新金文编》第69页）两个字形，有学者指出从金文用法上看其为"荆"的本字，但从后世演变来看，这两个字形也是创伤之创的本字。⑦若按照这种意见，本铭的"ᛌ"释为"荆"或者"刅（创）"都是有可能的。换言之仅从字形上说，鼎铭之"ᛌ"可以释为"荆"也可以

---

① 何琳仪：《战国古文字典——战国文字声系》，北京：中华书局，2007年，第356页。
② 季旭昇：《说文新证》，福州：福建人民出版社，2010年，第973、974页。
③ 冯时：《叶家山曾国墓地札记三题》，《江汉考古》2014年第2期，第58—61页。
④ 凡国栋：《随州叶家山新出"ᛌ子鼎"铭文简释》，罗运环主编：《楚简楚文化与先秦历史文化国际学术研讨会论文集》，武汉：湖北教育出版社，2013年，第16页。
⑤ 涂白奎、黄锦前：《随州叶家山 M2 所出荆子鼎铭文补释》，复旦大学出土文献与古文字研究中心网站，2011年11月4日，http://www.gwz.fudan.edu.cn/Web/Show/1696；黄锦前：《荆子鼎与成王岐阳之盟》，《中国国家博物馆馆刊》2013年第9期，第64页。
⑥ 此说由宋华强提出，其说参见凡国栋：《随州叶家山新出"ᛌ子鼎"铭文简释》，罗运环主编：《楚简楚文化与先秦历史文化国际学术研讨会论文集》，第13页。
⑦ 季旭昇：《说文新证》，第66页。刘钊亦曾指出"刅"是由"⚚"分化而来，参见刘钊：《古文字构形学》，福州：福建人民出版社，2006年，第134页。

释为"艿"。但是有学者认为"荆子"即楚子，并将铭文所记载之事与楚参加岐阳之盟联系起来①，这是我们所不能认同的。

㓞子鼎出土于随州叶家山西周墓M2，据《湖北随州叶家山西周墓地发掘简报》意见，M2的墓主为曾侯谏的媿姓夫人。据鼎铭可知此鼎是"㓞子"为其"文母乙"作器。有学者已经指出器主很可能是曾侯谏和其媿姓夫人之子②，这是很好的意见。前文已述我们赞成将"㓞子"释为"艿子"或"荆子"，但是我们反对将"荆子"理解为楚子，这是因为楚子为其母所作之器不太可能会出现在曾侯夫人墓中。

还有学者在将"㓞子"释为"荆子"理解为"楚子"的基础上，将此器与楚子参加成王"岐阳之盟"联系起来，也是有问题的。据《国语·晋语八》载：

  昔成王盟诸侯于岐阳，楚为荆蛮，置茅蕝，设望表，与鲜牟守燎，故不与盟。③

可知虽然楚王参加了成王的"岐阳之盟"，但是却受到了不公正的待遇，备受歧视。数百年后楚人还对此事耿耿于怀。④试想既然"岐阳之盟"中楚君受到了歧视，又怎么可能将这"不光彩"之事记载于为其母所作的祭器铭文之中？总之，从器物出土墓葬信息以及历史事实来看，将"㓞子"视为曾侯谏和其媿姓夫人之子是最合适的。

我们认为本铭文之"㓞子"应该释为"艿子"，金文中从"艿"得声的"沑"字作 （沑其壶，《殷周金文集成》09716.1）、 （沑其钟，《殷周金文集成》00192）、 （膳夫沑其簋，《殷周金文集成》04150.1）、 （沑姬壶，《中国历史文物》2007年第6期55页）等，可以和鼎铭"㓞"字相比较。而"艿子"应读为西周文献中常见的"冲子"，金文中亦作"沈子"。它簋（《殷周金文集成》04330）铭文中有"乃鹏沈子""乃沈子"数语，董珊先生指出"沈子"所代表的词，即是传世西周文献常见的"冲子"，"沈"与"冲"二字声纽同为定母三等，韵部冬、侵合韵。"冲子"亦称"冲人"，见于《召诰》《洛诰》

---

① 陈小三：《新出荆子鼎与武王克殷的年代——兼论周武王时期的标准青铜器群》，复旦大学出土文献与古文字研究中心网站，2012年1月18日，http://www.gwz.fudan.edu.cn/Web/Show/1776；于薇：《湖北随州叶家山M2新出㓞子鼎与西周宗盟》，《江汉考古》2012年第2期，第70—76页；黄锦前：《荆子鼎与成王岐阳之盟》，《中国国家博物馆馆刊》2013年第9期，第64页。
② 陈小三：《新出荆子鼎与武王克殷的年代——兼论周武王时期的标准青铜器群》第6楼评论，复旦大学出土文献与古文字研究中心网站，2012年1月18日。
③ 徐元诰撰，王树民、沈长云点校：《国语集解》，北京：中华书局，2002年，第430页。
④ 王健：《从楚公逆钟铭文论到西周的方伯制度》，《中国历史地理论丛》2002年第2辑，第57页。

《盘庚下》《金縢》以及《逸周书·世俘》等篇，伪孔《传》释"冲子"为"童子"。孔颖达《正义》云："冲、童声相近，皆是幼小之名。自称童人，言己幼小无知，故为'谦也'。"①可知传世与出土文献中的"沈子""冲子"皆是"童子"之意，乃是一种谦称。

"冲子"之称有直接见于金文的例子，见冲子乱鼎（《殷周金文集成》02229，战国早期）铭文为"冲子乱②之行鼎"，"冲子"当即器主"乱"的谦称。此鼎为传世器，出土地点不详，但是鼎铭文字故作屈曲之态、笔画纤细、纵向结体，具有典型的楚系铭文特色，该鼎属于楚文化圈的范围应是没有问题的。冲子乱鼎铭文"冲子"的出现，可以证明在楚文化的范围内，贵族阶层是会使用"冲子"一词作为谦称的，这为我们释"✦子"为"冲子"提供了语言习惯以及习俗上的支持。

"童"为定母东部字，"卪"为初母阳部字，从卪得声之"梁""粱"属于来母阳部字，来母与定母均属舌音，发音部位相同，就韵部而言东部与阳部旁转合韵。出土文献与传世文献中均有东、阳二部音近相通的例子。如：

"幫"属阳部字，从"封"得声，"封"属东部字。

金文中"鞏"既作"❖"（颂鼎，《殷周金文集成》02829），又作"❖"增加"兄"为声符，"鞏"为东部字，"兄"为阳部字。

《诗经·周颂·烈文》："烈文辟公，锡兹祉福。惠我无疆，子孙保之。无封靡于尔邦，维王其崇之。念兹戎功，继序其皇之。无竞维人，四方其训之。不显维德，百辟其刑之。於乎，前王不忘。"东部之"公""邦""功"与阳部之"疆""皇""忘"合韵③。

《管子·小匡》："徐开封处卫。"王念孙《读书杂志》："开封当为开方，声之误也。""封"属东部，"方"属阳部。

《古文苑·诅楚文》："今楚王熊相康回无道。""康回"，《书·尧典》作"庸违"，《左传·文公十八年》作"庸回"。"庸"属东部字，"康"属阳部字。

《楚辞·卜居》："夫尺有所短，寸有所长，物有所不足，智有所不明，

---

① 董珊：《释西周金文的"沈子"和〈逸周书·皇门〉的"沈人"》，李学勤主编：《出土文献》第二辑，上海：中西书局，2011年，第29页。
② "乱"从赵平安先生释读意见，参见赵平安：《金文考释五篇》，《金文释读与文明探索》，上海：上海古籍出版社，2011年，第94页。
③ 陈新雄：《古音研究》，台北：五南图书出版有限公司，1999年，第330页。

数有所不逮，神有所不通。"以长、明、通为韵，通属东部，其余属阳部①。

史墙盘（《殷周金文集成》10175）：宪圣成王，左右□□刚鲧，用肇彻周邦。铭文中王、邦合韵，王属阳部，邦属东部。②

  传世文献与出土楚地文献中还有不少东阳旁转的例子，可以参看刘波先生博士论文中的总结。③总之，无论是出土还是传世文献中"东""阳"二部确实都有音近相通的例子，这为将"卂子"读为"童（冲）子"提供了可能。从意义上讲，鼎铭所载乃是"卂子"参与周王祭祀，因为承担了部分辅助性工作进而受到赏赐，为其母铸作祭祀之器。器主"卂子"面对的叙事对象是"周王"与"文母乙"，其身份自然要低一等，故在铭文中谦称"卂（冲）子"。

---

① 朱德熙著，裘锡圭、李家浩整理：《朱德熙古文字论集》，北京：中华书局，1995年，第11页。
② 徐中舒：《徐中舒历史论文选辑》，北京：中华书局，1998年，第1294页。
③ 刘波：《出土楚文献语音通转现象整理与研究》，吉林大学博士学位论文，2013年，第173页。

五、许大彧伯国父鼎跋

《贾文忠金石传拓集》第 20 页[①]收录有一件铜鼎的器形全形拓以及铭文拓片（图 2-3），此鼎又著录于《商周青铜器铭文暨图像集成续编》0194。该鼎立耳，圆底，腹部较深，三蹄状足，口沿下饰有一周弦纹，接着是一圈重环纹，以及一周垂鳞纹。该鼎的形制与《西周青铜器分期断代研究》一书所划分的 V 型球腹蹄足鼎 2 式鼎接近，与梁其鼎（《商周青铜器铭文暨图像集成》02416、图 2-4）、鬲攸比鼎（《商周青铜器铭文暨图像集成》02483、图 2-5）形制最为近似。此型鼎在西周的鼎形器中出现最晚，为西周晚期最常见的型式。[②]结合该鼎的文字来看，将其时代定为西周晚期是大致合适的。

 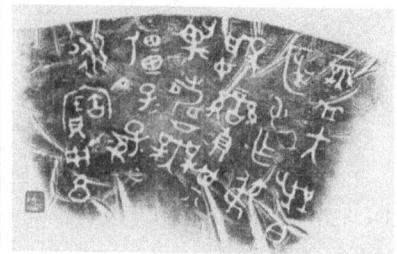

图 2-3　许大彧伯国父鼎跋及其铭文拓片

图 2-4　梁其鼎　　　　　　　　图 2-5　鬲攸比鼎

---

① 贾树编著：《贾文忠金石传拓集》，北京：文物出版社，2012 年，第 20 页。
② 王世民、陈公柔、张长寿：《西周青铜器分期断代研究》，北京：文物出版社，1999 年，第 41 页。

铭文笔画零乱之处较多，字形常有反书（如：或、贞、万、孙诸字）与变形（如：妫、用诸字），为便于讨论，现将其铭文按照我们的意见释写如下：

盘（许）大或（政）伯国父乍（作）弔（叔）妫繺（商）贞（鼎），其万寿无疆，子=孙=永宝用享。

铭文押韵，"疆""享"均为阳部字。首字"盘"从皿、无声，作国名即是许国之"许"。许为姜姓，伯夷之后，周武王时封伯夷之后文叔于许，地在今河南许昌，战国时期为楚所灭。①"大"下一字较难辨识，左侧当是"戈"旁，可与后文"国"字所从的"戈"旁相比较，右侧从口从土形，即是呈字，《商周青铜器铭文暨图像集成续编》将此字隶定为"或"是非常正确的，"或"字右侧"呈"旁下部的"土"演变为了"壬"，就成为了后世的"或"字②，其字见《说文·戈部》云："或，利也。一曰剔也。从戈呈声。"③器主自称"许大或伯国父"，"伯国父"是器主之名，"伯"为排行，"国父"为其字。参照金文"史宜父"（《商周青铜器铭文暨图像集成》02081）、"师毛父"（《商周青铜器铭文暨图像集成》05212）等称谓，"大或"应与"史""师"相同，是职官名。"大或"之官不见于传世文献记载，以通假求之，"大或"或当读为"大政"。

"或"从"呈"得声，呈上古音是定纽耕部字，政从正声，正是章纽耕部字，二字韵部相同，声纽发音部位又同属舌音，"正"从"丁"声，从丁谐声的"汀""订"等字上古音即属定纽，可见"呈""正"上古读音非常接近。"呈"从"壬"声。古书有从"丁"声之字与从"壬"声之字相通假之例，《左传·僖公元年》：

公会齐侯、宋公、郑伯、曹伯、邾人于柽。

"柽"，《公羊传》作"朾"。《谷梁传·僖公元年》："公会齐侯、宋公、郑伯、曹伯于柽。"陆德明《经典释文》云："柽，一作朾。"④"柽"从"壬"声，"朾"从"丁"声，此外，《银雀山汉简·孙子兵法上编·军争》：

劳，以饱侍（待）饥，此治力者也。毋要癛癛之旗，毋击堂堂之陈（阵），此治变者。

---

① 陈槃：《春秋大事表列国爵姓及存灭表撰异（三订本）》，上海：上海古籍出版社，2009 年，第 248—253 页。
② 付强：《"或"字补释》，中国文字编辑委员会编：《中国文字》新四十一期，台北：艺文印书馆，2015 年，第 227 页。
③ （汉）许慎：《说文解字》，北京：中华书局，1963 年，第 266 页。
④ 高亨纂著，董治安整理：《古字通假会典》，济南：齐鲁书社，1989 年，第 57 页。

整理者注："十一家本……'糵糵'作'正正'。"①白于蓝认为"糵"字所从的"呈"似即"呈"字之讹。②若白先生之说成立，则又是一条"呈""正"相通的例证。总之，"呈""正"音近，"或"当可通假为"政"，"大政"或作"大正"，《左传·成公六年》载：

"圣人与众同欲，是以济事，子盍从众？子为大政，将酌于民者也。"杜预注："中军元帅。"杨伯峻注："大政，即鼃君钟之'大正'，执政大臣也。"③

杨先生提到的鼃君钟（《商周青铜器铭文暨图像集成》15175）铭文作："鼃（邾）君求吉金，用自乍（作）其鎘钟、鎘铃，用处大正。""处"有担任之意，《荀子·尧问》："吾闻之也：处官久者士妒之，禄厚者民怨之，位尊者君恨之。今相国有此三者而不得罪楚之士民，何也？"④"处官"意即担任官职，鼃君钟"用处大正"就是说鼃君担任大政（中军元帅）一职。君王担任中军元帅的记载，习见于文献，如《左传·桓公五年》云：

秋，王以诸侯伐郑，郑伯御之。王为中军；虢公林父将右军，蔡人、卫人属焉；周公黑肩将左军，陈人属焉。⑤

又如《国语·吴语》云：

越王勾践乃率中军泝江，以袭吴，入其郭，焚其姑苏，徙其大舟。⑥

《国语·齐语》云：

管子于是制国以为二十一乡：工商之乡六，士乡十五，公帅五乡焉。韦昭注："五乡万人，是谓中军，公所帅也。"⑦

再如《左传·昭公二十三年》载：

吴子以罪人三千先犯胡、沈与陈，三国争之。吴为三军以系于后，

---

① 银雀山汉墓竹简整理小组编：《银雀山汉墓竹简·释文注释》，北京：文物出版社，1985年，第15、17页。
② 白于蓝编著：《战国秦汉简帛古书通假字汇纂》，福州：福建人民出版社，2012年，第725页。
③ 杨伯峻：《春秋左传注》，北京：中华书局，1990年，第830页。
④ （清）王先谦撰，沈啸寰、王星贤点校：《荀子集解》，北京：中华书局，1988年，第552页。
⑤ 杨伯峻：《春秋左传注》，第104—105页。
⑥ 徐元诰撰，王树民、沈长云点校：《国语集解》，北京：中华书局，2002年，第546页。
⑦ 徐元诰撰，王树民、沈长云点校：《国语集解》，第222页。

中军从王，光帅右，掩余帅左。①

以上几例分别是周王、越王、齐侯、吴王担任中军元帅的记载，依此例，邾君自然也可担任"大政"（中军元帅）之职。"大正"一词还见于金文叔良父匜（《商周青铜器铭文暨图像集成》14968），其铭文云："盬公大正弔（叔）良父乍（作）淳它（匜），其眉寿万年，子子孙孙永宝用。"器主自称"盬公大正叔良父"，"盬公"意即"盬"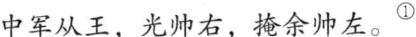地之公，"盬"之地望待考。此处的"大正"也应是理解为官名的，"叔"为排行，"良父"为私名。"盬公大正叔良父"正与"鄦（许）大彧（政）伯国父"人名结构相似，可以互参。以上资料可以充分证明，将鼎铭"大彧"读为"大政"是十分可信的。《国语·晋语八》载：

子产曰："以君之明，子为大政，其何厉之有？"韦昭注：大政，美大之政。王念孙曰："政，读为正。《尔雅》：'正，长也。'子为大政，犹曰子为正卿也。成六年《左传》：'子为大政。'杜注曰，"中军元帅"是也。韦注失之。"③

韦昭将"子为大政"的"大政"解释为"美大之政"，王念孙据《左传·成公六年》杜预注指出其非，现在金文中已数见"大政"之官，可以进一步证明杜注以及王念孙的意见是正确的。

"大政"一职地位很高，掌管一国的军事大权，"伯国父"当是许国身份煊赫之人。上文已述许为姜姓之国，鼎铭中的另一个人名叫作"叔妫"，其中"叔"为排行，"妫"为姓氏，"叔妫"当是妫姓女子嫁至许国者，很可能是伯国父的配偶。西周时期的陈国即为妫姓，且与许国临近，鼎铭中的"叔妫"或即陈国之女。

"䜌鼎"之䜌"或许当读为"脔"，"脔"的本义是"切成块的肉"，古代常用鼎烹煮"脔"，有成语"尝鼎一脔"，则铭文"䜌（脔）鼎"当即煮脔之鼎。综上可知，鼎铭记载了许国大政伯国父为其妻子叔妫，铸作了一件用来煮脔之鼎，并祈福长寿和子孙永远享用。铭文对研究许国职官、婚姻以及鼎的用途有重要价值。

---

① 杨伯峻：《春秋左传注》，第1446页。
② 盬字《商周青铜器铭文暨图像集成》释为"铸"，此字拓片模糊，具体释为何字应待考。
③ 徐元诰撰，王树民、沈长云点校：《国语集解》，北京：中华书局，2002年，第437页。

六、金文考释二题

（一）沈岗楚墓出土乐器自名辨证

湖北省襄阳市高新技术开发区团山镇余岗村沈岗春秋中期墓地，出土有一件青铜乐器（M1022：29），《湖北襄阳沈岗墓地 M1022 发掘简报》称其为钩鑃，器柄长 4.1 厘米、通高 12 厘米、铣间 6.8 厘米、鼓间 5.2 厘米，其器形与铭文摹本（依原比例缩小）如图 2-6 所示：

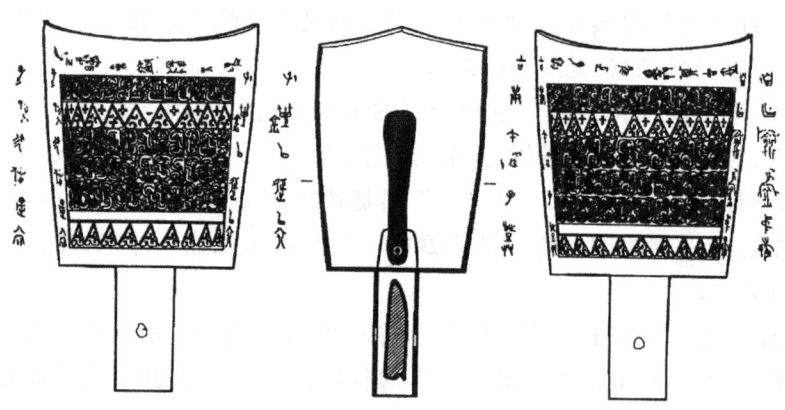

图 2-6　钩鑃及其铭文摹本

《湖北襄阳沈岗墓地 M1022 发掘简报》[①]、谢雨田[②]、许可[③]等对铭文内容

---

① 襄阳市文物考古研究所：《湖北襄阳沈岗墓地 M1022 发掘简报》，《文物》2013 年第 7 期。
② 谢雨田：《新出登铎铭文小考》，复旦大学出土文献与古文字研究中心网站，2013 年 9 月 12 日，http://www.gwz.fudan.edu.cn/Web/Show/2111。
③ 许可：《试论沈岗楚墓出土登铎与古歔国》，教育部人文社会科学重点研究基地华东师范大学中国文字研究与应用中心，华东师范大学语言文字工作委员会编：《中国文字研究》第二十二辑，上海：上海书店出版社，2015 年，第 47—51 页。

进行了很好的研究，现依据各家观点并参以己见，将铭文释写如下：

唯正月初吉庚午，□子登择其吉金，自作穌鎏（镗），中韄（翰）且阳（飏），元鸣孔锽（皇），以征以行，尃（博）闻四方，子子孙孙永保是尚。

铜器自称"穌🅐"，"穌"为"🅐"之修饰语，大意是指乐器声音和谐优美。①"🅐"为该器之自名，此字从皀、从金，可以隶定为"鎏"。《发掘简报》径释为"镗"②，没有具体说明；谢雨田先生指出此字当是从金、皀声，即为"铎"之异体，并据此将该器改称为"登铎"。③《商周青铜器铭文暨图像集成续编》④、许可⑤、石小力⑥均从此说。

谢雨田先生将此字分析为从金、皀声，非常正确。但以其为"铎"之异体则可商。谢先生指出，传抄古文中，"萚"字古文作"蘉"、"箨"字古文作"槀"、"泽"字古文作"槀"。⑦"萚""箨""泽"均从"睪"得声，"蘉""槀""槀"从字形分析的角度看应是从"皀"得声。"睪"为铎部字殆无疑义，则凡此可证"皀"古音有与"铎"部字音近的一读，《古韵通晓》即采此说将"皀"归入铎部⑧，这是谢先生将"鎏"释为"铎"字异体的主要原因。

但是在文献记载中，"皀"还有与宵部字音近的读音。

《说文·木部》："槀，木叶陊也，从木皀声，读若薄。"段注云："言部'訬'读若'皀'。此槀读如薄。然则'皀'之在二部或五部难定也。"

《说文·言部》："訬，扰也，一曰訬，狯。从言、少声，读若鬎。"

段注云："顾氏炎武曰：'鬎当作皀。'"

钱坫《说文解字斠诠》："訬，扰也，一曰訬狯。从言、少声，读若皀。"

苗夔《说文声订》："訬，扰也，一曰訬狯。从言、少声，读若鬎。

---

① 张世超等：《金文形义通解》，京都：中文出版社，1996年，第445—447页。
② 襄阳市文物考古研究所：《湖北襄阳沈岗墓地M1022发掘简报》，《文物》2013年第7期，第6页。
③ 谢雨田：《新出登铎铭文小考》，复旦大学出土文献与古文字研究中心网站，2013年9月12日。
④ 吴镇烽：《商周青铜器铭文暨图像集成续编》第三卷，上海：上海古籍出版社，2016年，第497页。
⑤ 许可：《试论沈岗楚墓出土登铎与古叙国》，教育部人文社会科学重点研究基地华东师范大学中国文字研究与应用中心、华东师范大学语言文字工作委员会编：《中国文字研究》第二十二辑，第47页。
⑥ 石小力：《〈商周青铜器铭文暨图像集成续编〉释文校订》，邹芙都主编：《商周青铜器与先秦史研究论丛》，北京：科学出版社，2017年，第152页。
⑦ 谢雨田：《新出登铎铭文小考》，复旦大学出土文献与古文字研究中心网站，2013年9月12日。
⑧ 陈复华、何九盈：《古韵通晓》，北京：中国社会科学出版社，1987年，第221页。

夔按:'夒'应'㲋'讹。"①

《山海经·中山经》:"又东北三百五十里,曰纶山,其木多梓、枏,多桃枝,多柤、栗、橘、櫾,其兽多闾、麈、𪊨、㲋。"郭璞注:"㲋,似菟而鹿脚,青色;音绰。"②又《说文·㲋部》:"㲋,兽也,似兔,青色而大。象形,头与兔同,足与鹿同。"段玉裁据此云《中山经》中"'夒'乃'㲋'之俗体耳……言部曰:'訬读若。'则古音在二部。"③

可见按照顾炎武、段玉裁、郭璞、钱坫、苗夔等人的意见,"㲋"字读音还应与"訬""绰"相近,"訬"从少声,上古音属"宵"部④,"绰"从"卓"声,古音属"药"部。朱骏声将"㲋"及从"㲋"得声的"巢"列为小部字⑤,朱氏的"小部"相当于王力先生古韵三十部中的"宵""药"二部,《汉字通用声素研究》一书将"㲋"列为宵部字⑥,《汉字古音手册》则将"㲋"列为透母药部。⑦段玉裁所说的古音"二部"相当于王力先生古韵三十部中的"宵""药"二部,"五部"则相当于王先生所划分的"鱼""铎"二部。综合上述两方面的意见,可知"㲋"字在上古很可能有"宵部"与"铎部"两种读音。谢雨田先生据"㲋"有铎部一读立说,将"𪔂"释为"铎",抛开器物形制不论,这种观点亦可备一说。但是考古工作者在《发掘简报》中称此器为钩鑃,自然也有其道理,不会是"空口无凭"。马承源先生对"铎""钩鑃"的形制有过明确解说,青铜铎的形体特征是:

    铎形体似铙,但比铙小,钲体短阔,口部呈凹弧形,顶部有长方内空的銎,用以纳木柄。

钩鑃又名句鑃,即钲的别称,其形体特征如下:

    腔体似铙而长,横截面呈椭圆形,纵向长度稍大于横向长度,有的接近圆形,器壁较厚,有很浅的凹弧口,顶有一柄,或扁平,或圆柱形,

---

① 丁福保编纂:《说文解字诂林》,北京:中华书局,1988年,第5927、3100—3102页。
② (晋)郭璞注,(清)郝懿行笺疏,沈海波校点:《山海经》,上海:上海古籍出版社,2015年,第198—199页。
③ (汉)许慎撰,(清)段玉裁注:《说文解字注》,上海:上海古籍出版社,1981年,第472页。
④ 本文所论的某字上古音,如无特殊说明,则是采用唐作藩:《上古音手册》增订本(北京:中华书局,2015年)一书中的意见。
⑤ (清)朱骏声:《说文通训定声》,武汉:武汉古籍书店,1983年,第300页。
⑥ 张儒、刘毓庆:《汉字通用声素研究》,太原:山西古籍出版社,2001年,第249页。
⑦ 郭锡良:《汉字古音手册》增订本,北京:商务印书馆,2010年,第47页。

较长，便于击敲。①

《中国青铜器》一书所收录的两种器物图像（依原书图像等比例缩小）如图 2-7 所示：

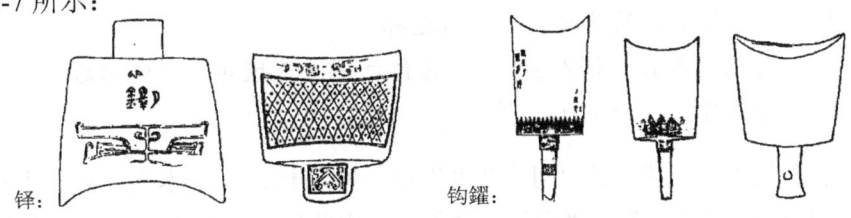

图 2-7　《中国青铜器》一书收录的铎与钩鑃图像

朱凤瀚先生《中国青铜器综论》一书中也较为详细地对钩鑃和铎形制进行了描述，现转引如下：

（钩鑃）腔体体形较狭长，亦有较长之柄，可手执其柄击之发声……使用时也是口向上的；

（铎）腔体多数较短阔，横截面作合瓦形，口沿稍内凹，腔体内有舌，近似于铃而比铃大，顶有銎柄可以安木柄。②

对比马承源、朱凤瀚两位先生对钩鑃、铎的器形描述以及实物图片，可知"钩鑃"的形制特征是：腔体长、柄长、凹弧口浅；相应的"铎"则腔体短、柄短、凹弧口深，此外朱先生还明言"铎"有舌，"钩鑃"则无。

以"铎"和"钩鑃"的形制特征去核查沈岗楚墓所出乐器，知其完全符合钩鑃腔体长、柄长、凹弧口浅的特征，且没有舌。因此从器形上说，沈岗楚墓所出乐器与钩鑃形制接近，与铎有别，这大概就是墓葬发掘整理者定此器为钩鑃的原因。是故若采用"皂"为"铎部"一读的意见，将"鼍"释为"铎"，就难免会造成器形与铜器自名之间难以弥合的矛盾。

前文指出"皂"还有与"訬""婥"音近的一种读音，"訬"从"少"得声，上古音在书母宵部，"婥"从卓声，古音属端母药部。"鑃"从"翟"得声，上古音在定母药部。"卓"与"鑃"韵部相同，声纽一为端母一为定母，需要注意的是，从"卓"得声的"悼"上古音即属"定母"；"訬"与"鑃"韵部宵药对转，书母定母亦均属舌音，可知"婥""訬"与"鑃"古音均非常接近。古书中亦有"卓""少"与"翟"声系相通的例证：

---

① 马承源主编：《中国青铜器》修订本，上海：上海古籍出版社，2003 年，第 286—288 页。
② 朱凤瀚：《中国青铜器综论》，上海：上海古籍出版社，2009 年，第 377、381 页。

《说文·木部》新附字"櫂，所以进船也，从木翟声，或从卓，《史记》通用'濯'"。①

《楚辞·九歌·湘君》："桂櫂兮兰枻，斲冰兮积雪。"汪瑗《楚辞集解》曰："櫂者，篙桨之属，今谓之棹。"②

《周礼·冬官·梓人》："厚唇弇口，出目短耳，大胸燿后。"郑玄注："燿读为哨，顾小也。"③

"哨"从"小"声，而"小""少"本一字分化，读音本当一致，上述文例皆可说明"卓""少"与"翟"声系相通。由此知，读为宵部或药部的"龟"与"鐰"字古音接近。准此，沈岗楚墓乐器的自名用字"錊"完全可以读为"鐰"，这样器形与铜器自名便吻合无间了。

综上，"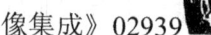"字虽然应隶定为"錊"，字形也应分析为从金、龟声，但是因为"龟"上古有"宵部""铎部"两种读音，加之器物形制又与"钩鐰"接近，故"錊"字不能看作"铎"之异体，而应看作"鐰"字异体。沈岗楚墓所出乐器仍应依《发掘简报》的意见称为钩鐰，不应改名为铎。

（二）郳友父鬲铭文"勹"旁解

《商周青铜器铭文暨图像集成续编》0258 著录有一件出土于山东枣庄小邾国墓地的郳友父鬲，加上之前《商周青铜器铭文暨图像集成》02938—02943 著录的六件传世与出土的郳友父鬲，则目前已知的同铭郳友父鬲共有七件。这七件器形、铭文相同，可以相互参读。铭文中"钊""嬭"二字中间有一个大致作"🅳"形的符号，这个符号在铭文中出现的情况具体如下（《商周青铜器铭文暨图像集成》02940 照片不清，下文省略）：

《商周青铜器铭文暨图像集成》02938　　《商周青铜器铭文暨图像集成》

像集成》02939　　《商周青铜器铭文暨图像集成》02941

---

① （汉）许慎：《说文解字》，北京：中华书局，1963 年，第 126 页。
② （明）汪瑗撰，董洪利点校：《楚辞集解》，北京：北京古籍出版社，1994 年，第 117 页。
③ 李学勤主编：《十三经注疏·周礼注疏》，北京：北京大学出版社，1999 年，第 1136—1137 页。

《商周青铜器铭文暨图像集成》02942　　《商周青铜器铭文暨图像集成》02943　《商周青铜器铭文暨图像集成续编》0258

其中的"▣"形符号分别作：▣、▣、▣、▣、▣，旧多将其解释为"肉"旁，并将其视为"刂"之意符，从而认为铭文中的"▣"为一字。杨树达先生最早指出"▣"上从"刂"，下部从"肉"，认为此字即是见于《左传·僖公二十四年》之周公后裔"邢、凡、茅、胙、祭"之"胙"，邾国为曹姓，史有明载，邾友父嫁女于胙故称"胙曹"。①杨先生认为鬲铭与胙国有关，甚是。但是铭文中的"▣"旁却不能理解为"肉"，更不能理解为"刂（胙）"字的偏旁，按照我们的理解其应是下部"嫴"字的声符"勺"。

从诸多邾友父鬲来看，"▣"有时会写作"▣"（《商周青铜器铭文暨图像集成》02941）、"▣"（《商周青铜器铭文暨图像集成》02942），这两种字形所出现的拓片均较为清晰，没有残泐。客观地讲，作"▣"形之字确实是有可能释为"肉"的，但是鬲铭中此字又写作"▣"形，这种字形与"肉"旁差别明显，看作"肉"旁太为勉强。从所有邾友父鬲来看，"▣"旁一般位于"刂""嫴"二字的中间，《商周青铜器铭文暨图像集成》02938号器"▣"旁紧邻"嫴"字，而02941号器又接近"刂"字，因此很难从字里行间的远近，来判断此字是属上还是属下。如此看来将"▣"释为"肉"并看作是"刂"字意符，其实并没有非常坚实的根据，铭文中的"▣"形符号需要重新考虑。

我们认为"▣""▣"很有可能是"勺"字。古玺印有"▣"（《古玺汇编》②0362），此字亦见陈侯因齐戈（《殷周金文集成》11260）作"▣"形，齐国刀币铭文"即墨"之"墨"有作"▣"（《中国历代货币大系·先秦货币》③02537）、"▣"（《中国历代货币大系》02546）的形体，下部从"▣"。何琳仪先生在于省吾先生甲骨文"勺"字考释的基础上将以上字形均释为"勺"④，可以信

---

① 杨树达：《积微居金文说》增订本，长沙：湖南教育出版社，2007年，第198页。
② 罗福颐主编：《古玺汇编》，北京：文物出版社，1981年。
③ 汪庆正主编，马承源审校：《中国历代货币大系·先秦货币》，上海：上海人民出版社，1988年。
④ 何琳仪：《古玺杂识续》，《安徽大学汉语言文字研究丛书·何琳仪卷》，合肥：安徽大学出版社，2013年，第251页。

从。由此可知"勺"有作"■""■""■"等形的写法。上举玺印属于燕国，陈侯因齐戈以及刀币属于齐国，燕齐二国毗邻，文化上有相似之处，故不难理解"勺"字在两国文字中会有相同的写法。而小邾国位于山东枣庄，属于齐系文字的范围，郳友父鬲铭文中的"■"字与上述玺印、戈铭、刀币中的"勺"写法相同，完全有可能就是"勺"字。

有意思的是古玺与货币文字中"勺"（包括作偏旁时的写法）还会写作"■"（《古玺汇编》0361）、"■"（《古玺汇编》0022）、"■"（《中国历代货币大系》2525）、"■"（《中国历代货币大系》2527）、"■"（《中国历代货币大系》2556）等形。将郳友父鬲铭文中的"■"字的异体"■""■"与上述"勺"字对比，可以清晰地发现此字的演变规律：

■—■、■—■、■—■

郳友父鬲铭文中的"■"，似乎是"勺"由"■"形向"■"形省变的中间环节，总之，郳友父诸器中的"■""■"等形完全可以和"勺"字不同形体相契合。

郳友父鬲铭文中的"嫭"或"嫭"①，用为郳国之姓读为"曹"，各家无异辞。"曹"上古属从母幽部，"勺"属帮母幽部，二字韵部相同。从"勺"得声之"匋"属于定母字②，"嫭"之声符"桼"在卜辞中常读为端母幽部之"祷"③，端母与定母同属于舌音。可见"勺""嫭""曹"读音接近，"勺"完全可以充当读为曹姓之"曹"的"嫭""嫭"二字的叠加声符。

若我们所论不误，则郳友父鬲中读为曹姓之"曹"的字，可以严格隶定为"嫭"或"嫭"，是一个从女、从勺和桼（或枣）的双声符字。按照我们的理解，郳友父鬲的铭文可以释读如下：

　　鼀（郳）友父朕（媵）其子刊（胙）嫭（曹）宝鬲，其眉寿永宝用。

---

① 郳友父的声旁有"枣"和"桼"两种，此说以及"桼"字的释读可以参看冀小军：《说甲骨金文中表祈求义的桼字——兼谈桼字在金文车饰名称中的用法》，《湖北大学学报》（哲学社会科学版）1991年第1期；陈剑：《据郭店简释读西周金文一则》，《甲骨金文考释论集》，北京：线装书局，2007年，第20—38页。

② "匋"是从勺、缶的双声字，参见黄德宽主编：《古文字谱系疏证》，北京：商务印书馆，2007年，第695页。

③ 冀小军：《说甲骨金文中表祈求义的桼字——兼谈桼字在金文车饰名称中的用法》，《湖北大学学报》（哲学社会科学版）1991年第1期，第40页。

七、关于"龟"字上古读音的补证

我们曾在《金文考释二题》一文中对沈岗楚墓出土乐器自名用字"鼍"进行过考释,指出此字应释为"鐈"字异体。此观点是建立在"龟"在上古应有宵(药)部与铎部两种读音基础上的。①此说最早似是由章太炎先生提出的(参见后文),可惜章先生之说一直未受到足够重视,今日所见的上古音工具书以及相关研究中往往仅取龟字读音之一。拙文《金文考释二题》完成以后,在阅读资料和与学友交流过程中我们又得到了一些新的证据和启发,可以进一步证明龟有两读的观点应是正确的。此外近些年学界对龟、黾、鼋三字的关系也多有讨论,但各家之说始终未达一间。辨明龟字的上古读音对于解释这个问题也会有所帮助,我们在这里将最近关于"龟"字上古读音的千虑之得整理出来,向学界求教。

(一)龟字铎部读音的证据

依我们目前所见,龟列入铎部大概有以下几个方面的证据:

1. 传抄古文所见异体与通假字

(1)箨字古文作:![字形](《汗简》②1.5)、![字形](《古文四声韵》③5.24)、![字形](《集篆古文韵海》④5.23)

(2)簿字古文作:![字形](《汗简》3.30)、![字形](《古文四声韵》5.24)

---

① 马超:《金文考释二题》,教育部人文社会科学重点研究基地华东师范大学中国文字研究与应用中心、华东师范大学语言文字工作委员会《中国文字研究》第二十七辑,上海:上海书店出版社,2018年,第21—25页。
② (宋)郭忠恕编,李零、刘新光整理:《汗简》,北京:中华书局,2010年。
③ (宋)夏竦编,李零、刘新光整理:《古文四声韵》,北京:中华书局,2010年。
④ (宋)杜从古编:《集篆古文韵海》,(清)阮元辑:《宛委别藏》第19册,南京:江苏古籍出版社,1988年。

(3)泽字古文作：☐（《汗简》5.61）、☐（《古文四声韵》5.19）、☐（《魏三字石经集录》^①补遗1）

李春桃先生对上述三字的古文形体分别解释说：

（萚）古文下部为"龟"形之讹，可隶定成"蒐"。古"龟、睪"都是透母铎部字，读音相近。……"萚"字从龟属于声符替换。

（箨）此形为"槖"字。"槖"与"箨"音义皆同，古文借"槖"为"箨"。

（泽）当然古文也可能是从水龟声之字，即把"泽"的声符"睪"换成"龟"，属于常见的声符替换现象。^②

"萚""箨""泽"均从"睪"谐声，而传抄古文所见其异体和通假字"蒐""槖""槖"又均应是以"龟"为声符，那么据此便可推知"龟"与"睪"上古音应相近，而"睪"上古音归属铎部。

2. 字书注音

（1）《说文·龟部》云："龟，兽也。似兔，青色而大，象形。头与兔同，足与鹿同。"徐铉校订《说文》所注《唐韵》反切为"丑略切"。^③《玉篇·龟部》^④、《广韵·入声·药韵》^⑤"龟"字所注反切与此相同。

（2）《说文·木部》云："槖，木叶陊也。从木龟声，读若薄。"^⑥上文引《汗简》《古文四声韵》所收"箨"字古文与《说文·木部》的槖同形，可见此字当有可靠且时代较早的来源。许慎明言其读若"薄"，上古音则与鱼部音近。又《说文》所保留的《唐韵》反切以及《玉篇》《广韵》等字（韵）书所收反切，均以"略"为"龟"的反切下字，而略以各为声，上古属铎部。

3. 先秦韵文

《石鼓文·汧沔》载：……黄白其鯾，有鳑有鲌，其朔（溯）孔庶，脔之毚毚，翰翰溥溥。其鱼唯何？唯鱮唯鲤……

此篇中的"毚"与上下文鯾、鲌、庶、溥押韵，鯾属阳部，鲌、庶则均是铎部，溥属鱼部。鱼、铎、阳三部对转入韵，毚亦当为韵脚，读音当与鱼、铎、阳三部相近。毚字见于两周金文，常用于形容钟声之词"毚毚毚毚"之中，此

---

① 孙海波：《魏三字石经集录》，台北：艺文印书馆，1975年。
② 李春桃：《古文异体关系整理与研究》，北京：中华书局，2016年，第178页。
③ （汉）许慎：《说文解字》，北京：中华书局，1963年，第203页。
④ （梁）顾野王：《大广益会玉篇》，北京：中华书局，1987年，第112页。
⑤ （宋）陈彭年等编：《宋本广韵》，南京：江苏教育出版社，2008年，第148页。
⑥ （汉）许慎：《说文解字》，第119页。

语在其他铭文里又写作"歔歔鼻鼻"。"鼻鼻""鼻鼻"明显是同词,均应是以"黾"为声。结合《石鼓文·汧沔》的韵律,可推知鼍之声符黾与鱼部音近。①

通过上文所胪列的几个方面证据,可见"黾"在上古确实应有与鱼、铎部相近的读音,当前常见的上古音工具书中《古韵通晓》是将黾列入铎部的②,郭沫若、唐兰③、刘洪涛④、李春桃、谢明文⑤等学者在相关研究当中也是采用的这种意见。

(二)黾字宵部读音的证据

黾字有与宵部相近读音的证据同样并非孤证,据我们搜集所得大致有以下几个方面:

1. 古文假借

《古文四声韵》所收"虐"字古文作䖝(5.23)、䖝(5.23),对比上文铎字古文䖝(《汗简》3.30)、䖝(《古文四声韵》5.24)所从的"黾"旁,便知这里所收的"虐"字古文实是"黾"字,以"黾"为"虐"字古文应是出自假借,传抄古文中类似的假借现象是常见的。"虐"字上古音在药部,可证黾也应有与之相近的读音才是。

2. 字书注音

字书注音方面的证据主要是《说文·言部》的"訬"字,原文称当读若"嬓",而段玉裁引顾炎武的意见指出其读音当与"黾"相近,"嬓"是"黾"之误。这一点我们在《金文考释二题·沈岗楚墓出土乐器自名辨证》⑥篇中已有详论,此处从略。"訬"从少声,上古属宵部。

3. 古书注解

《山海经·中山经》有"臬"字,郭璞注指出此字"音绰"。"绰"从卓声,上古音属药部。⑦

---

① 郭沫若:《两周金文辞大系图录考释》,上海:上海书店出版社,1999 年,第 128 页。
② 陈复华、何九盈:《古韵通晓》,北京:中国社会科学出版社,1987 年,第 221 页。
③ 唐兰先生之说参见郭沫若:《两周金文辞大系图录考释》,第 128 页。
④ 刘洪涛:《论掌握形体特点对古文字考释的重要性》,北京大学博士学位论文,2012 年,第 234 页。
⑤ 谢雨田:《新出登铎铭文小考》,复旦大学出土文献与古文字研究中心网站,2013 年 9 月 12 日,http://www.gwz.fudan.edu.cn/Web/Show/2111。
⑥ 马超:《金文考释二题》,教育部人文社会科学重点研究基地华东师范大学中国文字研究与应用中心、华东师范大学语言文字工作委员会《中国文字研究》第二十七辑,第 21—24 页。
⑦ 相关论述参马超:《金文考释二题》,教育部人文社会科学重点研究基地华东师范大学中国文字研究与应用中心、华东师范大学语言文字工作委员会《中国文字研究》第二十七辑,第 21—24 页。

  与将龟列为铎部相比，将其列于宵部的意见在工具书和有关资料中更为多见。例如：《说文通训定声》①《汉字通用声素研究》②《汉字古音手册》③《古音大字典》④等。上文所举龟为宵部的证据同样真实可靠，那么龟既有与宵部近似之音又有与鱼部近似之音的说法，当可成立。

  在此还有一点需要补充，沈岗楚墓所出乐器自名之字作"鑫"⑤，此字无疑是从金、龟声的，谢明文先生据龟有铎部读音立论，将此字释为"铎"字异体，进而主张将这件乐器命名为登铎。我们则著文指出"龟"有与宵部相近的读音，所以主张释此字为"鐈"之异体，仍从《发掘简报》的意见称这件乐器为钩鐈。谢明文先生的论文后经修改，在正式发表的时候又引目睹原器人士的说法指出，此乐器是有舌的。⑥是否有舌是判定铎、钩鐈的重要差别，《发掘简报》原文并未对这一点进行说明。此器若确有舌，则从器形角度出发就应是铎，"鑫"也就应是"铎"字异体。这样就使"龟"有与铎部相近读音，通过铜器自名得到了证明。如无舌则仍当从释"鐈"之说，这样乐器自名"鑫"字就是龟有宵部读音的证据。惜我们暂时无缘得见原器，只能期待将来能有更详尽的器形资料刊布，再来证实这个问题。

（三）龟、兔、毚三字的关系

  《说文·龟部》所收"龟"字小篆作𪕬，说其字形是"似兔，青色而大，象形。头与兔同，足与鹿同。"而《说文·兔部》收"兔"字小篆作"兔"，分析其字形说"象踞，后其尾形。兔头与龟头同"，其立论的基础是小篆中龟、兔二者的字形。但是先秦古文字材料中兔、龟二字的关系则常令人迷惑，甲骨文中有𠂂（《甲骨文合集》10405 正）字，《甲骨文字编》隶定为"㞢"，且该书未收录有"兔"字。⑦而《新甲骨文编》则隶定为"㚔"，该书则龟、兔兼收。⑧季旭昇先生《说文新证》引《甲骨文字诂林》观点，对"龟"字解释说：

---

① （清）朱骏声：《说文通训定声》，武汉：武汉古籍书店，1983 年，第 300 页。
② 张儒、刘毓庆：《汉字通用声素研究》，太原：山西古籍出版社，2001 年，第 249 页。
③ 郭锡良：《汉字古音手册》增订本，北京：商务印书馆，2010 年，第 47 页。
④ 杜学知编：《古音大字典》，台北：商务印书馆，1982 年，第 1000 页。
⑤ 襄阳市文物考古研究所：《湖北襄阳沈岗墓地 M1022 发掘简报》，《文物》2013 年第 7 期，第 15 页。
⑥ 谢明文：《新出登铎铭文小考》，中国文学学会《中国文字学报》编辑部编：《中国文字学报》第七辑，北京：商务印书馆，2017 年，第 81 页。
⑦ 李宗焜编著：《甲骨文字编》，北京：中华书局，2012 年，第 588—591 页。
⑧ 刘钊主编：《新甲骨文编》增订本，福州：福建人民出版社，2014 年，第 572—574 页。

"甲骨文'㕙'与'兔'字形相似,《甲骨文字诂林》以为'㕙'皆张口露牙,兔则长耳而厥尾。"同时在书中"兔"字条下又说:"甲骨文、金文'兔'与'㕙'不但类似,甚至于混用不分。"① 季先生说二字"混用不分"是很正确的,从甲骨、金文相关字形来看确实是很难从张口露牙、长耳厥尾的角度来对㕙、兔二字进行区分。

刘洪涛先生认为㕙最初可能就是兔的异体②,单育辰先生则主张㕙是兔字的讹变③,两位学者均认识到了㕙、兔二字之间的密切关系,但是观点仍不够准确。章太炎先生曾在《文始》一书中指出:㕙、兔双声,古盖一字,由宵转而至鱼则为兔,然㕙亦兼入鱼,故隽从㕙声乃读若薄,㕙、兔虽分大小,初造文者必不委总分别,其一字异形可知也。㕙舒作齿音,对转谈为毚,狡兔也,兔之骏者,从㕙、兔,以諂读如毚(引者按:顾炎武以为《说文》此处之"毚"当是"㕙"之误)证之,明㕙、兔无二也。④ 章先生将㕙归入宵部,同时也说明其兼有鱼部读音,㕙、兔音近,且意义密切相关,从而认定二者当本为一字。其说可信,吴匡、蔡哲茂先生也赞同此说,这远比将㕙、兔看作异体或形体讹变更为准确。

㕙与兔音、义均相关,在早期的古文字中字形又"混用不分",就是在小篆中字形也近似,二字之间的关系类似于少与小、老与考,均属一字分化。至于二者从什么时候开始分化则尚难论定,目前只能说许慎著《说文》的那个年代,二者肯定是已经完成了分化的,这是㕙、兔分化的年代下限。关于"毚"字的构形,学界有会意、形声之歧,认为形声的观点中又有以㕙为声和以兔为声的争议。⑤ 宵、鱼两部与谈部之间关系密切⑥,㕙、兔又本为一字分化,所以说兔和㕙既均可理解为毚的意符,又均可理解为毚之声符。如此则㕙、兔与毚的关系颇与中、艸、卉相似,古文字中常常单复无别,中、艸、卉即本属一字其后分化为三,读音也逐渐不同。⑦ 㕙、兔既本同字,毚就是此

---

① 季旭昇:《说文新证》,台北:艺文印书馆,2014年,第748、749页。
② 刘洪涛:《论掌握形体特点对古文字考释的重要性》,第234页。
③ 单育辰:《说"熊""兔"——"甲骨文所见的动物"之三》,复旦大学出土文献与古文字研究中心网站,2009年9月23日,http://www.gwz.fudan.edu.cn/Web/Show/916。
④ 章太炎:《文始》卷九,《章氏丛书》,杭州:浙江图书馆,1919年校刊本,第257页。
⑤ 相关讨论参见本辑主编:《古文字诂林》第八册,上海:上海教育出版社,2003年。
⑥ 相关论述可以参见孟蓬生:《汉语前上古音论纲》,香港浸会大学孙少文伉俪人文中国研究所:《学灯》第一辑,上海:上海古籍出版社,2016年,第25—29页。
⑦ 李家浩:《楚简所记楚人先祖"鬻(䰝)熊"与"穴熊"为一人说》,《安徽大学汉语言文字研究丛书·李家浩卷》,合肥:安徽大学出版社,2013年,第214页。

二字叠加的繁体，怠（兔）与毚音义相近，最初可能也只是一字之繁简。

总之，从各种材料来看，怠有宵部、铎部两读的证据是较为充分的。过去的一些研究中仅从怠字宵部或铎部一种读音出发，阐释有关问题（如：金文"歔歔彙彙"的释读），现在看来应是不严谨、不全面的。怠、兔读音相近、字形相似、意义相关，应属一字分化。《说文》所收的"毚"字，其与怠（兔）可能只是一字的繁体与简体。

八、金文考释拾零两则

（一）说"凤圭"

吴镇烽先生《新见玉苟盘玉苟盉小考》（以下简称吴文）①，公布了两件西周中期的青铜盉、盘以及盉铭文的照片和拓本（图 2-8）。据吴文所述，盘、盉铭文基本相同，且铭文明确记载有"穆王"之称，故两器时代当属西周恭王。吴文对器铭作了很好的考证，其释文如下：

> 隹（唯）正月初吉丁卯，王才（在）淫宫，玉苟獻（献）凤圭于穆王，穢（蔑）苟曆（历），易（锡）䚈（郁）鬯，苟对𩰫（扬）穆王休，用乍（作）父乙䀇（簋），子孙甘（其）永宝。戉苟（旃）。

图 2-8 玉苟盉铭文和拓片

对于此释文我们没有不同意见，盉铭格式乃是金文常见的"套路"，开头记时，接着记载王在某地，器主向王献礼，受到王的嘉勉与赏赐，然后是器

---
① 吴镇烽：《新见玉苟盘玉苟盉小考》，复旦大学出土文献与古文字研究中心网站，2017 年 7 月 10 日，http://www.gwz.fudan.edu.cn/Web/Show/3069。

主答谢王，为先祖铸器，结尾是常见的嘏辞与族氏文字。铭文大意基本清晰，唯是"凤圭"一词尚存有较大争议。

吴文解释说器主名为"玉苟"，当是以掌玉或制玉为职事而私名为"苟"之人，"凤圭"大致是雕琢有凤纹的玉圭，凤纹和凤族的鸟纹是周代铜器、玉器上常见的装饰。但是同时吴文还指出"凤圭"不见于文献记载，且"考古发掘中出土的玉圭都是素面的，未见到有雕琢花纹的"。可见虽然将"凤圭"解释为饰有凤纹之圭文从字顺，但是释文得不到出土实物、文献记载方面的证据，而难免令人产生疑虑。

王恩田先生即据此点疑虑出发，认为玉苟盘、盉当是伪作。①王先生指出考古所见的"玉柄形器"就应是文献中的玉圭，不仅"凤圭"不见文献记载，且古代只有天子赐给诸侯玉圭，从来没有诸侯、臣民献给天子玉圭的事例。此外古代还有一套诸侯即位，天子赐以圭，诸侯死，要把圭返还给天子的圭冒（瑁）制度。这几点论据均与盉铭"玉苟献凤圭于穆王"的记载相扞格，由此看来"凤圭"一词的释读，便成为了理解文意、判断玉苟二器真伪的关键。

在对"凤圭"一词发表意见之前，我们需要先解释一下先秦文献中的"圭"究竟是何物。商周考古中常将一类上尖下直的长条状玉石称为"圭"（图2-9），吴文中"考古发掘中出土的玉圭都是素面的"一语所述的"玉圭"，大概即是指此类玉石；王恩田先生文中所述的玉柄形器（图2-10），也是商周考古中常见的玉器，其形制上端平直，稍下部位向内收缩，下部平直，底端稍细；此外考古发掘中还常出现一种玉戈（亦有石质）形器（图2-11），其形与青铜戈近似，有锋、有援、有栏、有内、有穿。

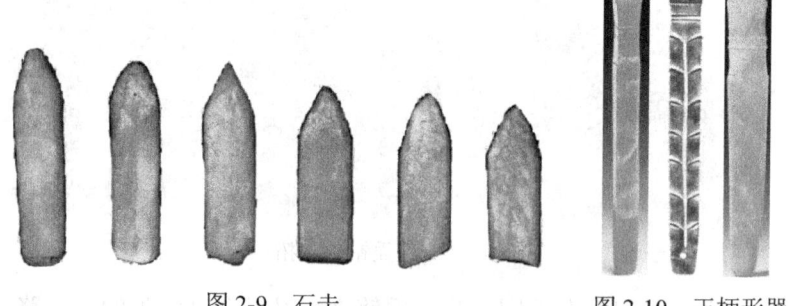

图 2-9 石圭 　　　　　图 2-10 玉柄形器

---

① 王恩田：《说圭瑁——玉苟盘、盉铭文辨伪》，复旦大学出土文献与古文字研究中心网站，2017年7月15日，http://www.gwz.fudan.edu.cn/Web/Show/3073；王恩田：《说玉府与玉人——玉苟盘、盉铭文辨伪补证》，复旦大学出土文献与古文字研究中心网站，2017年7月27日，http://www.gwz.fudan.edu.cn/Web/Show/3080。

 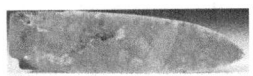 

图 2-11　玉戈

这三类器物的称名过去多有纠葛，不知究竟哪一类器物才是文献记载中的"圭"。孙庆伟先生曾指出：

> 在考古资料中，有一类器物和尖首圭的形制十分接近，这就是玉戈。一般而言，区分圭、戈的主要标准仅在于戈有一个明显的内部，而圭则无。但事实上，很多小型戈的内部并不明显，和圭很难区别……从本质讲戈与圭并无区别，两者仅存在着制作工艺上区别，简言之，圭就是简化了内部的戈。而有内部的"戈"和无内部的"圭"在很多墓葬中共存……玉戈不可能用于实战，而当是礼仪用器。在周代，当某种日常用器被用于礼仪和宗教场合时，它们通常被赋予新的名称……当一件形状为"戈"的瑞玉完成后，为区别于其日常用器以示珍重，故被赋予新名而称为"圭"。①

陈剑先生对此补充道：

> "圭"与"戈"在读音上也是很接近的。两字声母都是见母，戈是歌部字，圭是支部字，上古歌、支两部相通的例子很多。也就是说，当实用性的兵器"戈"转化为礼仪用器后，其取得的新名"圭"，应该就是将原名的读音略加改变而来。②

丁思聪先生进一步指出：

> 殷墟三期以后，玉戈类器呈现简化、变小的趋势，形制简化的石戈数量增加。石戈的锋偏向一侧，中脊、边脊、内、穿等特征退化，形成了所谓"璋"……同样，殷墟发现的少量"圭"，亦不早于殷墟三期，是尖部居中，省略中脊、内部的玉戈类器特殊类型……商代的戈和周代的圭、璋不仅在器形上沿革，在社会活动中的功用亦有相似之处。戈与圭、璋实际上反映的是同一类器物在不同时期的形制，并被赋予了不同

---

① 孙庆伟：《出土资料所见的西周礼仪用玉》，《南方文物》2007 年第 1 期，第 51、52 页。
② 陈剑：《说殷墟甲骨文中的"玉戚"》，复旦大学出土文献与古文字研究中心网站，2009 年 9 月 11 日，http://www.gwz.fudan.edu.cn/Web/Show/902。

的称谓。①

孙、陈、丁三位先生的论述对"圭""璋""玉戈"之间的关系、"圭"的定名与形制演变做出了合理的解释。经过上述讨论，我们便可得知出土器物中的"玉戈"事实上也是一种"圭"。回过头来看玉苟盂铭文中的"凤圭"，也就可以理解为装饰有凤纹的玉戈了，而饰有凤纹的玉戈却是有实物出土的。

故宫博物院藏有一件商代铜柄玉戈（图2-12），该戈内部为铜制且作某种歧冠鸟形，诸家均称此戈内部纹饰为凤纹。②此类内部凤鸟纹饰相近的铜柄玉戈尚有多件（图2-13），何保军先生将其划为Ac型玉援铜内戈。与此类凤纹铜柄玉戈相似的通体玉质戈也见于考古发现（图2-14），图2-14的内部形制与图2-13最为近似，几件玉戈内部鸟纹的特点均是歧冠、勾喙。图2-12至图2-14诸件玉戈的内部纹饰有明显的渊源关系，图2-12的内部纹饰学界称其为凤鸟纹，其余几件玉戈内部也应是凤鸟纹的不同形式表现。《墨子·非攻下》云："赤鸟衔珪，降周之岐社，曰：'天命周文王伐殷有国'。"③鸟衔珪（圭）在当时人看来应是一种祥瑞之兆，玉戈内部饰以凤鸟，或许正与这类思想有关。

图2-12　商代铜柄玉戈

图2-13　不同形制的凤纹铜柄玉戈

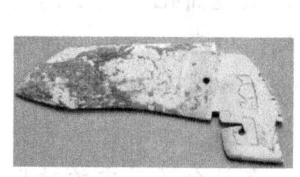

图2-14　通体玉质凤纹戈

---

① 丁思聪：《殷墟玉戈类器研究》，《殷都学刊》2015年第4期，第36、37页。

② 何保军：《商代玉兵的研究》，陕西师范大学硕士学位论文，2013年，第27页；佚名：《山河精蕴——出土商代玉器精品选粹（上）》，中国文物网，2015年7月16日，http://www.wenwuchina.com/a/62/248324_16.html。

③ （清）孙诒让撰，孙启治点校：《墨子间诂》，北京：中华书局，2001年，第151—152页。

前文已述，玉戈其实就是玉圭的一种，而出土实物中确实又有凤纹玉戈（含玉援铜内凤纹戈），那么玉苟盉铭文中的"凤圭"，按照我们的意见理应就是这种类型的凤纹玉戈。臣下向王献圭卜辞有见，如：

己卯：子见（献）睍以圭眔肙、璧丁。用。
己卯：子见（献）睍以圭①于丁。用。《殷墟花园庄东地甲骨》490

其例尚多，不烦赘举，总之并非只有王才能赏赐下属圭，下属同样可以向王进献玉圭。按照这种理解，"玉苟"以治玉或掌玉为职事，向穆王献饰以凤纹的玉圭（戈），是很合理的。以往囿于旧说，未能很好地理解"圭"的确指，以致"凤圭"一词意义难明。现在既已辨明"凤圭"的含义，那么由此而产生的玉苟二器真伪疑虑自可消除。

（二）说"渍"

曹锦炎先生《宗人簋与西周时期的燕礼》②一文公布了两件私人收藏的西周宗人簋铭文，其中一件簋亦著录于《商周青铜器铭文暨图像集成续编》0461。参照各家意见，现将铭文前半释写如下：

唯正月初吉庚寅，伯氏召祭③伯飲涑（渍）、䰞，内（纳）乐，伯氏命宗人舞。宗人衣（卒）舞，祭伯乃易（锡）宗人爵。伯氏侃宴，乃易（锡）宗人干④、戈……

铭文的大致内容是伯氏宴飨祭伯，享用涑、䰞，奏乐，伯氏令宗人跳舞。宗人舞毕，祭伯赏赐宗人爵，伯氏很高兴，于是赏赐宗人干、戈……

铭文中的"涑、䰞"二字从文意上说应是伯氏招待祭伯享用的东西，关于"涑"曹锦炎先生解释说："涑，读为'渍'，'渍'字从水、责声，而'责'从朿得声，故可通用……'渍'本是古代加工食品的方法，也用来专指一种珍肴名，即醉牛肉……本铭的'渍'用作食品专用名词。"曹先生读"涑"为

---

① "圭"字考释参见王蕴智：《释甲骨文字🜚》，中国古文字研究会、华南师范大学文学院编：《古文字研究》第二十六辑，北京：中华书局，2006年，第76页。
② 曹锦炎：《宗人簋与西周时期的燕礼》，中国古文字研究会等编：《古文字研究》第三十一辑，北京：中华书局，2016年，第101—109页。
③ "祭"字考释参见李学勤：《释郭店简祭公之顾命》，《文物》1998年第7期，第44页。
④ "爵""干"字依苏建洲先生意见改释，参见苏建洲：《西周金文"干"字再议》，复旦大学出土文献与古文字研究中心网站，2017年2月12日，http://www.gwz.fudan.edu.cn/Web/Show/2981。

"渍"，似可信。至于"䤔"字曹先生说："左从酉，右所从的声旁'甫'字上部讹变成'廿'（或以为上部从'举'省）。'酺'本义指聚饮，亦指国有喜庆，特赐臣民聚会饮酒……本铭的'酺'虽指聚饮，也是宴飨宾客时的饮酒之礼。"①

从《商周青铜器铭文暨图像集成续编》公布的宗人簋铭文照片与拓本来看，"䤔"字右侧分别作 、 之形，与"甫"字明显不同，字形上部为"廿"形不为"父"不说，字形中央下部也是作"木"形（最下两笔成"八"字形弯折），而与"甫"一般作"丰"形（最下一笔平直）有别。这两点区别，决定了此字不太可能为"甫"。《商周青铜器铭文暨图像集成续编》将此字隶定为"䤔"，是更为准确的。

此字左侧为"酉"旁，应是意符，则字义当与酒有关，释读此字的关键在于辨识右侧偏旁" "。甲骨文中有 、 、 （参见《新甲骨文编》增订本②第750、751页）等字，经裘锡圭先生考证，已知其字形本义是一种多足虫"蛷"，此字在卜辞中常用为"求"。卜辞中另有从"蛷"的 、 （参见《新甲骨文编》增订本第752页）两种字形，裘先生认为这两种字形当是一字异体，其与"蛷"的关系待考。③金文中尚有数例" "字，字形作 （史墙盘，《商周青铜器铭文暨图像集成》14541）、 （戍甬鼎，《商周青铜器铭文暨图像集成》02296）、 （般觥，《商周青铜器铭文暨图像集成》13660），陈剑先生指出：

> 甲骨文"尿"与"求"为一字，" "与" "为一字。后一组以前一组为声符，二者或为一字之繁简体，或至少有通用关系。这两组字的关系，跟李宗焜先生曾举出的"黄"字之与时段名"蘭（黄）昃"之"蘭"字相类。④

王挺斌先生据裘锡圭、陈剑二位先生的意见，认为宗人簋铭文中"䤔"字右侧偏旁 、 ，与甲骨金文里的 、 、 、 应是同一个字，只是宗人簋中字形上部的"口"旁穿透笔画变为了"廿"形，此类演变现象古文字中习见（例参王文），按照目前的研究成果， 是以"求"为声符的，那么簋铭

---

① 曹锦炎：《宗人簋与西周时期的燕礼》，中国古文字研究会等编：《古文字研究》第三十一辑，第101页。
② 刘钊主编：《新甲骨文编》增订本，福州：福建人民出版社，2014年。
③ 裘锡圭：《裘锡圭学术文集·甲骨文卷》，上海：复旦大学出版社，2012年，第274页。
④ 陈剑：《金文字词零释（四则）》，张光裕、黄德宽主编：《古文字学论稿》，合肥：安徽大学出版社，2008年，第145页。

中的▆字的读音也应与"求"接近,王先生还进一步指出此字应读为"醪"。①王先生对此字形体的分析是可信的,故此字可隶定为"䣂",但是将其读为"醪"则有问题,"醪"是一种"浊酒""浑酒",品质不高,似不符合伯氏与祭伯的身份(参下文)。

王先生引用了《庄子·盗跖》:"今富人耳营钟鼓管钥之声,口嗛于刍豢醪醴之味。"以及宋代诗文中有以醪招待贵宾的证据,证明"醪"的饮用规格不低。然而《盗跖》篇中的"醪醴"与"刍豢"并举,"刍豢"泛指肉食,"醪醴"泛指酒类,二者皆非实指;至于宋代则距西周时代过于久远,风俗礼制不具备可比性。又西周晚期的郑义伯罍(《商周青铜器铭文暨图像集成》14008)铭文载:"郑义伯作季姜罍,余以行以征,我酒既清,我用以克□,我以林狩,用赐眉寿,孙子是永宝。"②其中器主称许"我酒既清",真切地表明了西周时人确是以"清酒"为贵的。

䣂字以"求"为声,以酉为意符,又出现在伯氏宴飨祭伯的食用对象之中,应是某种酒名,这一点我们与王先生意见一致,酒可以作为"食"的对象,《汉书·于定国传》:"定国食酒至数石不乱。"③综合各方面因素,我们认为"䣂"似可读为"酎"。从"求"声之字多可与从"九"声之字相通假,如:

《诗·周南·关雎》:"关关雎鸠……君子好逑。"陆德明《经典释文》:"逑,本亦作仇。"

《左传·桓公三年》:"怨耦曰仇。"《说文·辵部》:"逑……怨匹曰逑。"

《书·尧典》:"共工方鸠僝功。"《说文·辵部》"逑"字条引作"旁逑孱功。"④

凡此皆可证明,"求""九"音近,而"九"字又是"肘"的象形。⑤《说文·酉部》:"酎,三重醇酒也。从酉,从时省。《明堂月令》曰:'孟秋,天子饮酎。'"段注云:"《广韵》作三重酿酒,当从之。谓用酒为水酿之,是再重之酒也,次又用再重之酒为水酿之,是三重之酒也……从酉,肘省声。各

---

① 王挺斌:《宗人簋铭文补释》,《"商周金文、青铜器与商周历史"博士生论坛论文集》,北京:北京大学出土文献研究所,2016年,第8页。
② 释文据吴镇烽:《论青铜器中的"行器"及其相关器物》,复旦大学出土文献与古文字研究中心网站,2018年9月11日,http://www.gwz.fudan.edu.cn/Web/Show/4287。
③ 《汉书》卷71《于定国传》,北京:中华书局,1962年,第3043页。
④ 张儒、刘毓庆:《汉字通用声素研究》,太原:山西古籍出版社,2001年,第166—167页。
⑤ 季旭昇:《说文新证》,福州:福建人民出版社,2010年,第991页。

本作从时省，误。纣、疗篆皆曰肘省声，今据正。"①李天虹先生则指出："《说文》里有不少从寸，但古音与肘相近的字，如讨、疗、纣、酎等等，《说文》或以肘省声释之。其实这些字本来可能都是从肘声的，隶变为从寸。"②李先生的意见可信，酎应是以"肘（九）"为声符的，而"九"又与"求"音近可通，故宗人簋中的"醔"可以读为"酎"。

酎，据《说文》知是经过反复酿造的珍酒，《左传·襄公二十二年》载："公孙夏从寡君以朝于君，见于尝酎，与执燔焉。"孔颖达疏："《月令》'孟夏，天子饮酎，用礼乐'。郑玄云：'酎之言醇也，谓重酿之酒也。春酒至此始成，与群臣以礼乐饮之于朝，正尊卑也。'"③《汉书·景帝纪》载："高庙酎，奏《武德》、《文始》、《五行》之舞。"④可见酎是一种祭祀、宴飨时饮用的美酒，因为酿造程序复杂，故较为珍贵，且饮用此酒时常伴以乐舞。据宗人簋铭文记载，伯氏宴飨祭伯时同样伴有乐舞，符合饮酎时的场景。此外文献中的饮酎规格较高，多为君王、诸侯宴飨之用，宗人簋中的伯氏为一宗之长，祭伯有可能是祭国之君，由此看来，伯氏与祭伯二人的身份倒也符合饮酎的礼制。

总之，宗人簋铭文中的醔字，并不从甫，其右侧偏旁应该就是甲骨金文中的𠂇、肉、甫，是一个以"求"为声的字，醔可以隶定为醔，从意义上说应是一种酒名，有可能就是《说文》中的三重醇酒——酎。

---

① （清）段玉裁：《说文解字注》，北京：中华书局，2013 年，第 755 页。
② 李天虹：《释郭店楚简〈成之闻之〉篇中的"肘"》，安徽大学古文字研究室编：《古文字研究》第二十二辑，北京：中华书局，2000 年，第 265 页。
③ 李学勤主编：《十三经注疏·春秋左传正义》，北京：北京大学出版社，1999 年，第 980 页。
④ 《汉书》卷 5《景帝纪》，第 137 页。

第三章 古文字构形分析丛说

一、"陈"字新解

（一）关于"陈"字构形分析的旧说

"陈"在古文字中出现频率较高，常被用为国名、姓氏以及陈列之意，卜辞中尚未有确定的"陈"字出现，其形体多样。

（1）在西周文字中作：

☒（九年卫鼎，《殷周金文集成》02831，西周中期）、☒（陈侯簋，《殷周金文集成》03815，西周晚期）、☒（陈生霍鼎，《殷周金文集成》02468，西周晚期）

（2）在春秋文字中作：

☒（陈公子叔邍父甗，《殷周金文集成》00947，春秋早期）、☒（陈公孙指父瓶，《殷周金文集成》09979，春秋早期）、☒（陈大丧史仲高钟，《殷周金文集成》00355.1，春秋中期）、☒（陈卯造戈，《殷周金文集成》11034，春秋晚期）

（3）在战国时期六国文字中作：

☒（齐陈曼簠，《殷周金文集成》04595，战国早期）、☒（陈侯因齐敦，《殷周金文集成》04649，战国晚期）、☒（十四年陈侯午敦，《殷周金文集成》04646，战国晚期）、☒（陈共车饰，《殷周金文集成》12040，战国晚期）、☒（《包山楚简》[①]138）、☒（《古玺汇编》0281）、☒（《古陶文汇编》[②]3.8）、☒（《古陶文汇编》3.23）、☒（《古陶文汇编》3.25）

（4）在秦系文字中作：

☒、☒（《关沮秦简》[③]326）、☒、☒（《秦印文字汇编》[④]273页）

[①] 湖北省荆沙铁路考古队：《包山楚简》，北京：文物出版社，1991年。
[②] 高明编著：《古陶文汇编》，北京：中华书局，1990年。
[③] 湖北省荆州市周梁玉桥遗址博物馆编：《关沮秦汉简牍》，北京：中华书局，2001年。
[④] 许雄志主编：《秦印文字汇编》，郑州：河南美术出版社，2001年。

以上形体中的"土""攴"旁均为此字的繁化符号，下文对这些"陈"字异体不作严格隶定，统一写为"陈"，《说文·𨸏部》云："陈，宛丘舜后妫满之所封，从𨸏、从木、申声，㬕，古文陈。"①近年新公布的《清华简（七）·越公其事》简7"君乃阵（陈）吴甲……"之"阵（陈）"正作 㬕，证明了《说文》对陈字古文记载的可靠。②"申"字《说文》小篆作"申"，而《说文》中"陈"字小篆作"陳"，右侧从"木"与"㠯"。许慎将"木"看作"木"，同时若将"㠯"形连上"木"之竖笔一起看，则作"中"形，遂与"申"字小篆"申"形近，这大概就是许慎讲"陈"字"从𨸏、从木、申声"的由来。然而从上述古文字资料来看，"陈"字右侧无一作"木"形者，根本离析不出"木"与"㠯"两个偏旁。与《说文》小篆"陳"形体最为接近的当属"㬕"（陈卯造戈）一类的字形，但即使是这类字形，其右侧所从也是接近于"东"而与"木"有别，因此《说文》对"陈"字的构形解释完全是由小篆字形立说，并不可信（我们这里只是否定《说文》对"陈"字形的分析，其对字音、字义的解释还是可信的）。

古文字资料中的"陈"字发现以后，不少学者都发现了"陈"字形体与"申"有别。高田忠周即曾据陈逆簋（《殷周金文集成》04096）"陈"字形体"㬕"，指出"陈"字从东。并推测"陈"古有二形，一从𨸏从东，为会意。元有本义。后世不传……一从𨸏从木申声。会意兼形声……小篆从之。③借助春秋金文，高田忠周已经发现"陈"在春秋文字中是从"东"的，从字形的客观实际出发，其说无疑是正确的（其实这个"东"是讹变而来的，详后文）。清代学者邵瑛《说文解字群经正字》指出"今经典'陈'字似从𨸏东声，讹汉石经《尚书》残碑'伊鸿水白陈其五行'，'陈'字如此作，后世遂因之。"④邵氏指出典籍之"陈"以东为声符，再加上出土文献中"陈"确实又是从"东"的，这就造成不少学者开始认为"陈"本是从𨸏、东声的形声字。

《金文形义通解》"陈"字条说：

> 金文此字右旁实为"东"，许慎析为"木、申"非是。此字初文当从

---

① （汉）许慎：《说文解字》，第306页。
② 李学勤主编：《清华大学藏战国竹简》七，上海：中西书局，2017年，第117页。
③ 高田忠周：《古籀篇》，刘庆柱、段志洪、冯时主编：《金文文献集成》第三十一册，北京：线装书局，2005年，第30页。
④ （清）邵瑛：《说文解字群经正字》，丁福保编纂：《说文解字诂林》，北京：中华书局，1988年，第13997页。

阜东声。①

陈初生先生《金文常用字典》说：

  陈字金文从阜从攴东声，或从阜从土东声……古文从阜申声，"申"与"东"同为舌头音，皆真部字，故得相通。②

董莲池先生《说文解字考正》也明确说明：

  "陈"春秋战国金文……从阜从东，或从攴。又增土旁省攴……篆所从𣎵当是"东"之讹。许以"从木，申声"为释不可信。字当从东声。"东"与"陈"端定旁纽，"东"、"真"二部通转，古音相近。③

此外据我们所见，季旭昇先生《说文新证》亦主陈从"东"声。④但是将"东"看作"陈"之声符问题较大，二字声纽虽然相近，但是韵部一为东部一为真部，差距很大，讲"'东'、'真'二部通转，古音相近"并没有可靠根据。因此也有学者并不采用"东"为"陈"字声符的说法，《古文字谱系疏证》是一部从谐声的角度汇集古文字形体的专著，该书"陈"字条仅言"陈"字多作从阜，从东（束）形，未言"东"为声符⑤，这是非常恰当的意见。

事实上如果认真梳理"陈"字自西周至春秋战国的演变过程，可以清楚地发现，其构形在最初的时候根本就是与"东"无涉的。"东"字在殷卜辞中既已出现，其形体自商代甲骨文到西周、春秋战国乃至隶楷文字均无太大的变化，演变脉络也很清晰：

🔲、🔲（商代）—🔲（西周）—🔲（战国）—🔲（《说文》小篆）—🔲（秦）—東、東（汉）⑥

将不同时期的"陈"字右旁与"东"字的演变过程相对比，可以发现早期（西周）的"陈"字🔲、🔲，其右旁🔲、🔲与所有时期的"东"字写法均有别。不同之处主要体现在三点：①"东"字上下的"🔲""🔲"形笔画，中间一笔多为竖直的，而"陈"字右旁则多作"🔲""🔲"之形，中间笔画弯曲；

---

① 张世超等：《金文形义通解》，京都：中文出版社，1996年，第3357页。
② 陈初生编纂，曾宪通审校：《金文常用字典》，西安：陕西人民出版社，1987年，第1139页。
③ 董莲池：《说文解字考正》，北京：作家出版社，2004年，第573页。
④ 季旭昇：《说文新证》，福州：福建人民出版社，2010年，第985页。
⑤ 黄德宽主编：《古文字谱系疏证》，北京：商务印书馆，2007年，第3500页。
⑥ "东"字形体演变摘自李学勤主编：《字源》，天津、沈阳：天津古籍出版社、辽宁人民出版社，2012年，第543页。

②"东"字形体常有一个贯穿上下的竖直笔画"丨",这个"丨"笔在一些"陈"字右旁中找不到;③"陈"字右旁中间最早的写法是"[图]",后来才作"田"形,而"东"从一开始就有作"田"形的写法,且从未出现过作"[图]"形的写法。

尤为关键的是,战国时期的陈侯因齐敦(《殷周金文集成》04649)铭文载"陈侯因齐曰……其惟因齐扬皇考,叝(绍)练(緟)高祖黄啻(帝)。"陈字作[图],而后文从"东"的"练"字则作[图]([图]),二字对比可以清楚地知道"陈"字所从偏旁[图]与东[图]、[图]明显不同。通过上述几方面的字形对比,我们有充分的理由对旧说提出质疑,"陈"最初的构形应该并非是从"东"的,部分"陈"字所从的"东"旁当是由早期的[图]、[图]形讹变而来。那么既然否定了"陈"字最初从"东"之说,其构形又该如何分析呢?回答这个问题需要先从楚简中一个疑难字的释读谈起。

(二)"㐬"字的形体来源及其音义

李家浩先生《楚简所记楚人祖先"敳(鬻)熊"与"穴熊"为一人说——兼说上古音幽部与微、文二部音转》(以下简称"李文"),指出"㐬"字形体有两个来源,一由"[图]"(古文字中"融""敳""祧"等字所从)字演变而来;一由"毓"字"[图]"所从偏旁"[图]"演变而来。两种"㐬"字可以分别称为"㐬1"和"㐬2",李文推测其过程如下:

㐬1:[图] ⟶ [图] ⟶ [图] ⟶ [图]
㐬2:[图] ⟶ [图] ⟶ [图] ⟶ [图]

㐬1"[图]"在楚简中或增加"○"旁作"[图]","[图]"与"[图]"常作"敳([图]《包山楚简》237)"、"祧([图]《新蔡葛陵楚简》[①]甲三 188、197)"、"融([图]《新蔡葛陵楚简》乙一 22)等字声符,李文指出楚简所记楚人"三祖先"之一的"敳熊"异文作"祧熊",即是传世文献中的"穴熊"又称"鬻熊","穴熊"与"鬻熊""敳(祧)熊"实为一人。并使用了大量文献资料证实了"敳""鬻"古音与"穴"相近,"敳(祧)"字声旁"[图]""[图]"读音与"穴"音近,而"[图]"又是在"[图]"字基础上追加声符"○(圆)"之后的异体,关于"㐬1"的本意,

---

[①] 武汉大学简帛研究中心、河南省文物考古研究所编著:《楚地出土战国简册合集》第二册《葛陵楚墓竹简 长台关楚墓竹简》,北京:文物出版社,2013年。

李文认为乃是蜉蝣字。①

李文通过丰富可靠的资料论证了从"🀄""🀄"得声的"妣（祁）"，在人名"妣（祁）熊"中当读为"穴"，此说已被学界广泛接受，可以信据。至于"🀄""🀄"是否为蜉蝣的本字则尚有进一步讨论的空间。总之，通过妣字的释读，可以肯定"🀄""🀄"与"穴"古音接近②，这一点应是没有问题的。

（三）"融"字异体及其与"陈"字构形关系推测

"🀄""🀄"在古文字中除了作"妣（祁）"字的声符外，还常出现在"融"字中，充当"融"字的声符（"🀄""🀄"与"融"音近，李文对此已有论述）。"融"字古文字中多见，有时作：

🀄（《包山楚简》217）、🀄（《新蔡葛陵楚简》乙一 22）、🀄（邾公鈦钟，《殷周金文集成》00102）、🀄（《楚帛书》③甲篇）

其字除去"墉（郭）"旁之外的剩余部分即是充1——"🀄""🀄"，需要特别注意的是"融"字有一种异体，字形作：

🀄（瘆钟，《殷周金文集成》00246）、🀄（瘆钟，《殷周金文集成》00253）

"融"字一般所从的"🀄"旁在这类异体中写作"🀄""🀄"，作二虫相对之形，与"🀄"写作二虫同向之形不同，古文字中偏旁的方向有时变动不居且不会影响字义，因此"融"字右侧的两种字形当为异体关系。"🀄""🀄"这类作二"虫"相对之形写法的"充1"，为我们重新思考"陈"字的构形，提供了重要启示。

前文已述目前所见"陈"字最早的形体见于西周中期的九年卫鼎，其字形作：

照片：🀄（《周原出土青铜器》④342 页）、拓本：🀄（《殷周金文集成》02831）

鼎铭文例为"我舍颜陈大马两"，"陈"似应理解为人名。因为文例不够典型，不能卡死"陈"字的音义，我们曾经怀疑此字释"陈"是否可信。但是联系起"陈"字战国时期作🀄（陈侯因齐敦，《殷周金文集成》04649）、🀄（十

---

① 李家浩：《楚简所记楚人祖先"妣（鬻）熊"与"穴熊"为一人说——兼说上古音幽部与微、文二部音转》，《安徽大学汉语言文字研究丛书·李家浩卷》，合肥：安徽大学出版社，2013 年，第 188—238 页。

② 李家浩先生原文讨论上古音采用了龙宇纯先生提出的古韵二十二部，幽部与微、文二部音转以及上古音脂、真二部为微、文二部变音的意见，本文赞同李文对"妣""穴"等字古音的论证结论，但是为了方便讨论，下文讨论字音时依旧采用王力先生古韵三十部的分部意见。

③ 李零：《长沙子弹库战国楚帛书研究》，北京：中华书局，1985 年。

④ 曹玮主编：《周原出土青铜器》，成都：巴蜀书社，2005 年。

四年陈侯午敦，《殷周金文集成》04646）、▇（《古陶文汇编》3.8）之类的形体来看，其右旁之间形体接近，将九年卫鼎之"▇"释为"陈"当是可信的。

陶文"陈"字有时作▇（《古陶文汇编》3.8）、▇（《古陶文汇编》3.23）、▇（《古陶文汇编》3.29），右侧偏旁▇、▇、▇，放大看其上侧作▇、▇、▇，上部的"▇"与中间的"○"或"日"形并不相连。而"陈"字作▇（陈侯因齐敦，《殷周金文集成》04649）一类的形体，下部的"▇"旁又与中间部分不相连，尤其是上文的▇（《古陶文汇编》3.23）上下的两个偏旁均与中央之"日"不相连接。通过这些例证，我们认为"陈"字右侧上下的两个部分当可与中间的"○""日""田"等形分开来看。

按照这种意见，九年卫鼎中▇字右侧所从的"▇"，应分析为从"▇"、从"▇"两个部分。离析出来的"▇"形与瘨钟"融"字所从"▇"字形相同，均作二虫相对之形，当即一字，而前文已述"▇"当是"▇（虺1）"的异体，那么"▇"字所从的"▇"也应同样理解为"▇（虺1）"字的异体。李家浩先生已经论证了"▇（虺1）"增加了声符"○（圆）"就会演变作"▇"形，"▇"字的中间部分"▇"当即"○"的变形，古文字中于圆圈空隙处加"•"很常见，例不赘举。那么由"融"字所从的"▇""▇"之形变为"陈"字所从的"▇"形，就与"虺1"由"▇"增加声符发展为"▇"是完全平行的演变现象。

上文引李文指出"虺1"读音与"穴"相近，"穴"为匣母质部字，"陈"为定母真部字，二字韵部质真对转，声纽稍有差距，但是"虺1"及从其得声之"流""琉"等字均属舌音来母，与同为舌音的定母字接近。又据《说文》古文以及《越公其事》所载"陈"字异体阵，知"陈""申"古音接近，而"申"即是书母字，亦与"虺1"同属舌音。古文字中"邍"作▇（乃孙罍，《殷周金文集成》09823）、▇（倗生簋，《殷周金文集成》04264.2）等形，已有学者说明此字所从之"田"乃是后加声符。①金文邍氏仲簠（《商周青铜器铭文暨图像集成》05947）铭文"邍"字作▇，字不从"田"，而是从"○"，"○"亦当为其声符。古文字中"○"用来充当"袁"字声符②，"袁"为匣母元部字，"邍"为疑母元部字，二字韵部相同，声纽一为牙音一为喉音，发音部位相邻。既知"邍"有以"○"为声的异体，又有以"田"为声的异体，而"○"又是"虺1"的追加声符，可将"田"与"虺1"的古音系联起来，加之"田陈一家"

---

① 季旭昇：《说文新证》，福州：福建人民出版社，2010年，第125页。
② 裘锡圭：《裘锡圭学术文集·甲骨文卷》，上海：复旦大学出版社，2012年，第170页。

的说法，这样就可以直接证明"⿱""⿱"及其异体"⿱""⿱"与"陈"古音接近。

此外，金文"睘"有异体作⿱（伯睘卣，《殷周金文集成》5326.2）、⿱（伯睘卣，《殷周金文集成》5326.1），其字中间所从的"⿱"即是"宽"字，与其所从的"○"一样均为"睘"字的声符。① "宽"在古书中有与"夗"音近的证据，《左传·襄公二十九年》："大而婉。""婉"，《史记·吴太伯世家》作"宽"。② 战国文字中"遵"或省作⿱（《古陶文汇编》6.208）、⿱（《上博简一·孔子诗论》③简22），《孔子诗论》中此字读为"宛丘"之"宛"。④ 前文已述"遵"又是以"田"为声符的，充1从"○"声，"○"与"宽"可以同作"睘"之声符，而"宽"又与"夗"音近，"遵"又与"夗"通假，则借助出土文献中的"睘""遵"二字异体亦可将"充1"与"田（陈）"古音联系起来。

"○"与"陈"的关系还可通过文献资料来证明，"○（圆）"与"员"古本一字，"员"声之字常与"匀"声字通用：

《墨子·非命中》："譬犹立朝夕于员钧之上也。""员"，《非命上》作"运"。

《国语·越语》："广运百里。""运"，《山海经·西山经》作"员"。

《庄子·天运》："天其运乎？"《释文》："运，司马本作员。"⑤

运本从军声，而军又是以匀为声，又据陈梦家先生、裘锡圭先生研究，"匀"本是从蚓（螾）得声之字⑥，而"蚓""螾"二字又均有与"申"音近的证据：

《说文·肉部》："胂，夹脊肉也。"又"夤，警惕也。从夕寅声。"林义光《文源》："夤当即胂之或体。从肉寅声。月以形近讹为夕也。《易》：'列其夤。'马注：'夹脊肉也。'正以夤为胂。郑本作臏。"

《周礼·大师》："令奏鼓㪃。"郑玄注引郑司农云："㪃，读为导引

---

① "⿱"释为"宽"，并将其看作"睘"字声符的意见出自陈剑，其说参谢明文：《商代金文的整理与研究》，复旦大学博士学位论文，2012年，第692、693页。
② 张儒、刘毓庆：《汉字通用声素研究》，太原：山西古籍出版社，2002年，第751页。
③ 马承源主编：《上海博物馆藏战国楚竹书》一，上海：上海古籍出版社，2001年。
④ 其实还有不少学者提出此类写法的"遵"，除去下部"田"后的偏旁亦可理解为"夗"，"夗"与"遵"古音相近，若此，则这类简省之形的"遵"可以理解为是从"夗""田"的双声之字。说参赵平安：《从语源学的角度看东周时期鼎的一类别名》，《金文释读与文明探索》，上海：上海古籍出版社，2011年，第125页。
⑤ 张儒、刘毓庆：《汉字通用声素研究》，第839页。
⑥ 裘锡圭：《裘锡圭学术文集·甲骨文卷》，上海：复旦大学出版社，2012年，第354、355页。

之引。"①

"楝""胂"并从"申"声，均与"引""寅"音近，而"引"与"寅"又与"○（圆、员）"语音关系密切，而陈字异体又以"申"为声符，可证"○""陈"音近。

孟蓬生先生曾对上古音"侵脂通转"进行过专门论述，所谓"侵脂通转"就是指侵（含冬）缉与脂质真（含微物文）发生通转的现象，有时也涉及谈盍与歌月元的通转。孟先生举例说明了楚简蚩声字归侵部或冬部，又可归幽部和屋部，而古音蚩（虫）声与员声、允声可以相通。②本文论证指出"陈"字（真部）的声符正是"蚩"，完全符合孟先生所论的"侵脂通转"这一古音规律。综上，通过梳理传世以及出土的文献资料，可以证明"充1"与"陈"在读音上关系密切。"陈"字最早的形体 右侧偏旁与"充1"字形相似，当为一字。"陈"字最初应是一个从阜、"充1"（ ）声之字， 又可进一步分析为从" "" ○（圆）"声。

（四）对于"陈"字几种形体的分析

古文字资料中的"陈"字形体按照右侧声符的写法差异，可以大体分为以下多种类型：

（1） （九年卫鼎，《殷周金文集成》02831）。此类字形上下"虫"形尾巴尚作弯曲之形，中间作"日"形，"日"上古音属日母质部，"陈"属定母真部，二字声纽同为舌音，韵部对转，"日""陈"古音相近，这类字形中的"日"可以看作"陈"之声符。这类陈字"日"形中的点演变为横画，就成为了战国时期的 （《古陶文汇编》3.23）、 （《古陶文汇编》3.24）之形。古陶文中"陈"字有时还作 （《古陶文汇编》3.8）、 （《古陶文汇编》3.29）、 （《古陶文汇编》3.11），这类字形上下"虫"旁的尾巴虽然均已变为短竖，但是中间仍从○声，与陈字早期的写法相合。

（2） （陈侯鬲，《殷周金文集成》00706）、 （陈侯簋，《殷周金文集成》03815）、 （陈公孙信父瓶，《殷周金文集成》09979）、 （陈侯作孟姜簋，《殷周金文集成》04606）。这种形体的"陈"右侧上下的"虫"形依旧保持尾

---

① 张儒、刘毓庆：《汉字通用声素研究》，第848页。
② 孟蓬生：《"咸"字音释——侵脂通转例说之二》，复旦大学出土文献与古文字研究中心编：《出土文献与古文字研究》第六辑，上海：上海古籍出版社，2015年，第729—754页。

部弯曲的写法，保留了早期字形的特征，与东的字形不同。而右侧中间已变形为了"田"，田、陈古音接近，这类写法或可看作是"陈"更换声符而产生的异体。此类写法的"陈"字若将右侧上下的"虫"形尾部写得竖直（这应是文字形体类化的结果），字形就变为了 、、、，遂讹变为"东"，这就是后世"陈"字从之"东"的形体来源。

（3）、、。此种字形右侧已讹变为了"束"，有可能是在"东"形基础上的演变，"东""束"本一字分化。也有可能是在作![]形的陈字基础上，将右侧上下的短竖笔画贯通起来书写而造成的。

除此以外还有几种特殊写法的"陈"字在此也试做分析，陈肪簋盖中"陈"字作![]（《殷周金文集成》04190），此字上部的"虫"旁又增加"U"形饰笔繁化。陈侯鼎中"陈"作![]（《殷周金文集成》02650），此类字形中间从田、○双声（"田""○"与陈的语音关系参上文论证）。古陶文中还有一种陈字作![]（《古陶文汇编》3.21），这个陶文字形较为奇怪，其文例为"平陵陈得立事岁□公"，战国时期田（陈）氏代齐，"田（陈）"姓成为齐国之大宗，"陈得立事岁"一语齐陶文多见，乃齐国特有的纪年方法。从文例上说，这个字释为"陈"是可以肯定的。跟一般的"陈"相比，其右侧上部从"木"，在前述的战国陶文陈字形体中其右旁有时大致作![]、![]、![]，上下的"虫"旁弯曲的尾巴变为短竖，这样上部的"虫"形就变得与"中"无别。古文字中"中"旁常与"木"旁意近互作，![]字的产生可能是由于书手将![]、![]类字形中上部讹变后的"虫"看作了"中"，然后又使用"木"替换了"中"旁。

（五）结语

通过梳理"陈"在不同时期的写法可以证明其构形本与"东"字无关，借助于楚简文字中"尣$_1$"字的考释，以及"融"字中"尣$_1$"的异体，我们认为"陈"字最初应是一个从阜、"尣$_1$"声之字。在汉字发展过程中"陈"字也不断演变，其所从的"尣$_1$"产生了诸多变体，其中一类讹变为了"东"，后来其他异体消失，从"东"的这种字形最终保留了下来，遂形成了隶楷文字中的"陈"形。

二、续释"𠂎"字

卜辞中有字作╭（《甲骨文合集》6426）、╮（《甲骨文合集》6427）之形，有时稍加繁复、省简或变化作╭（《甲骨文合集》32 正）、╮（《甲骨文合集》32897）、╭（《甲骨文合集》6486 正）、╮（《甲骨文合集》811 正）、╭（《甲骨文合集》14220）、╮（《甲骨文合集》6483）、╭（《甲骨文合集》36961）等形，有时还会增加"廾"旁作╮（《甲骨文合集》8501 反）。（以上字形皆出自李宗焜先生《甲骨文字编》①第 1306 至 1308 页）

此字学界多据于省吾先生的意见将其释为"厃（危）"②，于先生释其为"厃"主要有两点证据：

（1）╭的字形与典籍记载中的"攲器"形制有相似之处，文献记载中"攲器""虚则攲，中则正，满则覆"具有倾攲易覆的特点。而╭之形体恰好多为倾斜之状，符合攲器的特点。据《说文解字注》"攲器"之"攲"为"鼓"之借字，"鼓"从危声。

（2）古玺印有"厃"字作╭、╮等形，可以与卜辞╭形体相验证。③

"厃"《说文》小篆作"厃"，字形是人立于"厂"（山崖）上，会高、险之意。古玺印之"厃"作"╮"，字形乃是人立于山上，"厂"与"山"作意符可以通用，与"厃"是同字之异体。④此外"厃"还有人立于石、几上的异体╭（《中国历代货币大系》544）、╮（《上博简一·缁衣》简16）、╮（曾侯乙墓漆箱）。⑤

---

① 李宗焜编著：《甲骨文字编》，北京：中华书局，2012 年。
② 刘钊主编的《新甲骨文编》增订本以及李宗焜所作的《甲骨文字编》皆从于先生意见释其为"厃（危）"。
③ 于省吾：《甲骨文字释林》，北京：中华书局，1979 年，第 17 页。
④ 李守奎：《系统释字法与古文字考释——以"厂"、"石"构形功能的分析为例》，《汉字学论稿》，北京：人民美术出版社，2016 年，第 128、129 页。
⑤ 程燕：《坐、跪同源考》，中国古文字研究地、复旦大学出土文献与古文字研究中心编：《古文字研究》第二十九辑，北京：中华书局，2012 年，第 642 页。

明白了战国文字中"广"字的构形之后，便可知道其与卜辞╱之间并没有形体上的联系，╱的下部与"山""石""厂""几"等均无涉，上部也与卜辞中常见的"人"形有别。目前看来于先生提出的释╱为"广"的两条证据，只有第一条尚有可能成立。

后来赵平安先生提出新说，认为卜辞中的╱应是"筭"的本字，赵先生立论的依据主要是两周文字中"弁（覍）"①的写法。西周金文以及战国文字中有字作▨（师酉簋，《殷周金文集成》04289）、▨、▨、▨（参见《战国文字编》第 594 页）之形，李家浩先生将其释为"弁"②，此说已被学界公认。"弁"字在两周文字中有时会省略下部的"又""廾"旁作▨（《侯马盟书》77：4）、▨（师询簋，《殷周金文集成》04321）③等形，赵先生据此指出"弁"应上下拆分开来，分析为从廾或又与从▨或▨、▨两个部分，而▨、▨、▨的读音当与"弁"同。▨、▨、▨的形体与卜辞╱接近，当是一字。其演变轨迹为：

╱—▨—▨

从此字的形体看，╱应是"筭"的本字，"筭"是竹苇编织而成的筥形器物。④赵先生将"弁"所从的偏旁▨、▨、▨与卜辞中的╱联系起来，当可信。可能是因为▨、▨、▨与"弁"读音相同这一点没有丰富的证据，所以赵先生的说法并没有得到很多的赞同。最近朱凤瀚先生对╱、▨的字形重新进行了说解，依旧申论释"广"之说。朱先生认为╱的下部与卜辞"甾"有共同特征，上部的长弧线，似示意将甾器内东西倾倒，▨则是双手持器倾倒物品。而"敁"有持去之意，正与此字形相合。⑤

近出金文中的一个新见字形为此字的释读提供了契机，2011 年湖北省随州市东城区出土了一件曾侯钟（M4：016）⑥，著录于《商周青铜器铭文暨图

---

① 据《说文》，"弁"是"覍"的异体字，赵平安指出二字来源有别，为避免称引混乱，下文统一使用"弁"字。在需要讨论"弁"是"覍"形体来源时再对立称引二者字形。

② 李家浩：《释"弁"》，中国古文字研究会、吉林大学古文字研究室编：《古文字研究》第一辑，北京：中华书局，1979 年，第 391 页。

③ 师询簋摹本据赵平安《释甲骨文中的╱和▨》一文，此字《商周金文摹释总集》摹写作▨，见张桂光主编：《商周金文摹释总集》第三册，北京：中华书局，2010 年，第 700 页。两家摹写虽稍有不同，但是此字为省略"廾"旁的"弁"字是可以肯定的。

④ 赵平安：《释甲骨文中的╱和▨》，《新出简帛与古文字古文献研究》，北京：商务印书馆，2009 年，第 3—9 页。

⑤ 朱凤瀚：《重读小臣墙骨版刻辞》，中国古文字研究会等编：《古文字研究》第三十一辑，北京：中华书局，2016 年，第 9 页。

⑥ 湖北省文物考古研究所、随州市博物馆：《湖北随州文峰塔墓地 M4 发掘简报》，《江汉考古》2015 年第 1 期，第 5 页。

像集成续编》第三卷编号 1025。铭文虽然残缺且多处无法通读，但是依旧可以发现不少具有重要价值的新见字形。钟正面右鼓有字作：

　　　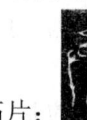　　　　　

照片：　　　拓片：　　摹本：　　　右上放大：

此字右上侧稍有残损，《湖北随州文峰塔墓地 M4 发掘简报》公布的摹本"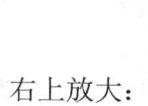"不够精确，从放大的照片看应是"爪"旁，我们将其重新摹写作上图之形。

此字左下为"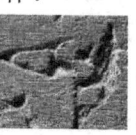"，上从"○"下从廾，古文字中多见，卜辞中作 （《甲骨文合集》13962）、 （《甲骨文合集》2795 正）。旧多释此字为"共"，然而西周时期金文"共"多作 、 、 （《新金文编》①第297页）之形，与 之间没有形体演变上的联系，《金文形义通解》已经指出释此字为"共"并无征证。②

徐中舒先生曾将此字改释为"弁"，认为字形上部的"○"为弁冕之形。③秦汉文字中"弁"作 （《十钟山房印举》3.27.7）、 （《十钟山房印举》3.27.8）、 （《马王堆帛书·五十二病方》021）。季旭昇先生指出将秦汉文字中的"弁"与甲骨金文中的 、 相对比，则知徐中舒先生的说法"宜若可从"。④

总之，从目前的研究来看，无论是将甲骨金文中的 、 释为"共"还是释为"弁"均没有确凿的证据，尤其是缺乏能够证明此字读音的例证。

字右上侧除去"爪"旁外作" "，这个形体很自然地令人想起了上文提到的甲骨文 字，只是铭文中此字的书写方向发生了变化，前文所列此字在卜辞中的写法，其方向也确是变动不居的，如： （《甲骨文合集》14220）、 （《甲骨文合集》36961）诸字。

故曾侯钟" "字应是一个从爪、从 、从 之字， 即是卜辞中旧释"𠂇"或"弁"之字， 过去也主要有释"共"或"弁"两种意见。将 、 两个偏旁的释读意见结合起来考虑，就会发现两字均有被释为"弁"的意见（准确讲这两个字形应分别是"𠬞"和"弁"，详见后文）。受此启发我们认为 有可能是一个双声字， 、 均是其声符，整个字也应释为"弁"。

《说文》将"弁"看作"冕"之或体。赵平安先生已指出这应是后世二字

---

① 董莲池：《新金文编》，北京：作家出版社，2011 年。
② 张世超等：《金文形义通解》，京都：中文出版社，1996 年，第 566—567 页。
③ 徐中舒：《对"金文编"的几点意见》，《考古》1959 年第 7 期，第 382 页。
④ 季旭昇：《说文新证》：福州：福建人民出版社，2010 年，第 716、717 页。

通用的结果，从字形来源上讲，"兑"应来源于卜辞从 ⌇（筭）、从廾的"㸚"①，而"弁"据徐中舒②及季旭昇③两位先生的意见应来源于 ▨。所以准确说来 ⌇ 应是从兑、弁的双声字，若拙说不误，则古文字中 ⌇、▨ 二字释为"弁"的意见应成立。钟铭中"⌇"旁于长弧线上增加"爪"旁，当是意符，朱凤瀚先生将此字中的长弧线看作指示"倾倒意"符号的说法就是有问题的，而赵平安先生将 ⌇ 上部的长弧线看作提梁④的说法就显得更加合理了，这也是将"⌇"看作"筭"字初文的有利证据。

---

① 赵平安：《释甲骨文中的"⌇"和"㸚"》，《新出简帛与古文字古文献研究》，第 5 页。
② 徐中舒：《对"金文编"的几点意见》，《考古》1959 年第 7 期，第 382 页。
③ 季旭昇：《说文新证》，第 717 页。
④ 赵平安：《从语源学的角度看东周时期鼎的一类别名》，《新出简帛与古文字古文献研究》，北京：商务印书馆，2009 年，第 15 页。

三、吴越文字中读为鱼部的"大"形来源试析

（一）吴越文字中的一个难题

在吴越文字中有如下一类字形（图3-1）：

A: B: C: D: E: F: G:

图3-1 吴越文字

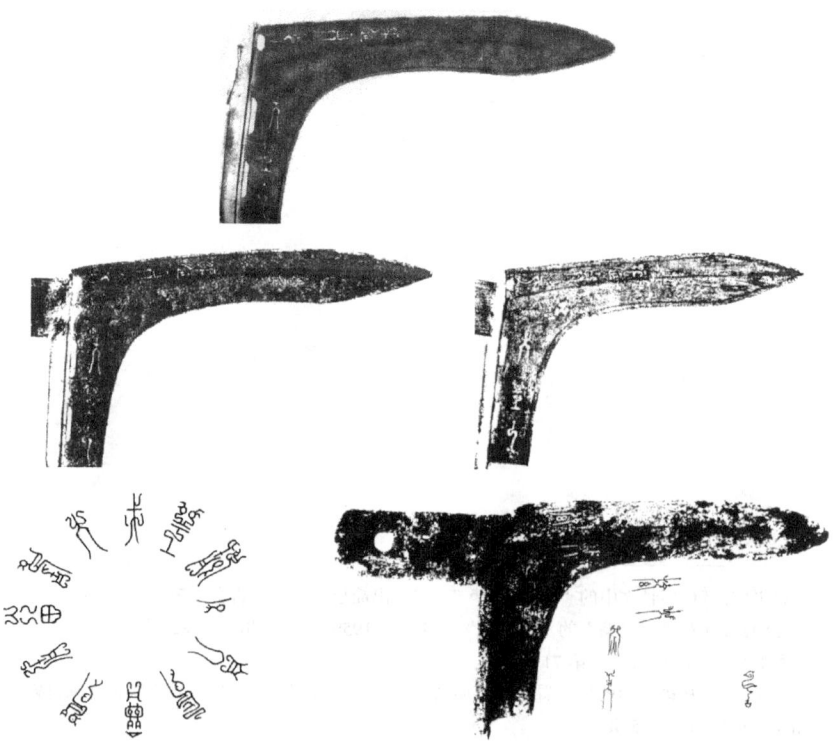

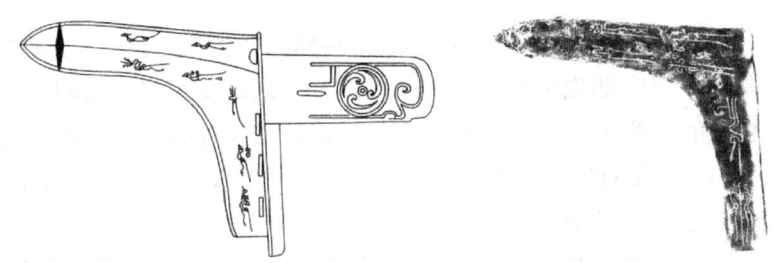

图 3-2　吴越时期青铜器及其铭文

其文例如下：

（1）A 王光趣自作用戈。（吴王光戈，《殷周金文集成》11255）

（2）B 王光趣自作用戈。（吴王光戈，《殷周金文集成》11256）

（3）C 王光趣自作用戈。（吴王光戈，《殷周金文集成》11257）

（4）戉（越）王旨殹自作金（剑），唯居蓞旨 D。（越王旨殹剑，《吴越题铭研究》图 128，《鸟虫书通考》增订版图 114）

（5）玄 E 铸戈，古（？）。（蔡①戈，《殷周金文集成》11091）

（6）幺（玄）镠 F 吕（铝）之吉用。（玄镠夫铝戈，《商周青铜器铭文暨图像集成》16921）

（7）幺（玄）镠 G 䏿（铝）②之用（蔡䚢戈，《殷周金文集成》11163）

（1）—（3）文例相同，其中的 ![]、![]、![]无疑就是一字，而在越王大（太）子矛（《殷周金文集成》11544）中"大（太）子"之"大"作 ![]（![]），金文中蔡国之"蔡"一般作 ![]（叡钟，《殷周金文集成》00092），字形是在"大"形基础上于其腿部增加"∧"形笔画。而鸟虫书中"蔡"字作 ![]（蔡公子果戈，《殷周金文集成》11147，注意放大看此字人形右腿"![]"，仍有下垂的"∧"形笔画）、![]（蔡侯剑，《殷周金文集成》11601），将鸟虫书"蔡"字的腿部笔画"∧"除去，剩余的"大"形即与上述 A、B、C 三字写法相同。故过去不少学者均将（1）—（3）释为"大王光趣自作用戈"。

"大王光趣"在它器中又作"攻吴王光軏"（《商周青铜器铭文暨图像集成》

---

① 所谓"蔡"字实际就是本文所讨论的"大"形之字，按照本文意见当改释为"胡"。为了便于查找出处，本文中的器物名称仍沿袭著录书中的旧说。

② "䏿"字释读依曹锦炎意见，参见曹锦炎：《鸟虫书通考》增订版，上海：上海辞书出版社，2014 年，第 55 页。

17921)、"攻吴王光"(《殷周金文集成》11654)、"吴王光趄"(《吴越题铭研究》图29)等。据李家浩先生研究,"訅"与"趄"均是吴王光(阖闾)的名,"訅"又是"趄"的通假字,吴王自称"光趄"是将名字连称。① 戈铭"大王光趄"之"大(🕴)"无疑对应的就是"吴王光趄"之"吴","吴"为何写作"大(🕴)"目前大致有如下几种解释:

（1）容庚先生提出吴王光鉴、攻敔王夫差鉴中"吴"字从大从口,则戈铭"大"即是省略口旁的吴字②,施谢捷先生从此说。③ 简言之,就是将"大"看作"吴"之省。

（2）黄锡全先生认为此处"大"同"夫",而"夫"又假借为"吴"④。

（3）曹锦炎先生认为"大"如字读,"大王"是对王的尊称。⑤ 李学勤先生也有类似的说法,认为"大王"是吴国的僭称。⑥

（4）李家浩先生⑦、董珊先生主张将"🕴"改释为"舁"(举字的表意初文),进而将舁读为吴。⑧

以上几家的说法看似在理,实则均有问题。第（1）种说法将戈铭"大"看作"吴"之省,但是并没有充实的例证;有不少学者都提出过"大""夫"本同形,后来分化的看法⑨,第（2）种说法即建立在此说之上,较有道理⑩,但是从文字形体的角度看,却同样存在问题(详见下文);若依第（3）种意见将"大王"看作尊称,那么为何此种称呼仅见于吴王阖闾一人的自称之中?

---

① 李家浩:《攻敔王光剑铭文考释》,《著名中年语言学家自选集——李家浩卷》,合肥:安徽教育出版社,2002年,第53页。李学勤还提出"訅""趄"读为语首助词"爰"的说法,理由并不充分,恐难成立,详见李学勤:《通向文明之路》,北京:商务印书馆,2010年,第143页。

② 容庚:《鸟书考》,刘庆柱、段志洪、冯时主编:《金文文献集成》第二十九册,北京:线装书局,2005年,第136页。

③ 施谢捷编著:《吴越文字汇编》,南京:江苏教育出版社,1998年,第542页。

④ 黄锡全说转引自曹锦炎:《鸟虫书通考》增订版,上海:上海辞书出版社,2014年,第49页。曹锦炎在《鸟虫书通考》增订版中将诸件玄镠戈中的"大"看作"夫",又与黄锡全的看法一致。

⑤ 曹锦炎:《鸟虫书通考》增订版,第63页。

⑥ 李学勤:《吴王光几件兵器的释读》,《通向文明之路》,北京:商务印书馆,2010年,第143页。

⑦ 李家浩:《攻吴王光訅剑与虡王光趄戈》,中国古文字研究会、中华书局编辑部编:《古文字研究》第十七辑,北京:中华书局,1989年,第138页。

⑧ 董珊:《吴越题铭研究》,北京:科学出版社,2014年,第29页。

⑨ 裘锡圭:《文字学概要》修订本,北京:商务印书馆,2013年,第6页;季旭昇:《说文新证》,福州:福建人民出版社,2010年,第815页。

⑩ 吴王夫差剑(《殷周金文集成》10296)铭文载:"攻吴王🕴(大)差择厥吉金,自作御鉴。"器主无疑就是春秋历史上赫赫有名的吴王夫差,"夫差"之"夫"写作"大"形。而另外几件吴王夫差剑(《商周青铜器铭文暨图像集成》15059—15063、《商周青铜器铭文暨图像集成续编》1000)器主之名则写作"🕴(夫)差",这应该就是大、夫同形的例证。

且其他铜器中此类似"大"形的形体，仍然无法按照这种说法进行解读，故第（3）种说法同样有误；A、B、C 三种字形中"大"形的手臂上扬，符合"举"意，但是鸟虫书中"虞"字作 ，除去"虍"头剩余偏旁与上述形体并不相同，故第（4）种说法也不可信。

例（4）"戉（越）王旨殹自作金（剑），唯居菖旨 D。"越王旨殹就是越王殹，在铜器铭文中又称"越王不光"，"不光"传世文献中又作"不扬"，"光""扬"音近通假。"唯居菖旨 D"曹锦炎先生释为"唯尸（夷）邦旨大"，认为"夷邦"指蛮夷之邦，此处是越王自称属于蛮夷之邦。"旨"读为"稽"，训为考核。"唯夷邦稽大"意即夷邦之中数我最大。[①] 董珊先生将此句改释为"唯居菖旨與"，认为"與"即是"虞"，铭文中读为吴。"菖"读为"茅"，指茅山，即会稽山，"居菖（茅）旨（稽）與（吴）"意居茅山而考治吴，实即居越都会稽而兼领吴都姑苏之意，铭文反映了越王殹迁吴前后的历史事实。[②]

"居"、"菖"、D 三字是两家释读分歧所在，字左从"尸"右侧尚有"古"旁，释为"居"较为合适。下从田、上从中两家均无异议，若将中间部分释为羡符则此字当释为"邦"（《说文·邑部》所载"邦"之古文作 ）。字在越国铭文中出现多次，其中《殷周金文集成》11656 著录有一把剑（铭文参见图 3-3），董珊先生将剑首铭文释为："旨邵豕菖亓（之）邵（造）金（剑），唯尻（处）谷之居。"指出铭文中的"旨邵豕菖"即是器主之名，"旨"为越国之姓，"邵豕菖"是越王殹（不光）之子。文献记载其名为"无颛"，《竹书纪年》则作"菼蠋卯"，"邵豕菖"即是"菼蠋卯"的对音。"邵""菼"宵谈对转，"豕""蠋"音近，"菖""卯"声符相同。[③]

图 3-3 古剑剑首铭文拓片

董先生对剑铭器主"旨邵豕菖"的考释当可信，由此也可知" "确应释

[①] 曹锦炎：《鸟虫书通考》增订版，第 122、129 页。
[②] 董珊：《吴越题铭研究》，第 60 页。
[③] 董珊：《吴越题铭研究》，第 71—72 页。

为"蕾",则例(4)后半句确为"唯居蕾旨D"无疑。"D"字从字形上讲与A、B、C三字全同,也即是"大"形。但是在(4)铭文中若释为"大"则"唯居蕾旨大"难以解读,若将"大"释为"吴",则依董珊先生意见解释铭文就会非常顺畅。

例(5)—(7)中"幺(玄)E""幺(玄)镠F吕(铝)""幺(玄)镠G昍(铝)"数语,所对应的无疑是金文常见的"玄膚"(玄膚之用戈,《商周青铜器铭文暨图像集成》16790)、"幺(玄)镠膚吕(铝)"(郐公牼钟,《殷周金文集成》00149)。"玄""膚"均是形容金属颜色之词,"镠""铝"意指金属。《尔雅·释器》:"黄金谓之璗,其美者谓之镠。"① 从文意上说E、F、G三字似均应读为"膚"。② 施谢捷先生将此三字释为"夭"③,与字形不合。

讨论至此便可发现,以上例(1)到例(7)中的A至G诸字若仅从字形出发则应当释为"大",但是若从文意出发则又必须读为"夫""吴""膚"之类的鱼部字才能疏通文意。这类"大"读为鱼部字的现象,就我们所见吴越文字中还有不少,《鸟虫书通考》中《玄镠戈研究》章所列即有多例,可以参看。上文已经罗列了容庚、黄锡全、曹锦炎、李家浩、施谢捷、李学勤、董珊等几位先生对于吴越文字中"大"形之字,为何有时需要释读为鱼部字的看法。我们也简单分析了将"大"看作"吴"字省形,改释为"舆"或"夭"是不可信的,目前看来将"大"看作"夫"之同形字或许是最合理的说法。近年来古文字中"胡"字的释出以及旧释为"矢"之字的改释,为解决这个问题提供了新的线索。

(二)"胡"字的考释及其形体演变

卜辞中有字作![图](《甲骨文合集》14128 正)、,其简体作,金文中亦有一个常见的"![图]"(叔夨鼎,《商周青铜器铭文暨图像集成》02419)字,过去多将甲骨金文中的这类字释为"矢"。李伯谦④、李学勤⑤、陈剑等先生均指出金文中的"![图]"常读为虞

---

① 李学勤主编:《十三经注疏·尔雅注疏》,北京:北京大学出版社,1999 年,第 148 页。
② 曹锦炎:《鸟虫书通考》增订版,第 55 页。
③ 施谢捷编著:《吴越文字汇编》,第 548 页。
④ 李伯谦:《叔夨方鼎铭文考释》,《文物》2001 年第 8 期,第 39—42 页。
⑤ 李学勤:《叔虞方鼎试证》,上海博物馆编:《晋侯墓地出土青铜器国际学术研讨会论文集》,上海:上海书画出版社,2002 年,第 249 页;李学勤:《中国古代文明研究》,上海:华东师范大学出版社,2009 年,第 150 页。

国以及唐叔虞之"虞",陈剑先生进一步指出卜辞中的 ▨,字形所强调的是人颔下的赘肉,再联系到此字的读音,此字应即"狼跋其胡"之"胡"的本字。① 谢明文先生在陈先生之说的基础上进一步指出,金文中 ▨(衡,番生簋盖,《殷周金文集成》04326)、▨(献,王孙诰钟,《商周青铜器铭文暨图像集成》15608)、▨(献,王孙诰钟,《商周青铜器铭文暨图像集成》15609)、▨(献,王孙诰钟,《商周青铜器铭文暨图像集成》15615)、▨(瑚琏,考母壶,《殷周金文集成》09527)等字所从的 ▨、▨、▨、▨均应是"胡"字。而"衡"在金文以及战国文字中又作 ▨(毛公鼎,《殷周金文集成》02841)、"▨"(《清华简三·良臣》简2),所从的"胡"旁又讹变为了"大"和"矢"。②

经过陈剑、谢明文两先生的研究,"胡"字的构形以及形体演变已经大致清晰,为了后文讨论的需要,这里再对"胡"由 ▨至大的演变过程进行一下梳理。与王孙诰钟一起出土于河南信阳下寺楚墓的还有数件王子午鼎,鼎铭中同样有"献"字,但是写法与钟铭有别,其字形如下:

a: ▨(《商周青铜器铭文暨图像集成》02468)、b: ▨(《商周青铜器铭文暨图像集成》02469)、c: ▨(字形残去下部,《商周青铜器铭文暨图像集成》02471)、d: ▨(《商周青铜器铭文暨图像集成》02472)、e: ▨(《商周青铜器铭文暨图像集成》02473)、f: ▨(《商周青铜器铭文暨图像集成》02474)

这六个字形的"胡"旁均作双手上举之形,这一点与前文讨论的吴越文字中的 A 至 G 诸字相同。王子午鼎中的"献"字按照"胡"及其变体写法的不同可以分为三类:

第一类"胡"保留较原始的写法,代表字形是 a、d,此二字"胡"旁上部作"▨""▨",赘肉之形"▨""▨"仍然存在;

第二类"胡"旁已经讹变为"大",代表字形是 b、c,此二字"胡"旁上部作"▨""▨",赘肉之形消失不见,遂与"大"形混同;

---

① 李学勤提出 ▨是"虞"的本字,字形象人正立侧首伺望警备之形,然而散氏盘(《殷周金文集成》10176)中"虞"与 ▨同见,故释此字为"虞"难以成立。陈剑之说在讲课过程中提出,此说后正式发表。参见陈剑:《据〈清华简(五)〉的"古文虞"字说毛公鼎和殷墟甲骨文的有关诸字》,李宗焜主编:《古文字与古代史》第五辑,台北:"中央研究院"历史语言研究所,2017年,第281—286页。

② 谢明文之说参见袁伦强:《释"扶"》,《第六届出土文献与比较文字学全国博士生学术论坛论文集》,西南大学,2016年,第154页。

第三类字形"胡"旁变形音化为"夫"，代表字形是 e、f，其中"胡"旁上部作" "" "，其上部" "" "于"大"形之上增加"一"形笔画遂变为"夫"，"夫""猷"古音同在鱼部。

综上所述，"胡"字在省略了表示赘肉之形的符号" "后，开始变形为" "，此字过去长期被误释为"矢"，今知其非。若" "上部的歪头之形变成直线，"胡"字形体就进一步讹变为了"大"（ 、 ），后来在"大"形的基础上又产生出了"夫""矢"等讹变字形。"胡"字的形体演变，大致可以绘制为如图 3-4：

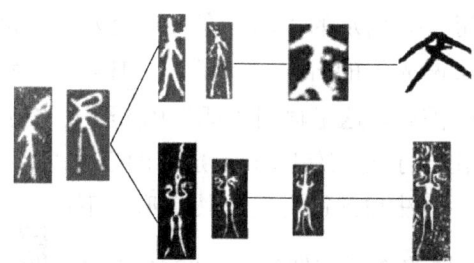

图 3-4 "胡"字的形体演变

（三）吴越文字中读为鱼部之"大"形当是由"胡"字演变而来

讨论完了"胡"字的形体演变，再回过头来看上文提及的吴越文中的 A 至 G 诸字，其中 A： （ ）、B： 、C： 、D： （ ）、E： （ ）几形与王子午鼎中第二类写法（即"胡"旁讹变为"大"的写法）的"猷"形体 b： （《商周青铜器铭文暨图像集成》02469）、c： （《商周青铜器铭文暨图像集成》02471）所从的"胡"旁" "" "完全相同，这是我们认为吴越文字中读为鱼部字的"大"形之字当释为"胡"的第一条证据。

吴越文字中旧释为"大"的 G 形，原篆作" "，其头部放大作" "，可见人形的头部有"◇"形符号，《殷周金文集成》将此字头部摹写作" "，忽略了这一点。或许有人会怀疑此字上部的"◇"仅是残泐，这里可以提供一条证据反驳。我们使用 PS 标尺工具，以戈铭拓片右侧援部边缘为基准（图 3-5 中的 H 线），将戈铭垂直摆直。这样就会发现戈铭之字在水平方向上是完全同高的，图 3-5 中 A 线为两行首字"玄""大（胡）"的上部边缘，C 线为二字的下部边缘，二字的上下两端正好在同一水平线上，这不大可能是巧合，应是铭文铸作时有意为之的。若将"大"形上部的"◇"看作残泐，则二字就变得不等高（图中 B 线即是将"◇"去掉后的二字高度对比），从这个方面看，《殷周金文集成》的摹本是有问题的。目前来看似乎只有曹锦炎先生将此字摹写作"▮"，头部作"▮"形①是最准确的。

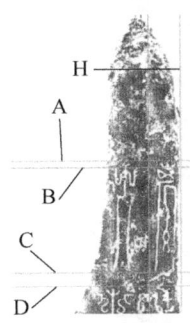

图 3-5　吴越文字中旧释为"大"的文字

而"▮"头部作"▮"不正是王子午鼎"猒"字第一类写法中的"胡"旁么？王子午鼎中此类写法的"胡"头部作"▮"，与"▮"恰好完全相同，这是有利于我们观点的又一条证据。将吴越文字中读为鱼部字之"大"看作"夫"的同形字，固然符合古文字阶段"大""夫"通用的事实，也能很好地解决此类字在吴越文字中的训读问题，但是玄镠膚铝戈（《商周青铜器铭文暨图像集成》16921）中所谓的"大"字头部作"◇"形，说明此字与"大"确实有别。

从语音上来说，"胡"是鱼部字，与"夫""吴""膚"三字韵部相同。古文字资料本身也可证明三字音近可通：

（1）"猒"本从"胡"声，后换声符为"夫"这一点可以证明"胡""夫"音近；

（2）"吴"字古文字作"▮"，下部的偏旁即是"胡"，"胡"也当是其声符②；前文已述"胡"在金文中常读为虞国之虞，而"虞"是从"虍""吴"双声之字，更可证明"胡"与"膚""吴"音近。

综上，吴越文字中旧被认为是"夫"之同形字或释为"舁"的"大"形之

---

① 曹锦炎：《鸟虫书通考》增订版，第 55 页。
② "吴"下部所从为其声符由李学勤提出，只是李先生将"胡"误释为"虞"，李学勤：《中国古代文明研究》，第 150 页。

字,形体上完全可以与王子午鼎"獸"字所从的"胡"旁吻合无间。从语音上说"胡"与"夫""膚""吴"古音接近,完全符合此字在吴越文字中的用法。结合这几个方面的论述,我们认为此字的形体当即来源于甲骨文以及早期金文中的"胡"字。

四、说字杂记

（一）试说一个变形音化字

刘钊先生指出：

> 变形音化，是指文字受逐渐增强的音化趋势的影响，将一个字的形体的一部分，人为地改造成与之形体相接近的可以代表这个字字音的形体，为了更清楚地表示这个字字音的一种文字演变规律。①

变形音化是非常普遍的汉字演变现象，很多学者均指出过古文字中变形音化的具体例证，笔者在学习过程中对此类现象也多有留意，偶有所得，草就成文，敬祈方家指正。

《说文·月部》云："霸，月始生霸然也。承大月，二日；承小月，三日。从月䨣声。"②据黄锦前、张新俊先生的总结③，金文中"霸"字的形体可以划分为四类：

（1）从雨、从革、从月，如：▨（作册胡令簋，《殷周金文集成》04300）、▨（豆闭簋，《殷周金文集成》04276）。

（2）从雨、从革，月旁讹变为"▨"，如：▨（辰在寅簋，《殷周金文集成》03953）、▨（颂簋，《殷周金文集成》04339）。

（3）从雨、从革、帛声，如：▨（师奎父鼎，《殷周金文集成》02813）。

（4）从雨、格（或各）声，如：▨（曾仲大父螽簋，《殷周金文集成》

---

① 刘钊：《古文字构形学》，福州：福建人民出版社，2016年，第109页。
② （汉）许慎：《说文解字》，北京：中华书局，1963年，第141页。
③ 黄锦前、张新俊：《说西周金文中的"霸"与"格"——兼论两周时期霸国的地望》，《考古与文物》2015年第5期，第106页。

04203)、▨(霸伯簋,《考古学报》2018年第1期,第103页)。

大河口墓地所出的霸伯盂(M1017:6)铭文中的"霸"字从清晰拓片来看,作"▨(霸)"形,其形体从雨、从月、从东,不在以上四种类型之中。黄锦前、张新俊先生以为其中的"东"为"革"形之讹①,这个说法有一定道理,但是并不全面,按照我们的理解,"革"变为"东"当是变形音化。

"革"金文中一般作:▨(康鼎,《殷周金文集成》02786)、▨(师酉簋"勒"字所从,《殷周金文集成》04288)、▨(潘生簋盖"鞞"字所从,《殷周金文集成》04326),与"东"字形体并不相近。"霸"字从"革"的形体多见,如:▨(兮甲盘,《殷周金文集成》10174)、▨(丰作父辛尊,《殷周金文集成》05996)、▨(颂鼎,《殷周金文集成》02829)。其中的"革"旁与"▨"也不接近,但是"霸"在作册大方鼎(《殷周金文集成》02759)作▨、在御史竞簋(《殷周金文集成》04134)作▨,其所从"革"旁作▨、▨,这两个形体上部似"革",其下部的▨、▨与"▨"倒是又有几分相似。似乎可以理解为"霸"字由从▨(革)向从▨(东)演变的中间环节,但是"东"作为"霸"的偏旁应如何理解呢?

我们认为"▨(霸)"字的偏旁"▨",当理解为"橐",应是"霸(霸)"字的声符。"东""束""橐"三字关系密切,从字形上看,"东"作▨(《甲骨文合集》25362),"束"作▨(《甲骨文合集》893正),"橐"作▨(《甲骨文合集》9423反)②,《古文字谱系疏证》说:"东,是束的因声指事字,▨加一横笔为指事符号即成为▨。"又说:"束,象囊橐束缚其两端之形。"③从字音上说,"束""东"屋部、东部对转,"东"又与"橐"双声。

《字源》一书指出:▨既是"束"的初文也是"橐"的初文,"东方"之"东"无形可像,故借音近之"束"字来表示。④

《同源字典补》则说:橐象无底之囊两端以绳束之之形。后借为东西之东,另造橐字。⑤

徐中舒亦指出:东古橐字,《埤仓》曰:"无底曰橐,有底曰囊。"《仓颉

---

① 黄锦前、张新俊:《说西周金文中的"霸"与"格"——兼论两周时期霸国的地望》,《考古与文物》2015年第5期,第105页。
② 以上"东""橐""束"诸字卜辞中的字形均采自刘钊主编:《新甲骨文编》增订本相关字条,福州:福建人民出版社,2015年。
③ 黄德宽主编:《古文字谱系疏证》,北京:商务印书馆,2007年,第993、997页。
④ 李学勤主编:《字源》,天津、沈阳:天津古籍出版社、辽宁人民出版社,2013年,第543、556页。
⑤ 刘钧杰:《同源字典补》,北京:商务印书馆,1999年,第58页。

篇》曰："橐，橐之无底者也。"实物橐中括其两端，■形象之。鼎文重字作■，象人负橐橐形以贮物。物，后世谓之东西，东西者，橐之转音也。①

由上述几家意见可知"东""束""橐"三字形体、读音均有密切关系。

金文"重"字作：■（癸重觚，《殷周金文集成》06840，商代）、■（重鼎，《殷周金文集成》01003）、■（重爵，《殷周金文集成》07366）。象人背负重物——橐囊之形，癸重觚中"橐囊"与"人"之间还有两道"一"连接，以示背负之意。以上字形中的橐囊"■""■"与霸伯盂铭文中"■"字所从的"■"完全同形，因此我们有理由相信"■"可以理解为"橐"。在霸伯豆中"霸"字还写作"■"（《考古学报》2018年第1期，第110页）），除去雨旁与月旁，剩余一个"■"形偏旁，■与卜辞中"橐"作■（《甲骨文合集》9423反）形体近似，无疑也应理解为"橐"。这个字形可与前文盂铭中"霸"字从"东（橐）"互证。

"橐"上古为透母铎部字，"霸"为帮母铎部字，二字韵部相同，声纽一为唇音一为舌音，发音部位相近，"橐"当即"霸"字的声符。"霸"字将其所从的"革"旁改变为"橐"，也应属于文字演变过程中的变形音化。其演变过程大致如下：

■（潘生簋盖）—■（作册大方鼎）、■（御史竞簋）—■（霸伯盂）、■（霸伯豆）

此外，《说文新证》"橐"字收录有甲骨文和秦简、汉简中的字形②，《古文字谱系疏证》"橐"字仅收录秦文字中字形③，《字源》一书同样只有"橐"字商和秦文字中的字形。④若我们推测的"䨣（霸）"字所从之"■"即为"橐"字能够成立，则可以为"橐"字的演变补充西周时期的字形资料。

（二）试说一个省声字

所谓省声就是造字或用字的人，为求字形的整齐匀称和书写的方便，把某些形声字的声旁的字形省去了一部分。⑤此类现象在古文字中颇为常见⑥，正确分析省声字有利于古文字的考释，以及理清汉字演变的脉络与规律。笔

---

① 徐说参见李孝定、周法高、张日昇编著：《金文诂林附录》，香港：香港中文大学出版社，1977年，第210、211页。
② 季旭昇：《说文新证》，福州：福建人民出版社，2010年，第529页。
③ 黄德宽主编：《古文字谱系疏证》，第1532页。
④ 李学勤主编：《字源》，第557页。
⑤ 裘锡圭：《文字学概要》修订本，北京：商务印书馆，2013年，第156页。
⑥ 省声字的分类以及诸多例证可以参看裘锡圭：《文字学概要》修订本，第156—160页。

者在近出金文的整理过程中亦发现一省声字之例,撮述如下,以求正于同好。

山西翼城大河口霸国墓地出土的霸伯簋(《考古学报》2018 年第 1 期,第 103 页)器盖同铭,其铭文云:

> 唯十又一月,井(邢)叔来蔑,迺蔑露(霸)伯厤,事伐,用啚(鄙)二百,井(?)二穛(粮),虎皮一。霸伯拜稽首对杨(扬)井(邢)叔休,用作宝簋,其万年子子孙孙其永宝用。

"厤"原篆作"▇"(盖)、"▇"(器),从厂、从木、从水,隶定为"厤"当无可疑,从文例上看"厤"毫无疑问当释为金文中常见的"蔑曆"之"曆"。然而此字的构形该如何分析,则尚有疑问。

王保成先生指出从辞例看"厤"即"曆",是"沥"字省简[①];

李发先生引庚嬴鼎(《殷周金文集成》02748)中"历"作"▇"为证,认为"厤"可能是由▇异写而来。[②]

以上两家说法均有可商之处,王保成先生将"厤"看作"沥"之省简,仅是出于推测,并无确凿证据。庚嬴鼎铭文目前仅有摹刻本传世,同人所作的两件庚嬴卣(《殷周金文集成》05426、《商周青铜器铭文暨图像集成》13338)则有拓本传世,两件卣铭中"历"分别作"▇"(《殷周金文集成》05426 盖)、"▇"(《殷周金文集成》05426 器)、"▇"(《商周青铜器铭文暨图像集成》13338)。三字均是从厂、从林(上部已开始弯曲向"秝"字演变)、从甘,且庚嬴鼎"▇"字"林"旁下部有较大空白,我们推测原拓本中本当有"甘"旁,摹刻本中由于种种原因漏失了。李发先生据有问题的字形,认为"厤"是▇之异写并不可信。

要想正确分析霸伯簋"厤"字的构形理据,不得不牵涉到金文常见辞例"蔑曆"之"曆"[③]的解读。"曆"字旧说多有分歧,李守奎先生在近年新公布的清华简《系年》资料的基础上,对此字的释读提出了新的看法,其观点大致如下:

(1)"曆"字见于《系年》简 14 作▇、▇之形,参照文例知当读为"飞廉"之"廉",由此知"曆"的读音当与"廉"接近。

(2)楚国私玺▇中,"曆"字异体作"▇",上部的"厂"作"厈",当是

---

① 王保成:《翼城大河口霸伯簋试解》,《中原文物》2013 年第 2 期,第 45 页。
② 李发:《山西翼城近出西周霸伯簋补释》,张显成主编:《继承与创新——庆祝西南大学汉语言文献研究所建立三十周年论文集》,重庆:西南师范大学出版社,2014 年,第 53 页。
③ 此字各家或隶定为"曆""历""曆",本文采用隶定为"曆"的意见。

"石"旁之变。

（3）"厤"早期从埜或林，后来"林"讹变为"秝"。

（4）"厤"早期的形体从"甘"，后来讹变为"口"。"甘"与"厤"音近，当是"厤"字的声符。

（5）由上述几点可以推出"厤"当即《说文》中"厱"字，意为"厉（砺）石"或"赤色"。"厤"在金文"蔑厤"一语中当读为功业之"业"，"蔑厤"意即夸耀、赞赏功业。①

李先生据新出楚简确定了此字的读音，又据楚玺印以及"厤"字在金文中的形体演变确定了其偏旁本源，其说较有道理。既然已知"厤"从"甘"声，而古书中"甘"、"林"二字音近可通，如：

《史记·袁盎晁错列传》云："噤口不敢复言也。""噤"，《汉书·晁错传》作"拑"。"拑"从"甘"声，而"噤"从"林"声。又《说文解字注》载："厱，厉石也，与厰音义略同。"而"厰"从"佥"声，"佥"亦可与"林"声之字通假。《史记·司马相如列传》云："嬐侵浔而高纵兮。"司马贞索隐："汉书'嬐'作'僸'。""嬐""僸"一从"佥"声一从"林"声。②

凡此皆可证"甘"、"林"音近，由此看来"厤"字早期所从的"林"旁也当理解为声符。在大河口墓地与霸伯簋同墓所出的霸伯盂中（霸伯盂、霸伯簋出自同一墓葬1017号墓，器主又均自称霸伯，理应是同一人，则二器当是同人所作，铭文资料见《商周青铜器铭文暨图像集成》06229、《考古学报》2018年第1期，第116页），铭文言：

王史（使）伯考蔑尚 （厤、厤）……命宾曰："拜稽首天子蔑，其亡（无） （厤、厤），敢敏。"

"厤"字出现两次，均作"厤"形，厤无疑应是从石、林声之字，盂铭文例表明厤无疑是用为"厤"的，这个字形的出现也可以表明"林"是"厤"字的声符。

讨论至此，再回过头来看霸伯簋中写作"厤"形的"厤"字，其形体当分析为从厂（石）、从水、林省声。上文引李守奎先生之说"厤"即"厱"字，意为磨石。在现实生活中使用磨石，常需要在其表面施水以增加摩擦力，从而更好地起到打磨的效果，"厤"字从"水"或即取此意。至于"木"旁若按

---

① 李守奎：《汉字学论稿》，北京：人民美术出版社，2016年，第133、134页。
② 张儒、刘毓庆：《汉字通用声素研究》，太原：山西古籍出版社，2002年，第1004、1048、1051页。

其本形理解则其与"磏"音义似均无涉,考虑到"蔑曆"之"曆"多从"林"声。故"木"旁极有可能当是"林"字省声,尤其是同墓所出霸伯盂中"厤"字的出现,更能证明这一点。之所以将"林"省去一个"木",当是为了给"水"旁腾出位置,从而使字形结构达到匀称美观的目的。这与"夜"作 ■(师酉簋,《殷周金文集成》04288.1),声旁"亦"省作 ■ 以安置"夕"旁是同样的道理。

(三)试说一个会意兼形声字

卜辞中有字作:

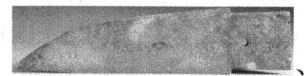(《甲骨文合集》30946)、(《甲骨文合集》30945)

王子扬先生从文例类比的角度,证明此字当是"祼"之异体字①,其说可信。但是王先生将"戈"理解为此字的声符,可能是不够全面的。

先秦时期的墓葬遗址中常出土一种戈形玉器(图3-6),其称名旧多无一致意见。1985年,安阳殷墟刘家庄出土了多件带有朱书文字的玉戈,其自名用字作 ■、■、■ 等形。②

图3-6 先秦时期墓葬中的戈形玉器

王辉先生指出其中的"土"形偏旁乃是"圭"字,"戈"为其意符。③李学勤先生则将"■"字隶定为"珳",认为其左下所从为"玉",而省去一横笔,"珳"当为玉戈之专字,写有朱书文字的此类戈形器(或称璋),是祼礼所用,为祼玉的一种。④王辉、李学勤两位先生的意见其实是均应成立的。戈形玉器其实就是圭,孙庆伟先生指出:

> 从本质讲戈(按:指玉戈)与圭并无区别,两者仅存在着制作工艺上区别……当一件形状为"戈"的瑞玉完成后,为区别于其日常用器以

---

① 王子扬:《释卜辞中从"戈"之"祼"》,复旦大学出土文献与古文字研究中心网站,2011年7月4日,http://www.gwz.fudan.edu.cn/Web/Show/1578。
② 孟宪武、李昌贵:《殷墟出土的玉璋朱书文字》,《华夏考古》1997年第2期,第72页。孟、李两位先生在文中称此类玉戈为"玉璋",并已经推测出 ■ 是其自称。
③ 王辉:《殷商玉璋朱书"珳"字解》,吉林大学古文字研究室编:《于省吾教授百年诞辰纪念文集》,长春:吉林大学出版社,1996年,第64页。
④ 李学勤:《重写学术史》,石家庄:河北教育出版社,2002年,第59页。

示珍重，故被赋予新名而称为"圭"。①

"戈"与"圭"读音同样接近，战国文字中有以"戈"为"圭"之叠加声符的例证。②以上几家的意见可以说明，出土文物所见的玉戈其实就是文献中常常记载的玉圭。"圭"在先秦礼仪活动中占有重要的地位，孙庆伟先生对此有详论，可以参看。③

卜辞中有如下两例：

（1）惠旧瓒用五十。(《小屯南地甲骨》2621）

（2）丙申卜：惠兹戈用于河▢惠旧戈[用于]河。(《甲骨文合集补编》10641）④

"瓒"即是祼礼过程中使用的玉器，常用的有圭、璋等玉器。⑤两条卜辞相对比，可知第 2 条中的"戈"是指玉戈也即"圭"⑥。这条卜辞应是占问献祭于河时是使用兹玉戈还是使用旧玉戈。

《商周青铜器铭文暨图像集成》19761 著录有一件玉戈（圭），器形与文字如图 3-7 所示：

图 3-7　《商周青铜器铭文暨图像集成》收录玉戈（圭）及其铭文拓片

---

① 孙庆伟：《出土资料所见的西周礼仪用玉》，《南方文物》2007 年第 1 期，第 51、52 页。

② "戈""圭"音近参见何琳仪：《战国古文字典——战国文字声系》，北京：中华书局，2007 年，第 741 页；陈剑亦有二字读音相近的看法，参见陈剑：《说殷墟甲骨文中的"玉戚"》，复旦大学出土文献与古文字研究中心网站，2009 年 9 月 11 日，http://www.gwz.fudan.edu.cn/Web/Show/902；虞万里对歌支二部音近有过专门论述，参见虞万里：《从古方音看歌支的关系及其演变》，《榆枋斋学术论集》，南京：江苏古籍出版社，2001 年，第 1 页。

③ 孙庆伟：《出土资料所见的西周礼仪用玉》，《南方文物》2007 年第 1 期。

④ 释文参照方稚松意见，其说参见方稚松：《释殷墟花园庄东地甲骨中的瓒、祼及相关诸字》，《中原文物》2007 年第 1 期，第 83—86 页。

⑤ 何景成：《试论祼礼的用玉制度》，《华夏考古》2013 年第 2 期，第 87 页。

⑥ 方稚松：《释殷墟花园庄东地甲骨中的瓒、祼及相关诸字》，《中原文物》2007 年第 1 期，第 85 页。

卢方☒入戈五。①（《商周青铜器铭文暨图像集成》19761）

"卢方☒入戈五"之"戈"，无疑就是指载有铭文的这件玉戈（圭）。考古工作者还通过分析与《商周青铜器铭文暨图像集成》19761同出的各件玉戈，推测出了铭文"戈五"的另外四件②，可知铭文记载当可信。

李学勤先生还曾指出在殷礼中玉戈（圭）的纳献有着深刻的礼仪因素。商代卜辞以及金文中有如下几条例证（释文依李先生意见）：

（1）丙寅卜，丁卯子劳辟，再黹圭一绋（珥）九，在𠂤，来狩自𠥏。（《殷墟花园庄东地甲骨》480）

（2）丁卯卜，子劳[辟，再黹]圭，在𠂤，狩[自]𠥏。（《殷墟花园庄东地甲骨》363）

（3）其钺戈一绋（珥）③九。（《甲骨文合集》29783）

（4）乙卯，子见，在太室，白□一绋（珥）琅九，出百牢。（子黄尊，《殷周金文集成》06000）

李先生解释说：

"再"意思是举，"黹"本意是绣文，"黹圭"大约是一种有纹饰的玉圭。丙寅日是卜第二天劳王，要进献一件玉圭、九件玉珥。到丁卯日再卜，是问能否只献一件玉圭。一件玉圭、九件玉珥，这在"殷礼"中肯定有特殊意义。④

子黄尊中的"见"亦应读为"献"，"子见，在太室"意思是：子在太室向王献礼。"圭一绋九"可能是当时臣子进献天子的固定玉器组合和数量。既已知道"戈"有玉戈意，而"玉戈"即是"圭"，那么上文几条文例中的"圭一珥九"、"戈一珥九"无疑就是一回事。这可以充分说明商代文字中"戈"有时是指"玉戈"也即"圭"而言的。

再回过头来看卜辞中的"☒"（祼）字，"戈""祼"音近（王子扬先生文

---

① 拓本较为模糊，释文据中国社会科学院考古研究所编著：《殷墟妇好墓》（北京：文物出版社，1980年）一书第131页意见。
② 中国社会科学院考古研究所编著：《殷墟妇好墓》，北京：文物出版社，1980年，第139页。
③ 此字旧或释为"斧"，参照上下几条例证知释为"绋"更合文意。
④ 李学勤：《从两条〈花东〉卜辞看殷礼》，《文物中的古文明》，北京：商务印书馆，2013年，第127页。

中已有详论，此不赘述），"戈"作此字的声符自然是毫无问题，但是若联系到文献中记载的"祼用圭瓒"，再结合上文所述"戈"有"玉戈"（圭）之意，那么▨字中的"戈"旁似乎也有成为"意符"的可能。因此准确地讲，"戈"在这个"祼"字异体中当是"意符兼音符"，也就是说卜辞中的"▨"字似乎应理解为会意兼形声字。

（四）也说"吉"字

"吉"是古文字中的常用字，但是此字的构形理据却一直众说纷纭，近年来卜辞中"圭"字的释出为该字的形体分析提供了新的线索。"吉"在卜辞中作：▨（《甲骨文合集》5251，宾组）、▨（《甲骨文合集》5256，宾组）、▨（《甲骨文合集》27846，何组）、▨（《甲骨文合集》27863，何组）、▨（《甲骨文合集》28203，无名组）、▨（《甲骨文合集》37530，黄组）、▨（《甲骨文合集》36975，黄组）

有学者认为"吉"字在甲骨文中的形体应划分两类：一类大致作▨形，其上部偏旁为"▨"；另一类"吉"大致作▨形，上部所从为"▨"形。前一类"吉"字上部偏旁，不少学者已经指出与卜辞中的"王""士"形同。①近来孟蓬生先生提出意见，认为这类"吉"字所从的▨应是其声符，而▨又常作"金"字偏旁，应该也是金之声符。②而丁军伟先生则从卜辞分组分类的角度出发，指出在共时层面的同组卜辞中"吉"上部偏旁与同组的"王"字并不相同，过去认为"吉"从"王"是将不同组类字形进行比较得出来的不当认识，否定了"吉"上部为"王"（斧钺形）的说法，同时又引王蕴智先生的意见认为"吉"上部的"士"应该是由"圭"演变而来的。③此说较有道理。

"吉"字上部偏旁在卜辞中亦单独成字作▨（《甲骨文合集》11006 正）、▨（《甲骨文合集》18924），旧多以为是戈、斧之形。④后经劳榦⑤、王辉⑥、

---

① 林沄：《王、士同源及相关问题》，《林沄学术文集》，北京：中国大百科全书出版社，1998 年，第 22 页。
② 孟蓬生："咸"字音释——侵脂通转例说之二》，复旦大学出土文献与古文字研究中心编：《出土文献与古文字研究》第六辑，上海：上海古籍出版社，2015 年，第 733 页。
③ 丁军伟：《士、吉浅论》，《华夏考古》2018 年第 2 期，第 114 页。
④ 于省吾主编：《甲骨文字诂林》，北京：中华书局，1999 年，第 713 页。
⑤ 劳说见于省吾主编：《甲骨文字诂林》，第 712 页。
⑥ 王辉：《殷墟玉璋朱书"式"字解》，《于省吾教授百年诞辰纪念文集》，长春：吉林大学出版社，1996 年，第 64 页。

蔡哲茂①、王蕴智②等学者研究指出，卜辞中的"🔹"，以及"吉"字所从之"🔹"实际当为"圭"字，经丁军伟先生的申论，此说当无可疑。准此便可知"吉"乃是一个从圭、从口之字，过去在将"圭"误视为戈、斧之形的基础上，引发的对"吉"字形体的种种阐释便失去了立论的基点。③

在从圭、从口的基础上对"吉"字构形进行说解的，大致有以下两类意见：

（1）"口"为器皿之形，"吉"是将圭盛于器皿之中，用以礼神，会吉祥之意。主此说者有劳榦、王辉、王蕴智、高玉平、陈丹④先生等（几家说法皆参上引之文）。

（2）"口"为区别符号，"圭"有坚实的特点，加"口"分化表示坚实之意。主此说者有张玉金先生等人。⑤

张玉金先生之说承自裘锡圭先生的意见，裘先生曾认为"吉"所从之"🔹"为勾兵，而勾兵具有质地坚硬的特点，在"🔹"的基础上加区别性符号"口"旁，就产生了"吉"字以表示当坚实讲的"吉"这个词。⑥既已知"🔹"为玉圭（也即玉戈）之形，而现实当中的玉器虽为固体，但尚称不上十分坚实。尤其是在商周社会尚有青铜器、石器等硬度远高于玉器的物品存在，"坚实"恐怕算不上是玉器的显著特征，张先生的意见欠妥。

第一种意见较有道理，却显得有些迂曲。我们认为将两家的意见结合起来看，就可以得出较为直接显白的"吉"字构形理据来。"圭"是较为珍贵的玉器，本身就含有高贵、美好、吉利、嘉善等诸多意蕴，在商周社会里又被赋予了诸多礼仪内涵，在礼仪活动中又是最重要的玉器。⑦

《礼记·礼器》："圭璋特。"孔颖达疏："圭璋，玉中之贵也。"⑧

---

① 蔡哲茂：《说殷墟卜辞中的"圭"字》，中国文字学会、河北大学汉字研究中心编：《汉字研究》第一辑，北京：学苑出版社，2005年，第308页。

② 王蕴智：《释甲骨文🔹字》，中国古文字研究会、华南师范大学文学院编：《古文字研究》第二十六辑，北京：中华书局，2006年，第76页。

③ 此类说法季旭昇有总结，可以参看季旭昇：《说文新证》，福州：福建人民出版社，2010年，第96、97页。

④ 高玉平、陈丹："吉""圭"蠡测，《古汉语研究》2015年第4期，第91页。

⑤ 张玉金：《殷墟甲骨文"吉"字研究》，中国古文字研究会、华南师范大学文学院编：《古文字研究》第二十六辑，北京：中华书局，2006年，第70页。

⑥ 裘锡圭：《裘锡圭学术文集·金文及其他文字卷》，上海：复旦大学出版社，2012年，第416页。

⑦ 孙庆伟：《周代用玉制度研究》，上海：上海古籍出版社，2008年，第205页。

⑧ 李学勤主编：《十三经注疏·礼记正义》，北京：北京大学出版社，1999年，第728页。

《孟子·滕文公上》:"卿以下必有圭田。"赵岐注:"圭,洁也。"①

《诗经·大雅·崧高》:"锡尔介圭,以作尔宝。"②

《说文·土部》:"圭,瑞玉也,上圆下方。公执桓圭,九寸;侯执信圭,伯执躬圭,皆七寸;子执谷璧,男执蒲璧,皆五寸。以封诸侯。"③

孙庆伟先生还曾指出在周人的认识里,周之受天命也以玉圭为祥瑞,《墨子·非攻》:"赤鸟衔珪,降周之岐社,曰:'天命周文王伐殷有国'。"④可见古人将鸟衔玉圭作为祥瑞之兆,并与周灭殷有天下联系起来。这些文献记载均可证明"圭"本身是十分宝贵的物品,在先秦人心目中具有尊崇的地位。此外先秦墓葬中出土的诸多玉圭,也能证明"圭"的珍贵及其在礼制社会中的重要意义。

"圭"和"吉"除了意义上有联系之外,语音上也相关。上古音"圭"为见母支部,"吉"为见母质部。二字声纽相同,韵部虽有差距,但是文献中有"圭""吉"辗转相通的例证。

古书中"圭"声字可以和"益"声字相通:

《诗经·小雅·天保》:"吉蠲为饎,是用孝享。"《仪礼·士虞礼》:"飨辞曰:'哀子某,圭为尔哀荐之'。"郑注云:"圭,絜也。《诗》曰:'吉圭为饎'。""蠲"字,郑注引作"圭"。

又《周礼·秋官·蜡氏》:"凡国之大祭祀,令州里除不蠲,禁刑者、任人及凶服者。"郑注:"蠲读如'吉圭惟饎'之'圭'。"《说文·虫部》:"蠲,马蠲也。从虫目,益声。"⑤

凡此皆可证"圭""益"音近。同时"益"声字还可与"吉"声系相通,如:

《楚辞·大招》:"四酎并孰,不歰嗌只。"洪兴祖云:"嗌,一作饐。"

"嗌"从"益"声,"饐"从"壹"声,而"壹"又是从"壶"得声,《说文·壹部》:"壹,专壹也,从壶、吉声。"⑥

可见"益""吉"同样音近。通过"益"字可以将"圭""吉"二字的语

---

① 李学勤主编:《十三经注疏·孟子注疏》,第137页。
② 李学勤主编:《十三经注疏·毛诗正义》,第1213页。
③ (汉)许慎:《说文解字》,第289页。
④ 孙庆伟:《出土资料所见的西周礼仪用玉》,《南方文物》2007年第1期,第51页。
⑤ 张儒、刘毓庆:《汉字通用声素研究》,第515页。
⑥ 张儒、刘毓庆:《汉字通用声素研究》,第821页。

音建立起联系。此外在古书中从"圭"和"吉"得声之字，还可以同时与"皆"声字通假：

《尚书·禹贡》："三百里纳秸服，四百里粟，五百里米。"《经典释文》："秸，本或作稭。"《说文·禾部》："稭，禾稿去其皮，祭天以为席。从禾、皆声。"①

"秸"从"吉"声，"稭"从"皆"声，可证"吉""皆"音近。

《山海经·北山经》："是炎帝之少女，名曰女娃。"郭璞注："娃，或作阶。"《说文·女部》："娃，圜深目皃。或曰吴楚之间谓好曰娃。从女、圭声。"又《说文·阜部》："阶，陛也，从阜、皆声。"②

通过"圭""吉"与"皆"字的通假关系，也可以说明二字在读音上是有联系的。在汉字分化的过程中常会出现这样一种情况：同源分化的一组字常常在语音上有联系。例如："朿"分化出"束"，"朿"上古音为书母屋部，"束"上古音为端母东部，二字声纽同为舌音，韵部对转；"弓"加"口"旁分化出"弘"字③，"弓"为见母蒸部，"弘"为匣母蒸部，二字韵部相同；弋、朱一字分化，弋属喻纽职部，朱属书母觉部，二字均属舌音，韵部旁转。孟蓬生先生还提出过意见，认为古文字中加"口"作装饰性和区别性偏旁的字符往往与本字读音相同或相近④，我们认为"圭""吉"的关系可能也属于此类，也就是说"圭"字在增加了区别符号"口"旁后，又稍微改变其本来的读音，从而用来记录当时语言中与"圭"意义相关的词语"吉"。

总之，从"圭"本身即可引申出"美好""吉祥"之意，故在为记录"吉"这个词而创造新字的时候，人们就在"圭"字之下加区别符号"口"，又略变"圭"字读音，从而衍生出了"吉"字。这样的造字理据可能更加符合造字者的心理，理解起来也更为直接显白。

---

① 张儒、刘毓庆：《汉字通用声素研究》，第821页。
② 张儒、刘毓庆：《汉字通用声素研究》，第802页。
③ "弓"与"弘"的分化关系，参见裘锡圭：《裘锡圭学术文集·甲骨文卷》；上海：复旦大学出版社，2012年，第188页。古文字中其他的"一字分化"现象中的语音关系可以参看刘钊：《古文字构形学》第九章《古文字中的"一字分化"》（福州：福建人民出版社，2006年，124页）相关论述。
④ 孟蓬生：《说"橘"——兼论"古"字的构形本意》，华东师范大学中国文字研究与应用中心编：《中国文字研究》第2辑，郑州：大象出版社，2007年，第93页。

五、形声字丛考

据黄德宽先生统计,形声字在商代的已识字中占比为 41.9%,在所有结构类型中比率最高,到了战国时期这一比率上升至 81.38%,成为了汉字结构中的绝对多数[①],因此形声字研究对于理解汉字构形与演变具有重要意义。近来我们在整理新出商周金文资料的过程中,也发现有一些新见形声字的例子,在此整理出来,希请方家指教。

(一)夙

1977 年山东省曲阜县鲁国故城望父台春秋早期墓葬 M30 出土一件鲁伯念盨,此器后著录于《殷周金文集成》04458、《商周青铜器铭文暨图像集成》05656 等书,此件铜盨器、盖同铭,参见图 3-8:

盖:　　　　　　　　　　　　器:

图 3-8　鲁伯念盨铭文拓片

---

① 黄德宽等:《古汉字发展论》,北京:中华书局,2014 年,第 358、359 页。

其铭文可以释读为：

鲁白（伯）念用公龏（恭），其肈作其皇孝（考）皇母旅盨簋，念夙（夙）
屭（兴）用追孝，用𥛱（祈）多福，念其万年眉寿，永宝用高（享）。

器主为鲁伯念，铭文内容较为显白，各家释读并无较多争议。值得注意的是铭文"念夙（夙）屭（兴）用追孝"一语中的"夙屭"二字，《商周青铜器铭文选》云此句意为：念夙兴用追孝，念每早起追行孝道于先人。①将"夙屭"释为"夙兴"，非常准确。"夙兴"一语金文常见，本铭的"夙屭"释为夙兴应可信。但是此处的"夙"原拓作▨（盖铭）、▨（器铭），与此字常见的写法▨（史墙盘，《殷周金文集成》10175）、▨（毛公鼎，《殷周金文集成》02841）差别很大，夙古文字一般作"夙"，《说文·夕部》："夙，早敬也。从丮，持事，虽夕不休，早敬者也。"徐铉等校订《说文》时指出"今俗书作夙，讹。"②反观本铭▨字左侧为夕没有问题，但是右侧部分的"▨"难以建立起与"丮"字形演变上的关系。

"▨"旁按照我们的理解应该就是"舟"字，金文中的"舟"及从舟之字有时作▨（五祀卫鼎，《殷周金文集成》02832），与▨上部完全相同。伯密父鼎（《殷周金文集成》02487）铭文中有"逆▨使人"一语，又见坪簋（《殷周金文集成》03731）作"逆▨使"，有时还增加"水"旁作"▨"（保员簋，《商周青铜器铭文暨图像集成》05202），还有时增加宀旁作"▨"（叔趯父卣，《殷周金文集成》05429）。几件铜器铭文中的▨、▨、▨、▨辞例近似，表示的无疑应是一词。李学勤先生认为诸字应是以"舟"为声，读为"造"，逆造和使人同义，是指王的使者。③

回过头来看本铭"念夙（夙）屭（兴）用追孝"中的▨字，前文已指出其上部为"舟"旁，那么整个字形与▨、▨就应是结构相同的一个字，也应是以"舟"为声。"夙"为心母觉部字，"舟"为章母幽部字，二字声纽一为齿音一为舌音，发音部位相邻，韵部一为幽部一为觉部，阴入对转，古音应非常近似。古书中有舟、夙间接相通的证据，首先，夙和九音近相通，徐中舒先生对上古地名"九州"进行考释的时候说：

九州名称转变最繁，各书所载有种种不同。《逸周书·伊尹·献令》

---

① 马承源主编：《商周青铜器铭文选》第三卷，北京：文物出版社，1988年，第243页。
② （汉）许慎：《说文解字》，北京：中华书局，1963年，第142页。
③ 李学勤：《通向文明之路》，北京：商务印书馆，2010年，第180—182页。

作仇州，《战国策·西周策》作䲨由，《吕氏春秋·权动》篇作凤繇，《淮南子·精神》作仇由。①

其次，古文字中的九就是肘的象形，先秦文字材料中铸造的"铸"有时作🔲（奢虎盨，《殷周金文集成》04539.2），从䚋得声，其又有异体作🔲（中山王壶，《商周青铜器铭文暨图像集成》12455）、🔲（十三年上官鼎，《殷周金文集成》02590），这类异体是以肘为声符的②，也就是说䚋、九音近相通。再次，古书中有䚋声之字与舟声相通之证。《尚书·无逸》："民无或胥诪张为幻。"《经典释文》云："'诪'，《尔雅》及《诗》作侜。"③

综上，借助于夙与九（肘）、九与䚋、䚋与舟之间的通假关系，可以证明夙、舟二字密切的语音关系，本铭中夙以舟为声是很合理的，所以鲁伯愈盨中的🔲（盖铭）、🔲（器铭）应是一个从夕、🔲声的夙字异体，而🔲又是以舟为声的。

（二）盨

《商周青铜器铭文暨图像集成续编》著录有两件铭文相同的伯克父甘娄盨（编号0474、0475），铭文如图3-9所示：

图3-9 伯克父甘娄盨铭文拓片

铜盨的时代《商周青铜器铭文暨图像集成续编》认为是春秋早期，田率

---

① 徐中舒：《再论小屯与仰韶》，《二重证据与文明探源：徐中舒先秦史论集》，北京：生活·读书·新知三联书店，2018年，第110页。

② 李天虹：《释郭店楚简〈成之闻之〉篇中的"肘"》，安徽大学古文字研究室编：《古文字研究》第二十二辑，北京：中华书局，2000年，第265页。

③ 张儒、刘毓庆：《汉字通用声素研究》，太原：山西古籍出版社，2002年，第113页。

先生认为大致是在西周晚期偏晚，下限至春秋初期。①其铭文云（释文从宽）：

> 唯白（伯）克父甘娄，自乍（作）馈䢅（盨），用盨黍稷旅（稻）椋（粱），用之征行，其用及百君子宴䏁。

器主为伯克父，伯为排行，克父是其字。又根据《商周青铜器铭文暨图像集成续编》一书所收录的曾伯克父簋（0445）、曾伯克父盨（0467）、曾伯克父簠（0518、0519）知伯克父为曾国之人。铭文中的"䢅"字，田率先生认为是铜盨自名，应读为"盨"，同时又将"旅椋"二字释为"稻粱"，均可信。关于"盨"字田先生认为是从又得声，指出此处的"盨"字与兽叔奂父盨（《商周青铜器铭文暨图像集成》05655）铭文"用盨稻穛糯粱"之"盨"音近义通，又引张再兴先生的意见认为"盨"应读为"受"。②

将盨与䢅联系起来是很有道理的，二字应是异体关系。金文食器铭文之中常有"用盛黍稷稻粱"之语，而"受"字与"盛"意近，田率先生已有说明，不妨转引如下：

> 《方言》卷六："受，盛也，犹秦晋言容盛也。"《广雅·释诂三》："受，盛也。"《汉书·东方朔传》："所以盛也"，颜师古注："盛，受物也。"③

从论证逻辑上说，"䢅"字明显是以皿、食为意符，有为声符的，而有又以"又"为声，所以很自然地就会令人想到"盨"也是以"又"为声的。"又""有"与受音近，将盨与䢅读为"受"文意上十分合适。吴镇烽先生曾认为"盨"为盛字之讹④，并不准确。只是盨字为何从"囟"，田先生未作说明，暂时亦未见其他学者对此进行解释，所以"盨"仍旧属于一个没有完全释读出来的字。

我们认为"囟"实际上也是作盨字声符的。囟的上古音一般归入真部，但是《说文·心部》云："思，容也。从心囟声。"从囟得声的"思"却在之部，说明"囟"与之部语音关系密切。前文已引田率、张再兴先生观点说明盨、䢅以又、有为声，二者即在之部，"囟"与"有""又"之间还存有间接相通的证据。

首先囟可以和司相通，《周礼·地官·司市》云："上旌于司次以令市。"

---

① 田率：《内史盨与伯克父甘娄盨》，北京大学出土文献研究所编：《青铜器与金文》第一辑，上海：上海古籍出版社，2017年，第430页。
② 田率：《内史盨与伯克父甘娄盨》，北京大学出土文献研究所编：《青铜器与金文》第一辑，第432页。
③ 田率：《内史盨与伯克父甘娄盨》，北京大学出土文献研究所编：《青铜器与金文》第一辑，第432页。
④ 吴镇烽编著：《商周青铜器铭文暨图像集成续编》第二卷，上海：上海古籍出版社，2016年，第192页。

郑玄注："思当为司，声之误也。"①而金文和战国文字等古文字材料中常见以吕（台）、司为双声符的䛒字。朱德熙、裘锡圭先生说：䛒字金文屡见，由于台和司古音极近，这个字可能是在司字上加注声符台，也可能是在台字上加注声符司。②而典籍又有吕、有相通之证。《诗·大雅·皇矣》云："临下有赫"之"有"，《潜夫论·班禄》引作"以"。③凡此可见囟与有、又之间存有辗转相通之证，所以说伯克父甘娄盨铭文里的盨字是一个从皿，从囟、又双声的字，在铭文里读为"受"。

（三）朕

甲骨文中凤鸟之"凤"常写作象形的 ![字形]、![字形]，有时增加声符"凡"作 ![字形]。除此以外还有一类写作 ![字形]（《甲骨文合集补编》9570）、![字形]（《甲骨文合集》30251）、![字形]（《甲骨文合集》30256）、![字形]（《甲骨文合集》30258）、![字形]（《甲骨文合集》30259）、![字形]（《甲骨文合集》30807，以上诸形体均选自李宗焜先生编著的《甲骨文字编》④）、![字形]（《怀特氏等收藏甲骨文集》⑤51319）形。这一类写法的"凤"字，形体中除去凤鸟象形部分以外，剩余的 ![字形]、![字形]、![字形]、![字形]等形，王子扬先生认为即是"戍"字，并认为这类"戍"是由"凤"之声符"凡"讹变而来。⑥王先生将 ![字形]、![字形]视为戍是对的，但是仅仅将其看作"凡"之讹变，并未准确理解字形。

陈剑先生指出由于"戍"作为兵器具有杀伐的功用，所以这个字形又被用来表示"咸"，咸有杀、灭义。《逸周书·世俘解》云："则咸刘商王纣，执天恶臣百人。"《逸周书汇校集注》引潘振说"咸刘，皆杀也。"又引陈逢衡之说"咸刘，灭绝之名。"⑦所以 ![字形] 既表示武器本身"戍"，又可以表示武器的功用"咸"，这属于文字学上所常说的"一形多用"，甲骨文"凤"字所从的 ![字形]、![字形]、![字形]、![字形]等形应理解为声符"咸"。⑧

---

① 张儒、刘毓庆：《汉字通用声素研究》，第31页。
② 朱德熙著，裘锡圭、李家浩整理：《朱德熙古文字论集》，北京：中华书局，1995年，第118页。
③ 张儒、刘毓庆：《汉字通用声素研究》，第12页。
④ 李宗焜编著：《甲骨文字编》，北京：中华书局，2012年，第639—641页。
⑤ 许进雄：《怀特氏等收藏甲骨文集》，多伦多：加拿大皇家安大略博物馆，1979年。
⑥ 王子扬：《甲骨文旧释"凡"之字大多数当释为"同"——兼谈"凡"、"同"之别》，复旦大学出土文献与古文字研究中心编：《出土文献与古文字研究》第五辑，上海：上海古籍出版社，2013年，第26、27页。
⑦ 黄怀信、张懋镕、田旭东撰：《逸周书汇校集注》修订本，上海：上海古籍出版社，2007年，第415、416页。
⑧ 陈剑先生之说是其在西南大学"古文字形体源流研究课程"授课时所述，授课时间是2018年5月。

而孟蓬生先生则指出按照现在的上古音系统，咸为匣纽侵部，戌为心纽质部，看上去有些远，因此从古至今有许多学者都不相信咸从戌声之说，但也有少数学者有不同意见。……古文字构形系统中"口"旁常常用作装饰符号或区别符号，其读音与不加"口"旁者往往相同，所以"咸"和"戌"读音应该相同或十分相近。①

陈、孟两位先生的意见均非常具有启发性，从两家的论述过程来看，我们认为用孟先生的观点来解释咸、戌之间的关系或许更为恰当（事实上无论两家观点孰是孰非，均不影响本文的论证结果）。值得注意的是，陈、孟两位先生的高论正好可以帮助理解新见霸国铜器中的一种"朕"字异体。在山西翼城大河口霸国墓地所出铜器铭文中，"朕"字数见，为便于讨论，现将其形体和文例分列如下：

（1）䏍，见气盉（或称鸟形盉、第传盉，《商周青铜器铭文暨图像集成》14795，《山西翼城大河口西周墓地2002号墓发掘》②第236页）：余既曰余再（称）公命，襄（倘）余亦改朕辞，出弃。

（2）a䏍，b䏍，c䏍，见气盘（《山西翼城大河口西周墓地2002号墓发掘》第239页）：以公命，用讨朕仆驭，……襄（倘）余亦改朕辞，则鞭五百，罚五百孚（锊）。……余既曰再（称）公命，襄（倘）余改朕辞，则出弃。③

气盘与气盉铭文所载是同一件事——霸姬与气在穆公处的争讼。只是盉铭简略，盘铭详细。"朕"字在古文字中一般作：䏍（《甲骨文合集》20975）、䏍（《甲骨文合集》36127）、金文作䏍（朕女觚，《殷周金文集成》06879）、䏍（鲁伯舫父匜，《殷周金文集成》10244），《说文·舟部》："朕，我也，阙。"对其形体没有解释，段注则说"朕在舟部，其解当曰舟缝也，从舟、灷声。"④所谓的"灷"其实就是由上述"朕"字形体中的䏍、䏍演变而来。而据裘锡圭先

---

① 孟蓬生：《"咸"字音释——侵脂通转例说之二》，复旦大学出土文献与古文字研究中心编：《出土文献与古文字研究》第六辑，上海：上海古籍出版社，2015年，第733页。
② 山西省考古研究所等：《山西翼城大河口西周墓地2002号墓发掘》，《考古学报》2018年第2期。
③ 盉铭、盘铭的释读主要参照了李学勤、裘锡圭先生的意见，李说见李学勤：《试释翼城大河口鸟形盉铭文》，《文博》2011年第4期，又载《夏商周文明研究》，北京：商务印书馆，2015年，第110—112页。裘说见裘锡圭：《大河口西周墓地2002号墓出土盘盉铭文解释》，复旦大学出土文献与古文字研究中心网站，2018年7月1日，http://www.gwz.fudan.edu.cn/Web/Show/4277。
④ （汉）许慎撰，（清）段玉裁注：《说文解字注》，上海：上海古籍出版社，1981年，第403页。

生研究，⿰ 则是从廾、丨声，"丨"即是针字的象形初文。①

"朕"字在霸国墓地所出的气盘、气盉中共四见，相互比较知盉铭中的"朕"字省略了廾旁，气盘第三个朕字过于模糊，形体不清，下文略而不论。剩余的这三个形体除去舟旁、廾旁以外的部分，分别作：⿰、⿰、⿰，三者字形近似，第三形应是前两形的省写，当为一字。这三个形体却与常见"朕"字所从的⿰、⿰迥异，然而从文例上看，气盘、气盉中四个"朕"字的释读又是毫无问题的，也就是说目前所见霸国文字中的"朕"字写法特殊，并不从关。我们认为⿰、⿰、⿰应该就是"咸"，依照陈剑、孟蓬生先生的说法也是"戌"。

前文已述"凤"字有一类形体是从"咸（戌）"为声的，这类字形中的"咸"作⿰、⿰、⿰、⿰等形，其字形与霸国铜器朕字所从的⿰、⿰、⿰，是非常接近的。二者稍有差别的地方一是方向左右相反，后者翻转之后即作⿰、⿰、⿰；二是前者兵器刃部仍作"⿰"形，更加象形，较为原始，而后者已经省略作⿰形。而在甲骨文中独体的"戌"既作⿰（《甲骨文合集》22594）又作⿰（《甲骨文合集》23753），从"戌"之字既作⿰（《甲骨文合集》33514）又作⿰（《甲骨文合集》28341），均可证明"戌"字刃部是可以由⿰省写作⿰的。经过以上论证，便可建立起霸国铜器"朕"字所从偏旁⿰、⿰、⿰与戌（咸）字在形体上的联系。

咸属匣母侵部，朕属定母侵部。二字韵部相同，声纽一为喉音一为舌音，看似远隔，但是从咸得声的"箴"字上古音即属章母，属舌音，同时前文已述朕字从针得声，针古作鍼，鍼上古音就属章母。《说文·金部》："鍼，所以缝也，从金咸声。"徐铉等注："今俗作针，非是。"②知针为鍼之后起俗字，既然鍼（针）是朕的声符，那么咸、朕古音自然是非常近似的，霸国铜器铭文"朕"以"咸"为声符也就不足为奇了，这一点也可反证孟蓬生先生认为戌、咸一字分化，应是正确可信的。

霸国铜器朕字异体的出现，还可以为清华简《厚父》篇中一个疑难字的释读提供线索，《厚父》简1云：

　　王监嘉绩，问前文人之恭德。王若曰："厚父！⿰闻禹……"

其中的⿰字从虫从戌，整理者隶定为蝛，认为其是从戌得声，在简文中

---

① 裘锡圭：《裘锡圭学术文集·简牍帛书卷》，上海：复旦大学出版社，2012年，第389—394页。
② （汉）许慎：《说文解字》，第295页。

读为"遹",并引杨树达先生的观点,认为是句首助词。①此说并未受到学界广泛认同,后有不少学者发表了相关看法,或释为"我",或释为"蛾"读为朕,或以为是王自称其名。②

其中释"蛾"之说值得注意,此说由富祥先生提出,富先生认为 有可能是从虫、咸声之字,字形中的戌为咸之省。③前引孟蓬生先生的观点已经指出戌、咸本是一字分化,二字仅是加口和不加口之别,所以认为 是从"戌"声或"咸"声均可,既然霸国文字中出现了以戌(咸)为声符的"朕"字异体,那么简文中的咸读为"朕",就是非常合适的了,富先生之说当成立。

---

① 李学勤主编:《清华大学藏战国竹简》五,上海:中西书局,2015年,第111页。
② 相关研究参见刘伟浠:《〈清华大学藏战国竹简(五)〉疑难字词集释》,复旦大学出土文献与古文字研究中心网站,2016年5月10日,http://www.gwz.fudan.edu.cn/Web/Show/2790。
③ 富祥:《〈厚父〉简1"朕"字臆说》,武汉大学简帛网,2015年4月28日,http://www.bsm.org.cn/show_article.php?id=2221。

第四章　战国文字研究

一、郑韩故地所出战国牛骨账簿释文校注

《华夏考古》2014年第4期公布了4件属于战国时期韩国的牛骨墨书账簿，这批材料1998年出土于新郑市郑韩故地H2164灰坑。据蔡全法①介绍，出土的牛肋骨共48根，拼合之后成为45根，最长的有29.4厘米，最短的仅6.4厘米，在其中39根牛骨上写有字数不一的文字。②从已公布的资料看，牛骨墨书的内容主要是某种物品的收支记录，也就是当时的会计账簿，这批材料对于先秦经济、会计研究具有十分重要的价值。然而从公布的照片来看，牛骨账簿的保存效果并不理想，文字多有残损，有些地方仅能看到断断续续的笔画。个别学者对账簿进行了考证研究③，多有创获，但是文字释读方面依旧存在不少疏漏，尤其是关键文字的释读问题较大，这就严重影响了这批会计档案资料重要价值的发挥。我们曾对账簿文字进行过补释④，现在原稿的基础上对账簿释文重作校注，以期为充分发挥其各方面的研究价值抛砖引玉。

(一) H2164：43（正）释文校注

1. 上部文字

七十九【1】音（言）舒【2】昷（蕴）【3】三束，方束【4】，三蚤（包）【5】分【6】……巳【7】。

---

① 为了行文的简洁流畅，引用诸家之说一律省略"先生"之称，希请见谅。
② 蔡全法：《新郑郑韩故城出土战国牛肋骨墨书簿簿考》，《华夏考古》2014年第4期，第72—84页。
③ 蔡全法：《新郑郑韩故城出土战国牛肋骨墨书账簿考》，《华夏考古》2014年第4期，第72—84页；苗向敏：《郑韩故城战国会计档案的发现及其学术价值》，《档案管理》2015年第4期，第34—36页；陈敏、程水金、周斌：《郑韩故城战国牛肋骨会计账考论》，《会计研究》2015年第10期，第15—22页。
④ Ma chao, Research on Newly-Found Writing of Ox Bone in Warring States, *Cross-Cultural Communication*, Vol.11, No.3, 2015, pp. 88-91. 此文初稿曾刊布于复旦大学出土文献与古文字研究中心网站，2015年1月9日，http://www.gwz.fudan.edu.cn/Web/Show/2418。

亯（亡）□朢（蘊）廿八束【8】，朢十九蚤（包）【9】……六束□【10】
蚤（包）分，巳。

八十四　　蜀（？）虎朢（蘊）……卅四（？）束【11】，巳。

五十九　　全（百）岁[朢]廿束……【12】，巳。

全（百）岁，朢（蘊）廿九束，三蚤（包）分……巳。

六十九　　□□朢卅[束]，朢六束□束二蚤（？）……巳。

……朢（蘊）十束……[巳]。

【注释】

【1】七十九

几件牛肋骨上部的"七十九""八十四""五十九"等数字，尚不知其确切含义，或以为是物品位置的存放编号①，或以为是凭证编号②，均缺乏可靠的证据。

【2】宣舒

蔡全法指出此二字"隶定为亡舒。亡为姓。新郑出土战国兵器窖藏中，有'八年亡令戈'。亡从口或从曰，亡声。此人与八年戈作者，同姓。魏兵亡，读芒，地名。"首字原篆作"　　"③，上从亡、下从甘，严格说来当隶定为"宣"，古文字中"口"旁常讹变为"甘"，如："鲁"既作"　　"（史墙盘，《殷周金文集成》10175），又作"　　"（鲁伯愈父鬲，《殷周金文集成》00691）。因此"宣"即是"亡"字，蔡先生意见正确，作为姓氏有学者认为即是"芒"姓④，亦有学者认为当读为"许"⑤，置此备参。

【3】朢

原篆作"　　"，此字在几条牛骨中多次出现，几乎涉及了所有的墨书记录，是正确释读账簿的关键。其字形较为清晰者如下：

---

① 蔡全法：《新郑郑韩故城出土战国牛肋骨墨书账簿考》，《华夏考古》2014年第4期，第74页。
② 陈敏、程水金、周斌：《郑韩故城战国牛肋骨会计账考论》，《会计研究》2015年第10期，第20页。
③ 蔡全法原文公布的牛骨墨书照片较小，肉眼难以细辨其中的文字。笔者使用扫描仪对原文进行了高清扫描并放大数倍，文中所引用的文字原形皆为放大后的照片。
④ 黄德宽主编：《古文字谱系疏证》，北京：商务印书馆，2007年，第1967页；蔡全法：《新郑郑韩故城出土战国牛肋骨墨书账簿考》，《华夏考古》2014年第4期，第76页。
⑤ 周忠兵：《战国文字中的"许"县和"许"氏》，中国古文字研究会、中华书局编辑部编：《古文字研究》第二十八辑，北京：中华书局，2010年，第351页。

蔡全法从"胃"字上部的"田"旁在古文字中既可作"▲""▲",又可作"▲""▲"等出发,得出结论说"胃"字的"田"旁从米、十、人、/、\俱可通。进而推测"▲(卤)"亦当有作"▲"形的写法,认为牛骨中的▲即是"卤"之简体或别体。在肋骨中读为"纑",以为是"当今之棉线、麻线"。①蔡先生的说法得到了一些学者的认同,有学者在此基础上引申出"卤"指"卤牛肉",并推测牛骨墨书记载的是店家牛肉的收入支出账等等结论。②然而释"卤"之说实不可取,在此基础上的种种引申更不可信。古文字中"卤"字,包括作偏旁时的写法从未见有省作"▲"之形者。

此字实当释为"皿"。甲骨文中有▲字,张政烺释为"皿",并指出"皿"字的小篆形体"▲",当是从皿"▲"(皿)声的字。③也就是说"▲"为皿之初文,后来到篆书中演变为"▲"且增加皿旁作"▲"。《包山楚简》260号简:"一奠(郑)弓一纷敛夹▲",刘钊释"▲"为皿,认为"夹皿"即是"袂皿"犹言"袖衣"或"袖套"。④

战国楚简文字中有从"皿"的"愠"字,作:

▲(《郭店简·性自命出》简34)、▲(《郭店简·性自命出》简35)、▲(《郭店简·语丛二》7)、▲(《上博简二·从政甲篇》简30)

关于"皿"字从甲骨向战国文字的形体演变,陈剑有过很好的总结:甲骨文中"皿"字异体作:▲(《甲骨文合集》33562)、▲(《甲骨文合集》28909)之形,再进一步演变即变为东周金文中的"▲"(王孙诰钟,《商周青铜器铭文暨图像集成》15615)形,楚简文字中的"▲"(皿)以及"愠"所从之"▲""▲"即与此一脉相承。⑤

经过张政烺、刘钊、陈剑等几位先生的研究,古文字中"皿"字的释读问题基本得到了解决。

牛肋骨墨书账簿中的"▲"与楚简文字中的"皿"字,以及《郭店简》

---

① 蔡全法:《新郑郑韩故城出土战国牛肋骨墨书账簿考》,《华夏考古》2014年第4期,第82页。
② 陈敏、程水金、周斌:《郑韩故城战国牛肋骨会计账考论》,《会计研究》2015年第10期,第16、21页。
③ 张政烺:《甲骨金文与商周史研究》,《张政烺文集》,北京:中华书局,2012年,第14—15页。
④ 刘钊:《古文字考释丛稿》,长沙:岳麓书社,2004年,第149—156页。
⑤ 陈剑:《殷墟卜辞的分期分类对甲骨文字考释的重要性》,《甲骨金文考释论集》,北京:线装书局,2007年,第428—431页。

中"慍"字上部所从的形体毫无二致,因此"▨"毫无疑问当释为"昷"。

最初我们认为"昷"在牛肋骨中应读为云:"缊",《说文·糸部》云:"缊,绋也,从糸昷声。"又据同部"绋,乱枲也"将"缊"训为"乱麻"①。有人指出:

> 四件牛骨所记内容可以分为上、下两个部分:上半部分的内容是"某某+昷+数字+束",下半部分内容是"某某+取+数字+束"……从语法结构来看,"昷"和"取"一样,应该用作动词。颇疑"昷"当读作"薀"。《说文》:薀,积也。从艹、温声。《春秋传》曰:薀利生孽。牛骨上半部分是说储存了多少束,下半部分是说支出多少束。②

其说较我们的旧说合理,当可信从。"昷(薀、蕴古通用,下文统一使用蕴字)"字的释出得以清楚地知晓牛骨账簿的主要内容即是:某种以"束""▨"为单位的物品的存储、支出记录,与"纑""牛肉""缊"均无瓜葛。已公布的四条牛肋骨中并未交代收支物品的名称,未知其他未公布的牛肋骨中是否有相关记载。

【4】方束

"方"原文作"▨",蔡全法释为"方",以为是"另外之意"。③陈敏等将"方"解释为"并"。④从肋骨文意看,"方"出现在"束"字之前,而"束"无疑是"量词",则我们认为此处的"方"从意义上讲,当是"束"的修饰词。陈敏等将其解释为"并",具有启发意义。

《尔雅·释水》云:"天子造舟,诸侯维舟,大夫方舟,士特舟,庶人乘泭。"郭璞注:"方舟,并两船。"⑤

参照"并两船"之解,"方束"似乎可以理解为"并在一起的两束",再引申一点思考,"方束"有可能是指"两束合并一起而成的一大束"之意。

【5】蚤(包)

"包"原文作"▨",蔡全法释为"蚤",读为"贷"。又将后文"分"读为"赋",认为意指借贷产生的赋税,进而认为肋骨账簿内容是借贷记

---

① 马超:《郑韩故地出土墨书账簿释文补释》,复旦大学出土文献与古文字研究中心网站,2015 年 1 月 9 日, http://www.gwz.fudan.edu.cn/Web/Show/2418; Ma chao, Research on Newly-Found Writing of Ox Bone in Warring States, *Cross-Cultural Communication*, Vol.11, No.3, 2015, pp.88-91.
② 马超:《郑韩故地出土墨书账簿释文补释》第一楼评论,复旦大学出土文献与古文字研究中心网站,2015 年 1 月 9 日。
③ 蔡全法:《新郑郑韩故城出土战国牛肋骨墨书账簿考》,《华夏考古》2014 年第 4 期,第 83 页。
④ 陈敏,程水金、周斌:《郑韩故城战国牛肋骨会计账考论》,《会计研究》2015 年第 10 期,第 16、21 页。
⑤ 李学勤主编:《十三经注疏·尔雅注疏》,第 224 页。

录。①陈敏等赞成释"⿻"为"蚤",但将其读为"骚",认为在账簿中是指骚牛肉,也即新鲜牛肉。将"分"训为"分别",认为账簿"数字+骚分"与分解动物牲体有关。②

"⿻"字上部从"又"当无疑义,下部的"⿻"旁则有多种可能。蔡全法认为是"虫",但也有可能是"巾"旁,从又、从巾,即是"聿"字,古文字中"聿"字作偏旁习见,如:▨("肆",毛公旅鼎,《殷周金文集成》02724)、▨("肆",四十三年逑鼎,《商周青铜器铭文暨图像集成》02505)、▨("肆",毛公鼎,《殷周金文集成》02841)诸字所从"▨""▨""▨"等。即使将此字理解为从又、从虫,也未必一定就应释为"蚤"字。楚简文字中有"▨(蚤)"字,见于《郭店简·尊德义》简28:德之流,速乎置蚤而传命。裘锡圭指出《孟子·公孙丑上》:"德之流行,速乎置邮而传命。""蚤"从"又"声读为"邮"。③"蚤"为"蚤"之初文,《说文·蚰部》:"蟊,啮人跳虫。从蚰、叉声,▨或从虫。"先秦出土文献中所见的"蚤"字均从又、从虫,作蚤,后世"蚤"所从之"叉"当为"又"之讹变。④

目前来看,"⿻"有释"蚤""聿""蚤"三种可能。"⿻"字在账簿中有时出现在数词之后,有时出现在"分"字之前,有时单独出现,无疑当是一个与"束"类似的量词。牛肋骨账簿中所记载的这样物品以"束"为量词,证明其包含有可以"捆扎"的特性。"⿻"字的释读应在"捆扎""可以做量词"这样的意义范畴内思索。

我们认为"⿻"最有可能是"蚤"字,而在账簿中应读为"包"。"蚤"上引裘锡圭的观点说明是从"又"得声的,"又"上古属匣母之部字,"勹"在货币文字中可以作为"▨(墨)"之叠加声符⑤,"墨"古音属明母职部,之职二部阴入对转。前文已述"蚤"为"蚤"之初文,"蚤"即属幽部字,从这个角度讲则"蚤"与"勹"韵部相同。从"又"得声之字有"灰"⑥,而"脄"又从"灰"得声,"脄"即属明母字。由此可知"又""勹"古音当近,"蚤"

---

① 蔡全法:《新郑郑韩故城出土战国牛肋骨墨书账簿考》,《华夏考古》2014年第4期,第81—82页。
② 陈敏、程水金、周斌:《郑韩故城战国牛肋骨会计账考论》,《会计研究》2015年第10期,第17页。
③ 武汉大学简帛研究中心、荆门市博物馆编:《楚地出土战国简册合集》第一册《郭店楚墓竹书》,北京:文物出版社,2011年,第92页。
④ 黄德宽主编:《古文字谱系疏证》,第641页。
⑤ 何琳仪:《古玺杂识续》,《安徽大学汉语言文字研究丛书·何琳仪卷》,合肥:安徽大学出版社,2013年,第251页。
⑥ 黄德宽主编:《古文字谱系疏证》,第13页。

可以读为"包"。"包"有束裹之意，与"束"意近。

《广雅·释诂四》："包，裹也。"①

《诗经·召南·野有死麕》："野有死麕，白茅包之。有女怀春，吉士诱之。林有朴樕，野有死鹿。白茅纯束，有女如玉。"毛传："包，裹也。"②

《左传·僖公四年》："尔贡苞茅不入，王祭不共，无以缩酒。"杜预注："包，裹束也。"③

《野有死麕》中"包""束"对文见义，二字意近，非常明了。霸伯盂（《商周青铜器铭文暨图像集成》06229）铭文言："王史（使）伯考蔑尚麻（曆），归柔（茅）苞（苞）、旁（芳）鬯、臧（浆）"其中的"茅苞"当是"茅一苞（包）"也即一束菁茅之意。可见"包"与"束"一样也有量词的用法，账簿中的"三𢒎分""十九𢒎分"即"三包半""十九包半"（"分"训为"半"，详下文）。账簿中此二字同时作量词，意义又当有区别，我们推测可能二字表示的物品多少有别，鉴于一条记录中往往是多少束在前，多少包在后，因此最有可能是一束的量大于一包的量。

【6】分

账簿中的"分"当训为"半"，此义古籍习见。

《春秋公羊传·庄公四年》："襄公将复仇乎纪，卜之曰：'师丧分焉。'"何休注："分，半也。师丧亡其半。"④

《荀子·仲尼》："内行则姑姊妹之不嫁者七人，闺门之内，般乐奢汰，以齐之分奉之而不足。"杨倞注："分，半也。"⑤

《玉篇·八部》："分，半也。"⑥

战国文字中亦有"分"训为"半"之例。山东青州西辛战国墓地出土过几件银器⑦，铭文有："受一秤分"（银豆）；"𦉢平一秤分"（银盘）；"𦉢平二秤分"（银匜）。有学者指出"𦉢"为地名。"平"表示这些银器都已经过官府核定。"秤"即容量单位"升"之繁文。"分"训为"半"。以上三件银器铭文分

---

① （清）王念孙撰：《广雅疏证》，南京：江苏古籍出版社，1984年，第130页。
② 李学勤主编：《十三经注疏·毛诗正义》，第99—100页。
③ 李学勤主编：《十三经注疏·春秋左传正义》，第331页。
④ 李学勤主编：《十三经注疏·春秋公羊传注疏》，第122页。
⑤ （清）王先谦撰，沈啸寰、王星贤点校：《荀子集解》，北京：中华书局，1988年，第106页。
⑥ （梁）顾野王：《大广益会玉篇》，北京：中华书局，1987年，第133页。
⑦ 山东省文物考古所、青州市博物馆：《山东青州西辛战国墓地发掘简报》，《文物》2014年第9期，第4页。

别表示其容量为"一升半""一升半""二升半"。①

牛肋骨账簿中"分"出现在"包"字之后，前文已述"包"为量词，那么此处的"分"训为"半"是再合适不过的了，其文例"三包分"与西辛墓地银器铭文"一粎（升）分""二粎（升）分"文例相同。

【7】巳

在牛骨账簿中多数记录的结尾都写有一个"巳（已）"字，从意义上说"巳"与"已"一字分化，有"毕""讫"之意，在账簿每条记录的末尾当表示账目毕讫之意②，为结账符号。③牛肋骨账簿中出现的"巳（已）"字为汉简中一个字的释读提供了新的证据。在出土的汉代简册中，很多记录性文字的末尾时常会出现一个"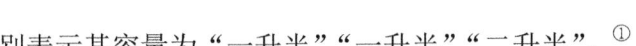"字。如：《居延新简》EPT51.61：

第五隧长董非子粟三石三斗三升少，自取。🝎。
辛张奴粟三石二斗二升，吏非子取。🝎。
辛庄忠粟三石二斗二升，吏非子取。🝎。④

此字还见于《居延新简》EPT51.60、EPT51.235A 等，《居延汉简甲乙编》甲 823、甲 828 等以及《江陵凤凰山汉简》10 号墓记算钱木牍、郑里廪籍简等（文例尚多，不烦赘举）。此字旧或释为"卩"，或释为"巳（已）"，存有争议。从文例上说此字在汉简中均是出现在发放口粮、计算钱物、统计田租赋税、计算借贷等记录类文字的末尾，这与牛骨墨书记录收支账目的性质接近。牛骨账目末尾之字确定无疑就是战国时期常见的"巳（已）"字，则由此推论汉简中此字也应为"巳（已）"字。⑤这也表明了战国至两汉时期我国古代会计记账制度的沿革与继承关系。

【8】廿八束

蔡全法认为仅有二字"廿束"⑥，陈敏等沿袭此说。⑦然而原文作：

---

① 刘刚：《山东青州西辛战国墓地出土银器铭文小考》，复旦大学出土文献与古文字研究中心网站，2014 年 10 月 18 日，http://www.gwz.fudan.edu.cn/Web/Show/2352。
② 蔡全法：《新郑韩故城出土战国牛肋骨墨书账簿考》，《华夏考古》2014 年第 4 期，第 82 页。
③ 陈敏、程水金、周斌：《郑韩故城战国牛肋骨会计账考论》，《会计研究》2015 年第 10 期，第 19 页。
④ 甘肃省文物考古研究所等编：《居延新简——甲渠候官与第四隧》，北京：文物出版社，1990 年，第 175—176 页。
⑤ 此字的详细论述参见马超：《郑韩故地出土墨书账簿释文补释》；Ma chao, Research on Newly-Found Writing of Ox Bone in Warring States, *Cross-Cultural Communication*, Vol.11，No.3，2015，pp.88-91.
⑥ 蔡全法：《新郑韩故城出土战国牛肋骨墨书账簿考》，《华夏考古》2014 年第 4 期，第 75 页。
⑦ 陈敏、程水金、周斌：《郑韩故城战国牛肋骨会计账考论》，《会计研究》2015 年第 10 期，第 19 页。

，"廿""束"之间有较大空隙，且有"▢"形墨迹，当是"八"字。故此处当释为"廿八束"。

【9】十九蚕（包）

"十九"之后蔡全法认为是"束"字①，陈敏等沿袭此说。②肋骨原文作：

，末字分明为"▢（▢）"，当即前文所论的"蚕（包）"字。

【10】□

"六束"之后有较大空白，蔡全法认为没有缺字③，但是前文已述"蚕（包）"为量词，其前文应有数词才对，且文中"六束"与"蚕（包）"之间尚有较大空隙（参附图），理应还有一个数字。

【11】蜀（？）虎罳（蕴）……卅三（三？）束

此条记录文字较为模糊，即使放大数倍也难以确识。蔡全法释为"蜀虎纑十六束，四贷赋。六贷三十四束"④，其中"纑""贷""赋"当依上文改释为"蕴""包""分"，其他文字是否正确难以核对。"三"原文作"▢"，蔡全法释为"四"，此字下部不清，有可能是"三"，也可能是"三（四）"，存疑待考。

【12】全（百）岁

"全"原文作"▢"，不是很清楚，此字账簿中多次出现，作：▢、▢等形，更为清楚一些。蔡全法连同下文释为"全肸"二字，并指出肋骨上部第四、五行，记录同一人，故书两个全姓用一名字。"全"用作姓氏既可读为"百"亦可读"全"，认为在账簿中用为"全"⑤。"全"字隶定正确，但是在晋系文字中当是"百"字，与后世"全"字无关。舒盠壶（《殷周金文集成》09734）"方数百里"之"百"作"▢"形，而在中山王鼎（《殷周金文集成》02840）中则作"▢"，故知在晋系文字中"全"形为"百"之异体无疑。"牛骨"出土于新郑郑韩故地，属于三晋文字体系，将"全"释为"百"符合晋系文字的

---

① 蔡全法：《新郑郑韩故城出土战国牛肋骨墨书账簿考》，《华夏考古》2014年第4期，第75页。
② 陈敏、程水金、周斌：《郑韩故城战国牛肋骨会计账考论》，《会计研究》2015年第10期，第19页。
③ 蔡全法：《新郑郑韩故城出土战国牛肋骨墨书账簿考》，《华夏考古》2014年第4期，第75页。
④ 蔡全法：《新郑郑韩故城出土战国牛肋骨墨书账簿考》，《华夏考古》2014年第4期，第75页。
⑤ 蔡全法：《新郑郑韩故城出土战国牛肋骨墨书账簿考》，《华夏考古》2014年第4期，第75页。

特点。先秦时期有"百"姓,《康熙字典·午集中·白部》云:"百,又姓,百丰,列子弟子。"①

"岁"原文作"▨"从戈、从月清晰可见,但是字形左上部放大看,明显还有类似于"▨(止)"形的笔画,此字与战国文字"岁"字作:岁、岁、岁(《楚系简帛文字编》第 137 页)字形相同,当释为岁。"百岁"为此条记录中的人名,较有特色,当是取义"长命百岁",表达了当时人对长寿的向往。

2. 下部文字

  □□取卅六[束],取七(?)束……取□束【1】,巳。

  事□□取十四束分【2】,巳。

  桿(植)人【3】取十一束,巳。

  桑戎(?)【4】取廿□束【5】,巳。

  先起【6】取十七束,巳。

  屚予□【7】取十一束,巳。

【1】□□取卅六[束],取七(?)束……取□束

蔡全法将此条释为:"成壹纑四十六束,纑七束□□,取纑六束"②。"成壹"二字账簿原作▨,过于模糊,是否为"成壹"只能存疑待考。"成壹"后文之"纑"原文作▨,明为"取"字无疑,蔡文释为"纑"有误,后文的"取七束",蔡文仍误为"纑七束"。后文"取□束"原文作▨,蔡文以为是"取纑六束",首尾二字是"取"与"束"当无疑问。二字之间似只有一字之空隙,参照文例应是一个数词,是否为"六"难以确认。陈敏等学者皆沿袭其误。③

【2】事□□取十三束分

蔡文释作"事池庇取纑十四束,赋",首字▨释"事"可信,其后▨是否为"池庇"则值得怀疑。"取"后▨,只有"十"字,并无"纑"字,此外蔡文 H2164:43(正)下部其余几条释文皆误衍"纑"字,下文不再一一

---

① 汉语大词典编纂处整理:《康熙字典》标点整理本,上海:上海辞书出版社,2008 年,第 741 页。
② 蔡全法:《新郑郑韩故城出土战国牛肋骨墨书账簿考》,《华夏考古》2014 年第 4 期,第 75 页。
③ 陈敏、程水金、周斌:《郑韩故城战国牛肋骨会计账考论》,《会计研究》2015 年第 10 期,第 17 页。

注明。①

【3】桏人

▇，蔡全法释为"桏人"二字，认为"桏"即姓氏"植""直"之假借，似可信。②

【4】桑戎

▇，蔡全法释为"集戊"二字③，首字下从"木"较为可信，上部却不是"隹"，故不能释为"集"。我们怀疑此字上部为"九"，则此字可以隶定为"朹"，即是"桑"字。楚国官玺有如下一方：

▇（图片摘自徐在国论文）

其中的"▇"字徐在国考释为"桑"，指出其上部的"九"乃是桑叶之变形，可以和楚简中"▇"（桑）所从之"▇"相比较④，徐先生之说可信。账簿之"朹"与"▇""▇"形近，同样当释为"桑"。

"桑"下一字蔡文以为是"戊"，我们以为可能是"戎"，存疑待考。"桑戎（？）"在账簿中用为人名，"桑"姓起源较早，出自少皞氏。《古今姓氏书辨证》云：

> 桑，出自少皞氏，一号穷桑，子孙以桑为氏……《姓苑》诸书皆曰出自嬴姓。秦穆公时，公孙枝字子桑，其孙以王父字为氏，或单为桑氏。齐大夫有桑掩胥。汉御史大夫桑弘羊。⑤

【5】廿□束

▇，蔡全法以为"廿"与"束"之间无字。⑥从原文看二字之间有较大空隙，且依稀可见残存笔画，故当还有一个数字。

---

① 初稿中我们没有仔细核对牛骨原文，在释文中沿袭了蔡全法"取"后增加"繨"（笔者原释为"缊"）字之误，蒙网友"zuochanrusi"指出其误，详见马超：《郑韩故地出土墨书账簿释文补释》第一楼评论，复旦大学出土文献与古文字研究中心网站，2015 年 1 月 9 日。

② 蔡全法：《新郑郑韩故城出土战国牛肋骨墨书账簿考》，《华夏考古》2014 年第 4 期，第 77 页。

③ 蔡全法：《新郑郑韩故城出土战国牛肋骨墨书账簿考》，《华夏考古》2014 年第 4 期，第 77 页。

④ 徐在国：《楚国玺印中的两个地名》，《安徽大学汉语言文字研究丛书·徐在国卷》，合肥：安徽大学出版社，2013 年，第 49—50 页。

⑤ （宋）邓名世撰，王力平点校：《古今姓氏书辨证》，南昌：江西人民出版社，2006 年，第 220 页。

⑥ 蔡全法：《新郑郑韩故城出土战国牛肋骨墨书账簿考》，《华夏考古》2014 年第 4 期，第 75 页。

【6】先起

蔡全法先生释作"叔□",首字作"▨",蔡先生摹写作"▨",疑为上从止,下为小之省,隶定为"朩(叔)"①。我们认为此字当释为"先","先"字《说文·先部》云:"先,前进也,从儿、从之。"甲骨文中作▨、▨;西周金文作▨、▨;春秋金文作▨、▨;战国文字作▨、▨。《古文字谱系疏证》言:"'先'甲骨文从止或从之,从人,商周金文从之,从人,战国文字承袭商周金文……止或之在人上,犹在人前,会前进(先进、先导)之意。"②从图片以及蔡全法先生的摹本来看,此字上从之下从人,当释为"先"。

第二字蔡文未释。此字作"▨",虽然残损严重,但是仔细观察,此字右侧从巳,左上从夭还是可以辨明的,左下侧隐约可见"▨(止)"形之残。故而此字可以释为"起"。"起"字见于《说文·走部》古文,作"▨";古玺作"▨"(《古玺汇编》3952);《睡虎地秦简》作"▨"(《日书甲》140背)、"▨"(《日书甲》131背)、"▨"(《日书甲》138背),可与账簿该字比较。

"先起"为人名,先姓起源于春秋时的晋国,《通志·氏族略三》载:"先氏,晋大夫先辅之后,世为晋卿。"③又《左传》晋国有"先轸""先克""先友""先都"等人。晋国为先姓的发源地,韩国墨书账簿中出现"先"姓人名是合情合理的。④

【7】昜予□

▨,开头二字蔡全法释为"昜予",认为"昜"从"易"得声,作为姓氏应读为"荡"⑤,可从。但是"予"字之下尚有文字痕迹"▨",也应是人名,蔡文未能注意到,此字残泐过甚,难以释读。

(二)H2164:43(背)释文校注

1. 上部文字

……皿……

---

① 蔡全法:《新郑郑韩故城出土战国牛肋骨墨书账簿考》,《华夏考古》2014年第4期,第77页。
② 黄德宽主编:《古文字谱系疏证》,第3767页。
③ (宋)郑樵撰:《通志》,北京:中华书局,1987年,第460页。
④ 马超:《郑韩故地出土墨书账簿释文补释》;Ma chao, Research on Newly-Found Writing of Ox Bone in Warring States, *Cross-Cultural Communication*, Vol.11, No.3, 2015, pp.88-91.
⑤ 蔡全法:《新郑郑韩故城出土战国牛肋骨墨书账簿考》,《华夏考古》2014年第4期,第77—78页。

全（百）□【1】昷十二束，昷卅束【2】，巳。

□□【3】昷卅束，巳。

【1】全（百）□

，蔡全法释为"全忻"①。首字"全"当读为"百"（详参上文），第二字是否为"忻"值得怀疑，下部为"心"旁则是可以肯定的。

【2】昷卅束

，"十二束"之下尚有文字且较为清晰，应是"昷卅束"三字，蔡文漏释。②

【3】□□

，此二字蔡全法释为"耶暢"③，第一次模糊不清难以确识，第二字右侧为"昜"应可信，左侧未必是"古"，暂时存疑。

2. 中部文字

……巳。

……束……巳。

背面中部文字仅有每条记录结尾的"巳"字，以及"束"字清晰可辨，其余难以确识。蔡全法释为"或纑十一束，讫；余贷赋三十束，讫。"④其中"余"字可能是正确的，其余不能确定。

3. 下部文字

坙（？）赠【1】取十一蚤（包）【2】（此条书写后又被墨线删除）。

陈缓取六束，巳。

□□【3】取十束，巳。

---

① 蔡全法：《新郑郑韩故城出土战国牛肋骨墨书账簿考》，《华夏考古》2014 年第 4 期，第 78 页。
② 蔡全法：《新郑郑韩故城出土战国牛肋骨墨书账簿考》，《华夏考古》2014 年第 4 期，第 75 页。
③ 蔡全法：《新郑郑韩故城出土战国牛肋骨墨书账簿考》，《华夏考古》2014 年第 4 期，第 78 页。
④ 蔡全法：《新郑郑韩故城出土战国牛肋骨墨书账簿考》，《华夏考古》2014 年第 4 期，第 75 页。

【1】埭（？）䌈

，此二字蔡全法释为"埭䌈"，认为"埭"即"逨"字，作姓氏用为"郲"[①]。首字上部为"来"可信，下部是否为"止"则值得怀疑。

【2】取十一蚤（包）

蔡全法释为"取纑十一束，贷"[②]，看原文 ，"纑"字当是衍文，下两条释文蔡文同此误。"贷"当改释为"蚤（包）"，详参上文。

【3】□□

，蔡全法释此二字为"辻化"，认为"辻"作姓氏即"芒"之假借。[③]首字下部为"止"旁清晰可见，上部不清，第二字是否为"化"也很难确认。

（三）H2164：42（正）释文校注

1. 上部文字

八十六七【1】孙□畕（蕴）□束，畕……十一【2】、三十八束，巳。

宗敢【3】畕（蕴）九束，二……三……，巳。

九十二　孙建畕（蕴）九[十]三【4】束，……七（？）蚤（包）分【5】，巳。

庆虎畕（蕴）卅六束……。

六十三　鄁舒畕（蕴）十二蚤（包）【6】……，巳。

全（百）岁畕（蕴）七十一，八……五十……，[巳]。

□□　……畕（蕴）廿……三束，蚤（包）【7】，巳。

全（百）……畕（蕴）十三【8】……余……，[巳]。

【1】八十六七

，蔡全法释为"八六七"。[④]从账簿原文看" "，"八"字中间明显有一"丨"笔，参照后文"八十"作" "，可知此处当释为"八十六七"

---

① 蔡全法：《新郑郑韩故城出土战国牛肋骨墨书账簿考》，《华夏考古》2014年第4期，第78页。
② 蔡全法：《新郑郑韩故城出土战国牛肋骨墨书账簿考》，《华夏考古》2014年第4期，第75页。
③ 蔡全法：《新郑郑韩故城出土战国牛肋骨墨书账簿考》，《华夏考古》2014年第4期，第79页。
④ 蔡全法：《新郑郑韩故城出土战国牛肋骨墨书账簿考》，《华夏考古》2014年第4期，第75页。

四字。可能是表示"八十六"或"八十七",也有可能此处有笔误。

【2】十一

原文"十一"之后紧接着就说"三十八","十一"之后没有量词,可能是承上下文省略。

【3】宗敢

,此二字蔡全法释为"宗敢"①,细看原文,其说有可能是对的。

【4】九[十]三

,原文中"九""三"二字较为清晰,二字中间有较大空白,应还有文字才对。联系文意似乎应补为"十"字。

【5】盉(包)分

,蔡全法释为"贷赋纑"②,"贷赋"按照我们的意见当是"盉(包)分","分"字之下似乎应是"巳"字,释"纑"不确。

【6】十二盉(包)

,蔡全法释为"十二束,贷"③。当是"十二盉(包)"三字,"盉(包)"字释读参上文,未见有"束"字形体。

【7】三束,盉(包)

,蔡全法释为"三束贷"④。"贷"当改释为"盉(包)","三束,盉(包)"即"三束,一包"之意。

【8】十三

,首字蔡文未释⑤,当是"十"字。

---

① 蔡全法:《新郑郑韩故城出土战国牛肋骨墨书账簿考》,《华夏考古》2014年第4期,第80页。
② 蔡全法:《新郑郑韩故城出土战国牛肋骨墨书账簿考》,《华夏考古》2014年第4期,第75页。
③ 蔡全法:《新郑郑韩故城出土战国牛肋骨墨书账簿考》,《华夏考古》2014年第4期,第75页。
④ 蔡全法:《新郑郑韩故城出土战国牛肋骨墨书账簿考》,《华夏考古》2014年第4期,第75页。
⑤ 蔡全法:《新郑郑韩故城出土战国牛肋骨墨书账簿考》,《华夏考古》2014年第4期,第75页。

2. 下部文字

卅三、卌一、五、廿二【1】，巳。

卅三、卌一、五、廿二

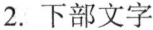，蔡全法释为"□□□三十、三十四、一十五、二十二"①，" "为竖写的四笔"|"，当即"卌"字，释为"四"不确，"一""五"之间并没有"十"字。综合考虑，我们认为当释为"卅三、卌一、五、廿二"几字。

（四）H2164：42（背）释文校注

1. 上部文字

鄙□【1】盁十二束、三□。

……盁二……。

【1】鄙□

，蔡全法释为"鄙杙"②，首字释为"鄙"正确无疑，第二字右侧为"弋"，左侧残缺未必是"木"旁，当存疑为是。

2. 下部文字

……，巳。

韩□夏【1】取五十束，巳。

……取卅二、五、三【2】，巳。

【1】韩□夏

，此字上从石、下从又，严格来说当隶定为"夏"。蔡全法释为"反"③，不确。"反"一般作" "（九年卫鼎，《殷周金文集成》02831）、" "（颂簋，《殷周金文集成》04335），李守奎指出"反"字从厂（即是《说文·厂部》云："厂，山石之厓岩，人可居"之"厂"）确切无疑。④账簿此字上部为"石"旁，故不可能是"反"字。"夏"在账簿中用为人名，我们怀疑即是"拓"字，古

---
① 蔡全法：《新郑郑韩故城出土战国牛肋骨墨书账簿考》，《华夏考古》2014年第4期，第75页。
② 蔡全法：《新郑郑韩故城出土战国牛肋骨墨书账簿考》，《华夏考古》2014年第4期，第79页。
③ 蔡全法：《新郑郑韩故城出土战国牛肋骨墨书账簿考》，《华夏考古》2014年第4期，第79页。
④ 李守奎：《汉字学论稿》，北京：人民美术出版社，2016年，第128页。

文字中"又"与"手"意义接近，作偏旁时可以通用。如"择""扶"篆书中从"手"作"釋""抹"，而在金文中则从"又"作"🖼""🖼"（参《新金文编》第1602、1603页）。

【2】取卅二、五、三

蔡全法释为"取纑二十二、五十三（束）"。①所谓"二十二"账簿原作🖼，🖼字两侧的"丨"笔距离较大，试与"廿"作"🖼"比较，且中间有残断笔画，似乎应释为"卅"。

"五"下一字原文为"🖼"，作三斜笔，五与三之间未见"十"字。

（五）H2164：46（背）释文校注

上部文字：

全（百）二口【1】畾（蕴）十……。
全（百）……。
全（百）……畾（蕴）廿……。
口口……九……。
口口【2】……畾（蕴）口束……。
公朩（叔）货（？）【3】畾（蕴）十三束、六䘢（包）【4】。

【1】全（百）二口

🖼，"全（百）"字之后从账簿原文看尚有"二口"两字，蔡全法认为仅有一字，且未释。②

【2】口口

🖼，首字蔡全法释为"亲"③，待考。

【3】公朩（叔）货（？）

🖼，蔡全法释为"公朩（叔）货"④。"公朩（叔）"二字的释读当可信，第三字是否为"货"则值得怀疑，上部似为"北"字，尚待进一步研究。

---

① 蔡全法：《新郑郑韩故城出土战国牛肋骨墨书账簿考》，《华夏考古》2014年第4期，第75页。
② 蔡全法：《新郑郑韩故城出土战国牛肋骨墨书账簿考》，《华夏考古》2014年第4期，第75页。
③ 蔡全法：《新郑郑韩故城出土战国牛肋骨墨书账簿考》，《华夏考古》2014年第4期，第79页。
④ 蔡全法：《新郑郑韩故城出土战国牛肋骨墨书账簿考》，《华夏考古》2014年第4期，第79—80页。

【4】六盃（包）

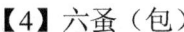，蔡全法释为"六束，贷"三字。①原文较为清晰，并无"束"字，按照我们的意见当是"六盃（包）"二字。

（六）H2164：40（正）②释文校注

□七：……

十九：鲁……束……。

……皿（蕴）……。

……十二……。

……。

……二……。

……二……。

……召【1】……。

【1】召

，此字蔡全法认为上从力、下从旦，隶定为"助"，并引何琳仪的观点认为是"勖"字异体。③认为此字上部为"力"是可信的，但是下部似乎应是"日"旁，与"旦"不同。可以隶定为"召"，意义不明，字待考。

（七）H2164：40（背）释文校注

全（百）安（？）……。

□十四（？），庆□【1】皿……。

【1】庆□

，蔡全法隶定为"虎玕"二字，认为"虎"作为姓氏当读为"邬"。④其实首字当是"庆"字，可以和"庆"在战国金文作"？"（郑令矛，《殷周金文集成》11559）、"？"（宁寿令余庆戈，《商周青铜器铭文暨图像集成》17324）；

---

① 蔡全法：《新郑郑韩故城出土战国牛肋骨墨书账簿考》，《华夏考古》2014年第4期，第76页。
② 蔡全法误将H2164：40正、反两面的释文颠倒，参见蔡全法：《新郑郑韩故城出土战国牛肋骨墨书账簿考》，《华夏考古》2014年第4期，第76页。
③ 蔡全法：《新郑郑韩故城出土战国牛肋骨墨书账簿考》，《华夏考古》2014年第4期，第80页。
④ 蔡全法：《新郑郑韩故城出土战国牛肋骨墨书账簿考》，《华夏考古》2014年第4期，第80页。

在楚系简帛中作""(《包山楚简》2.131)、""(《包山楚简》2.137 反)相对比。第二字较为模糊,释为"玎"恐不确,"庆□"为人名,《古今姓氏书辨证》云:

> 庆,出自姜姓,齐公族大夫庆克,以王父字为氏。又妫姓,陈桓公五世孙,亦为庆氏。①

(八)结语

郑韩故地出土的四件牛骨账簿虽然字数不多,但却非常重要,是十分难得的先秦账簿实物,肋骨墨书文字的价值还有待进一步发掘。H2164 位于郑、韩两国仓廪区附近,结合上文对账簿文字的释读,可知其内容大致是官方仓库对某种物品的存储与支出记录。可惜内容中未交待物品的名称,有学者认为是"鑪"或"牛肉",完全是建立在对文字错误理解的基础上,不可信据。从文中对此物品记录时所使用的量词"束""包"判断,有可能是"粮草""丝麻"之类可以捆扎的物资,更多的信息有待资料全部公布以后再来讨论。

---

① (宋)邓名世撰、王力平点校:《古今姓氏书辨证》,第 519 页。

二、释燕国弩牙铭文中的"厩"字

《商周青铜器铭文暨图像集成》第三十四卷收录有两件私人收藏的战国晚期燕国弩牙,原书释文分别如下:

左大□(《商周青铜器铭文暨图像集成》18571,图 4-1);右大□,工(《商周青铜器铭文暨图像集成》18575,图 4-2)。①

图 4-1　左大□铭文　　　　图 4-2　右大□铭文

两器所缺释之字拓片分别作 ![] (可以摹写作 ![])、![] (可以摹写作 ![]),从字形上看,![]字从广②、从卩、从🦵;![]字则从宀、从卩、从🦵。古文字中"广"与"宀"作偏旁时可以互换,而🦵、🦵显然是一字而繁简有别,因

---

① 吴镇烽:《商周青铜器铭文暨图像集成》第三十四卷,上海:上海古籍出版社,2012年,第147、150页。
② 铭文"![]"字所从"广"较为特殊,此类写法的"广"可以参看董莲池:《新金文编》(北京:作家出版社,2011年,第1344页)"库"字所从。

此█与█当是同字之异体。破解这个字的关键在于"█"与"█"旁的释读，我们认为█、█应是"皀"字，《古玺汇编》著录有如下一方玺印：

█（5611）

印文第二字《古玺汇编》未释①，陈光田先生改释为"即"②，正确可从。需要注意的是印文中"即"字所从的"皀"旁下部讹变为了"止"，与东周文字中"即"一般作"█"（《郭店简·老子丙》简1）、"█"（《石鼓文·吾车》，见《商周青铜器铭文暨图像集成》19819）等差别明显。《古玺汇编》中还有如下两个字分别作█（5317）、█（5318），此二字从卩、从食，古文字中"食"与"皀"作偏旁时同样可以互换，此二字当是"即"字异体。《古玺汇编》旧释为"饮"，③不确。这两个"即"字在"食"旁下部左侧添加了一个"\"形饰笔，这样"食"旁下部就变得与"止"旁近似。"皀"旁下部作"止"形的写法，当由此演变而来。综上可以推知"皀"字下部逐渐讹变为"止"的过程当如下：

█、█—█—█、█、█

明白了"皀"旁下部有作"止"形的写法，那么弩牙铭文中的█、█就应是"皀"旁无疑，则█字就是从广、从卩、从皀，█字是从宀、从卩、从皀，上述两件弩牙铭文应该分别隶定为"廄""㝫"。需要特别说明的是"█""█"除去"宀""广"之外的部分绝对不是"即"字，与上文所引玺印中的"即"字不同。因为"即"字必然是"卩"旁面向"皀"旁，以彰显就食之意。虽然上述弩牙中的"█"字正好是"卩"旁面向"皀"旁，从而与"即"字完全同形。但是"█"字却是"卩"旁与"皀"旁相背，因此没有理由认为"█"与"█"所从是"即"字。何琳仪先生《战国古文字典》"厩"字条收录了一个异体"█"（厰）"（《古玺汇编》5590，辞例为"大厰"）。④古文字中"人"与"卩"作偏旁也是可以互换的，因此我们认为"█"与"█"都应是"厰"也即"厩"字的异体。《说文·广部》云："厩，马舍也，从广殳声。"

---

① 罗福颐主编：《古玺汇编》，北京：文物出版社，1981年，第511页。
② 陈光田：《战国玺印分域研究》，长沙：岳麓书社，2008年，第101页。
③ 罗福颐主编：《古玺汇编》，第481页。
④ 何琳仪：《战国古文字典——战国文字声系》，北京：中华书局，2007年，第169页。此字的考释可以参看朱德熙著，裘锡圭、李家浩整理：《朱德熙古文字论集》，北京：中华书局，1995年，第163页。

金文中"殷"常假借为"簋（皀）"字。而"皀"字则是"簋"字的初文。①因此可知"殷"与"皀"音近，而"厩"又以"殷"为声，"厩"自然也应是与"皀"读音相近。"𢊁"与"𨤲"是以"皀"为声旁的字，其读音也肯定与"厩"接近。

又《商周青铜器铭文暨图像集成》中收录的虢姜簋（04498）与伯簋簋（04622），其铭文中的自名用字"𦔼""𦔼"皆从皀、从卩，作"即"形。因为是簋的自名用字，所以毫无疑问当读为"簋"，此一点《商周青铜器铭文暨图像集成》已经指出。②簋铭中的"即"字读为"簋"，可与弩牙铭文中"𢊁""𨤲"二字释为"厩"相印证。

战国时期马是重要的交通运输以及作战工具，当时各国均设有厩官。秦国置有"大厩""中厩"等职官，见于《睡虎地秦墓竹简·厩苑律》："其大厩、中厩、宫厩马牛殹（也）。"整理者注："大厩、中厩、宫厩，均系秦朝廷厩名。《汉书·百官表》有大厩令，系太仆属官。中厩见《史记·李斯列传》。据《汉旧仪》载，汉代大厩为天子六厩之一，中厩为皇后车马所在。"③楚国有"大厩""新大厩""中厩尹"等职官；齐国则有"王厩""王卒左厩""南宫左厩"等官厩名。关于"厩"的职责吴晓懿先生总结为五种：一是饲养各类马匹；二是为兵戎征战提供战马；三是为朝廷提供车辆和马匹；四是担负着传达政令和邮递的职责；五是运输货物。④由此可见弩牙铭文"左大厩"与"右大厩"，也应当是燕国的厩名。将厩名刻于弩牙，意在表明弩机的置用机构，"厩"负责饲养战马，与军事密切相关，因此弓弩应是"厩"的必需装备。燕国厩官以往未见，两件弩牙铭文的释读为此增添了新的资料，对于燕国官制研究有重要意义。

---

① 季旭昇：《说文新证》，福州：福建人民出版社，2010 年，第 231 页。
② 吴镇烽：《商周青铜器铭文暨图像集成》第九卷，上海：上海古籍出版社，2012 年，第 254 页。
③ 睡虎地秦墓竹简整理小组：《睡虎地秦墓竹简·秦律十八种释文》，北京：文物出版社，1990 年，第 24 页。
④ 吴晓懿：《战国官名新探》，芜湖：安徽师范大学出版社，2013 年，第 63、64 页。

三、释王蔑鼎铭文中的"毕苂"

王蔑鼎（图4-3）著录于《殷周金文集成》02237、《商周青铜器铭文暨图像集成》01349，其铭文《殷周金文集成》释为：王蔑齌（摘）莅王蔑①；《商周青铜器铭文暨图像集成》从之②；《殷周金文集成释文》释为：王蔑 毕荆 王蔑。③

第三字拓片作"![]"，下从卄，上部从平旁。金文"毕"字作：![]（伯父鬲，《殷周金文集成》00719）、![]（何次簋，《商周青铜器铭文暨图像集成》05953）

图4-3　王蔑鼎铭文拓片

可见鼎铭第三字与"毕"字除去"田"旁之后的剩余部分接近。季旭昇说："毕"是一种捕鸟、捕兔用的长柄有网工具，芈象有柄的田网，"毕"是芈的加形分

---

① 中国社会科学院考古研究所：《殷周金文集成》修订增补本，北京：中华书局，2007年，第1156页。
② 吴镇烽：《商周青铜器铭文暨图像集成》第三卷，上海：上海古籍出版社，2012年，第52页。
③ 中国社会科学院考古研究所：《殷周金文集成释文》第二册，香港：香港中文大学中国文化研究所，2001年，第184页。

化字。"毕"字从田,華(畢)声,声符即是初文本字。①因此"⿰"所从的⿰,即是毕字初文"華",廾为叠加意符。此字当从《殷周金文集成释文》的意见释为"毕"。

第四字拓本作"⿰"(以下用△代替),上部从廾,各家意见相同。此字下部作"⿰"。《殷周金文集成》以为从人从玉,《殷周金文集成释文》以为"刑"字,均与字形不符。此字当分析为从匕从止,匕与止有借笔,当释为"此"字。这种写法的"此"战国文字习见,如:

⿰(《郭店简·五行》26)、⿰(《郭店简·老子甲本》6)、⿰(包山竹签)将△字与上述楚简中"此"字相比较可知,两者结构相同,当为一字无疑,只是"△"字将"匕"旁写得更为平直而已,因此鼎铭当释为"王蔑 毕茈 王蔑"。"茈"为草名,可以作染料,字见《说文·艸部》:

> 茈,艸也。从艸此声。

段注云:

> 《周礼》注云:"染艸,茅蒐、橐卢、豕首、紫茢之属。"按紫茢即紫蒐也。紫蒐即茈艸也。《广雅》云:"茈蒐,茈草也。"古列、戾同音,茈、紫同音。《本艸经》云:"紫草一名紫丹。一名紫芙。"陶隐居云:"即是今染紫者"。②

鼎铭六字分为三组,刻写于不同的地方。盖及一耳均刻"王蔑",另一耳刻"毕茈","王蔑"与"毕茈"语义无法连读,或许应理解为两个人名。关于"毕"姓《元和姓纂》曰:

> 毕,周文王第十五子毕公高之后,以国为氏。晋有毕万。汉䐁③侯毕。④

可见毕姓起源很早,大致在西周早期,该鼎可能先归其中一人所有,后又转入另一人之手,故于器身刻写了两人的名字。

---

① 季旭昇:《说文新证》,福州:福建人民出版社,2010年,第318页。
② (清)段玉裁:《说文解字注》,北京:中华书局,2013年,第31页。
③ 原书作"汉缪侯",今据岑仲勉校读意见改为"䐁"。
④ (唐)林宝撰,岑仲勉校记:《元和姓纂(附四校记)》,北京:中华书局,1994年,第1493页。

第五章　古史研究

一、再论贾子叔子屖盘的归属

贾子叔子屖盘（图5-1）1981年出土于山东诸城市都吉台，现藏诸城市博物馆，最早著录于《山东金文集成》第674页，《商周青铜器铭文暨图像集成》14512号亦有收录。其铭文如下：

贾子叔子屖为子孟姜媵盥盘，其万年眉寿，室家是保，它它熙熙，妻[子]寿老无期。

图5-1 贾子叔子屖盘及其铭文拓片

铭文首字《山东金文集成》释为"赐"[①]，《商周青铜器铭文暨图像集成》改释为"贾"，[②]正确可从。《山东金文集成》定其时代为春秋，《商周青铜器铭文暨图像集成》定为春秋晚期，王宏、权敏赞成《商周青铜器铭文暨图像集成》之说。[③]贾子叔子屖盘腹浅，平底，器壁有双环耳，通体无纹饰，盘铭

---

① 山东省博物馆编：《山东金文集成》，济南：齐鲁书社，2007年，第674页。
② 吴镇烽：《商周青铜器铭文暨图像集成》第二十五卷，上海：上海古籍出版社，2012年，第543页。
③ 王宏、权敏：《贾国青铜器及其重要价值探研》，《中原文物》2015年第1期，第70页。

字体又与春秋晚期齐国鲍子鼎（《商周青铜器铭文暨图像集成》02404）多有相似之处，甚至有些字的写法近乎一致，详见表5-1。

表5-1　鲍子鼎、贾子叔子屖盘中"保""期""子""其"字的写法比较表

	保	期	子	其
鲍子鼎				
贾子叔子屖盘				

冯峰先生已指出其形制与齐侯盘、夆叔盘、郜子姜盘相同，时代当在春秋中期偏晚或春秋晚期偏早，这与《商周青铜器铭文暨图像集成》以及王宏、权敏定此盘为春秋晚期相符合。因此定该盘的时代为春秋晚期是大致可信的。但是冯先生定器主为《左传·襄公三十一年》所见齐人"贾寅"族人①，则有待商榷。依照金文人称辞例，"贾"当是地名，具体来说有可能是国名也有可能是县邑名，"叔"为排行，"子屖"为其私名。传世文献记载中有"贾国"，《左传·桓公九年》云：

> 秋，虢仲、芮伯、梁伯、荀侯、贾伯伐曲沃。

杨伯峻注说：

> 贾，姬姓国，《元和姓纂》三十五马韵谓周康王封唐叔虞少子公明于此。当在今山西省襄汾县东。顾栋高《大事表》本《通志》，以今陕西省蒲城县西南之贾城当之，恐不确。贾亦为晋所灭，赐狐射姑为邑。②

出土金文中亦有贾国之器，王宏与权敏有过很好的整理，如：贾子伯昃父鬲（《商周青铜器铭文暨图像集成》02807、02808）、贾伯簋（《商周青铜器铭文暨图像集成》05130、05131、05132）、贾伯壶（《商周青铜器铭文暨图像集成》12417、12418）、贾子己父匜（《商周青铜器铭文暨图像集成》14958）等。③

然而贾子叔子屖盘铭文之"贾"绝非《左传·桓公九年》之"贾国"。盘铭明确记载此器是"贾子叔子屖"为其女"孟姜"所作之媵器，"孟姜"是"排

---

① 冯峰：《鲍子鼎与鲍子镈》，《中国国家博物馆馆刊》2014年第7期，第104页。
② 杨伯峻：《春秋左传注》，北京：中华书局，1990年，第125—126页。
③ 王宏、权敏：《贾国青铜器及其重要价值探研》，《中原文物》2015年第1期，第66—68页。

行+姓氏"的称谓方式。这种女性称谓方式金文习见，如：伯姬、孟妊、仲姜、叔姞、季嬴等，这种女名在平辈之间、长辈对幼辈以及自称都可以使用。①则盘铭之"贾"必为"姜"姓封地。王宏、权敏将"孟姜"之"姜"解释为私名是不正确的。②而桓公九年之"贾国"已知是唐叔虞之少子公明所封，则必然与周同为"姬姓"，故贾子叔子屖盘不属桓公九年"贾国"之物，此一点王宏、权敏先生已有论断。《通志·氏族略二》有记载：

> 故晋之公族狐偃之子射姑食邑于贾，谓之贾季。其后则以邑为氏。

加之铜盘年代为春秋晚期，因此王宏、权敏判定器主当是贾季狐射姑的后代。③但是这样就产生了一对矛盾：贾季狐射姑为晋国人，而此盘出土于山东诸城市，且铭文字形与辞例均显示出了典型的齐系金文风格。王宏、权敏未能对这一矛盾进行很好的解释，只是提出"贾子叔子屖盘、鼎出土于山东，是否跟贾季狐射姑奔狄有关，还有望在今后条件成熟时再进行探讨。"④两位先生将盘定为"贾季狐射姑后代"所属，所凭借的依据似乎主要是狐射姑食邑于贾，以贾为氏，而盘铭器主"贾子叔子屖"亦以"贾"为族名，便认定两处的"贾"为同一地名。然而先秦时期异地同名的现象屡见不鲜，因此虽然铜盘器主与狐射姑同以"贾"为名，却不能将二者必然联系在一起。铜盘与"贾季狐射姑奔狄"应该是没有联系的。

我们认为铜盘既然出土于山东又是典型的齐文字风格，且器主是姜姓，与齐国王室同宗。那么器主"贾子叔子屖"的归属当有两种可能：其一，贾为国名，是姜姓之国。器主名是"国名+爵称（也可以理解为美称）+排行+私名"的称谓方式；其二，贾为齐国邑名，东周时期县邑封君常自称"某子"，如金文中的"鄟子"（鄟子受钟，《商周青铜器铭文暨图像集成》15161—15169）、"彭子"（彭子射儿鼎，《商周青铜器铭文暨图像集成》02264）等。那么这两种意见哪一个更可能成立呢？我们倾向于后者。在金文中若是国君作器则常言：

> "䎚保四国"（㝬钟，器主为周厉王，《殷周金文集成》00260.2）
> "䣙邦是保"（䣙公华钟，器主为䣙国国君，《殷周金文集成》00245）

---

① 吴镇烽：《金文人名汇编》修订本，北京：中华书局，2006年，第461页。
② 王宏、权敏：《贾国青铜器及其重要价值探研》，《中原文物》2015年第1期，第71页。
③ 王宏、权敏：《贾国青铜器及其重要价值探研》，《中原文物》2015年第1期，第70页。
④ 王宏、权敏：《贾国青铜器及其重要价值探研》，《中原文物》2015年第1期，第71页。

"保业厥秦"（秦公镈，器主为秦国国君，《殷周金文集成》00270）

"保辥王国"（晋公盆，器主为晋国国君，《殷周金文集成》10342）

相对应的臣子作器则常言：

"令保其身……保吾兄弟……保吾子姓"（齐镈，器主为齐国大臣，《殷周金文集成》00271）

"康乐我家"（令狐君嗣子壶，器主为令狐君嫡子，《殷周金文集成》09719）

也就是说君王作器祈福保佑的对象是"国"或"邦"，邦、国同义。而臣子则说保佑其"身""兄弟""子姓""家"等。以此为参照，铜盘说"室家是保"意即"保佑我的宗室"，以"室家"为祈福保佑对象，那么器主就只能是臣子而不应是国君了，因此我们倾向于将"贾"看作齐国的县邑名，只是具体地望待考。

总之，从贾子叔子屖盘的时代、铭文字体、辞例、器主姓氏等因素看，铜盘铭文中的"贾"既不是唐叔虞之后所封的"贾国"，也与晋国"贾季狐射姑"无关，而很有可能是指齐国的"贾"邑。器主"贾子叔子屖"是"贾"邑封君名为"子屖"之人。

二、蒍子受铜器铭文"亡作"试解及其年代推断
——楚历建丑说新证

（一）"亡作"试解

蒍子受编钟和编镈出土于河南省淅川县和尚岭二号春秋楚国墓地，其中钟一套九件，镈一套八件（下文统称蒍子受铜器）。铜器拓片见《淅川和尚岭和徐家岭楚墓》48—105 页；《新收殷周青铜器铭文暨器影汇编》504—512、513—520；《近出殷周金文集录二编》13—21、32—37；《商周青铜器铭文暨图像集成》15161—15169、15771—15778 等。铭文为（释文为宽式隶定）：

> 唯十又四年三月，月唯戊申，亡作昧爽，蒍子受作肆彝歌钟，其永配厥休。

"蒍"铭文作"伪"，经李零考证其为文献记载中的楚国"蒍"氏。[①]"蒍"氏铜器在河南淅川多有发现。"肆"字释读从陈剑意见。[②]铭文中"月唯戊申，亡作昧爽"一句争议最大，"月"字下有符号"="，不少学者认为是"月""日"合文，将铭文读为"三月，日唯戊申"。也有学者将其视为重文符号，则铭文为"三月，月唯戊申"。

"亡作"一词，从其在文中出现的位置讲，应该是用来记录时间的，一些学者释其为"无祚"[③]，或以为是"趋吉避凶，选择吉日的术语"[④]等，这些解释是不合文意的。黄国辉认为"月唯戊申"是"唯月戊申"的倒装，而"月"

---

① 李零：《再论淅川下寺楚墓——读〈淅川下寺楚墓〉》，《文物》1996 年第 1 期，第 47 页。
② 陈剑：《甲骨金文旧释"蔑"之字及相关诸字新释》，复旦大学出土文献与古文字研究中心编：《出土文献与古文字研究》第二辑，上海：复旦大学出版社，2008 年，第 13 页。
③ 赵世纲：《鄬子受钟与鄂国史迹》，《江汉考古》1995 年第 1 期，第 47 页。
④ 胡长春：《金文考释四则》，《学术界》2005 年第 6 期，第 146 页。

是代指前文的"三月"①。黄先生所讲的这种倒装记时方式，金文不见他例②，当时是否有这类用法的倒装句存在是值得怀疑的，其说难以成立。李家浩指出："月唯戊申"之"月"与《春秋·文公六年》"闰月不告月"之"月"同义指月朔。则"月唯戊申"意即月朔在戊申；至于"亡作"李先生认为：亡通假为"盲"训为"冥"，《诗·小雅·斯干》云："哕哕其冥"，郑玄笺："冥，夜也。""作"则用作时间介词，是"及""至"的意思。铭文"唯十又四年三月，月唯戊申，亡作昧爽"就是指春秋晚期楚国某王十四年三月戊申鸡鸣至昧爽这段时间。"鸡鸣""昧爽"相当于秦汉十二时制的丑时、寅时，即今天的凌晨1点至5点。③

我们赞同李先生对"月唯戊申"的解释，下文对蓮子受铜器年代的推断，可以证明这一点。但是将"亡作昧爽"释为"鸡鸣至昧爽"也即"凌晨 1 点到 5 点"这段时间，我们认为是不太合适的。蓮子受铜器铭文的文辞格式属于金文中常见的类型：开头是记时，接着讲器主在这个时候制作了铜器（钟和镈），最后是器主的祈福之辞。"亡作昧爽"记录的是作器的具体时间，若按李家浩的意见，凌晨 1 点至 5 点时应是天色尚暗，于天黑时制作铜器恐怕不符合常情。

我们认为"亡作"当读为"荒落"即"大荒落"的简称，是古人所采用的太岁纪年。《尔雅·释天》云：

> 太岁在寅曰摄提格，在卯曰单阏，在辰曰执徐，在巳曰大荒落，在午曰敦牂，在未曰协洽，在申曰涒滩，在酉曰作噩，在戌曰阉茂，在亥曰大渊献，在子曰困敦，在丑曰赤奋若。

《正义》言：

> 高诱注：荒，大也。方万物炽盛而大出，霍然落落大布散。……"大荒落"《历书》作"大芒落"。《天官书》作"大荒骆"。《堂邑令费凤碑》作"岁格于大荒"者，省文。

《集解》言：

---

① 黄国辉：《小子䍌卣记时新证——兼谈"蓮子受纽钟"的记时辞例》,《中国历史文物》2008 年第 4 期，第 79、80 页。
② 我们认为小子䍌卣铭文当是"十月二"，下文是"唯子曰：令……"，卣铭不能作为这类倒装的证据。
③ 李家浩：《安徽大学汉语言文字研究丛书·李家浩卷》，合肥：安徽大学出版社，2013 年，第 31、37 页。

  万物皆炽茂而大出霍然落落,故曰荒落。①

  可见"大荒落"又称"荒落""大荒",是太岁在巳之时的称谓。"荒"有"大"意,《诗经·唐风·蟋蟀》载:"好乐无荒,良士瞿瞿。"毛传:"荒,大也。"②《左传·昭公七年》载:"周文王之法曰,有亡荒阅。"杜预注:"荒,大也。"③"大""荒"意近,故"大荒落"省称"荒落"在情理之中。

  太岁亦称岁阴和太阴,是一个假想的天体结构,与岁星有着紧密的联系,但又不受岁星实测的影响,其运行方向与岁星十二次相反,与十二辰一致,并与十二地支中的每一辰一一对应,形成专用岁名,它不受天象实测和超辰的限制,是独立的纪年体系。④

  按照我们的理解,铭文"唯十又四年三月,月唯戊申,亡作昧爽",当断句为"唯十又四年三月,月唯戊申,亡作,昧爽"。大意是"十四年三月,这个月的朔日是戊申,这一天太岁在巳,拂晓时分……""昧爽"是拂晓时分,此时天已微亮,为制作铜器提供了时间上的可能。从古音上讲"亡作"与"荒落"音近,前文已述"大荒落"在《史记·历书》中即作"大芒落",荒、芒均从亡得声,读音自然近似,落从各得声,"各"古音属见母铎部,"作"属精母铎部,二字韵部相同,而声纽发音部位相邻。此外铭文"作"与"爽"阳入对转,"钟"属东部与"爽"阳部旁转,可以看作是押韵。

  金文中不乏以岁星和太岁来记时的例证,如西周初年武王时期的利簋(《殷周金文集成》04131),簋铭言(释文依刘钊意见⑤):

  珷征商,唯甲子朝,岁鼎,克,闻(昏)夙又(有)商……

  铭文中的"岁鼎克昏"一句有多种释读意见,刘钊总结前人成果认为释"岁"为"岁星"是比较合适的,"夏商周断代工程"亦采用此说⑥,我们也赞成这种说法,钟铭"亡作"的释读也可为此增一证据。将"岁"释为"岁星"的学者中,对"岁鼎"一词的解释各家亦有不同,但是认为是指岁星位置则

---

① 朱祖延主编:《尔雅诂林》,武汉:湖北教育出版社,1999年,第2274、2276页。
② 李学勤主编:《十三经注疏·毛诗正义》,北京:北京大学出版社,1999年,第378页。
③ 李学勤主编:《十三经注疏·春秋左传正义》;北京:北京大学出版社,1999年,第1237页。
④ 王长丰、郝本性:《河南新出"阰夫人嫘鼎"铭文纪年考》,《中原文物》2009年第3期,第71页。
⑤ 刘钊:《利簋铭文新解》,中国古文字研究会、华南师范大学文学院编:《古文字研究》第二十六辑,北京:中华书局,2006年,第182页。
⑥ 夏商周断代工程专家组:《夏商周断代工程1996—2000年阶段成果报告·简本》,北京:世界图书出版公司,2000年,第47页。

是没有问题的。

还有就是春秋时期的䢵夫人嬬鼎（《商周青铜器铭文暨图像集成》02425），铭文为（释文采用宽式隶定）：

> 唯正月初吉，岁在涒滩，孟春①在奎之际……

铭文中的"岁在涒滩"王长丰、郝本性已经指出就是《尔雅·释天》所言"在申曰涒滩"的"涒滩"，"岁"即是太岁。两位先生还通过岁星12年左右运行一周期的规律，以及文献中有关岁星纪年的材料，推断出䢵夫人嬬鼎的年代是公元前507年。②利簋、䢵夫人嬬鼎和䢵子受铜器中的"岁鼎""岁在涒滩"和"亡作"均出现在日干支之后，只是"岁鼎"在"朝"后，"亡作"出现在"昧爽"前，又稍有不同。

此外传世文献中也有楚国用太岁纪年的记载，见屈原《离骚》："摄提贞于孟陬兮，惟庚寅吾以降。"其中"摄提"即是"太岁在寅曰摄提格"的"摄提格"，这是大家所熟知的。

从传世以及出土文献来看，春秋时期楚国使用太岁纪年应是毫无疑问的。这为我们将䢵子受铜器铭文中的"亡作"解释为"荒落"提供了可能。

（二）䢵子受铜器年代推断

䢵子受铜器以及和尚岭2号墓的年代一直存在争议，《近出殷周金文集录二编》定䢵子受铜器年代为春秋前期、《商周青铜器铭文暨图像集成》定为春秋中期、《新收》定为春秋晚期，各家意见不同。如果按照我们的理解将"亡作"释为记录太岁位置的"荒落"，再结合铭文"唯十又四年三月，月唯戊申"的时间记载，则䢵子受编钟与编镈的具体年代理应可以推断出来。此外学术界对楚国历法的建正一直存在争议，有楚用夏正以建寅之月为岁首、楚用周正以建子之月为岁首、楚用亥正以建亥之月为岁首、楚历建丑四种不同意见。③如果我们准确地推断出了䢵子受编钟的具体年代，那么对于解决这一争论也是大有帮助的。目前我们知道：铭文中的"十四年"是某位楚王的纪年；"三月"因为暂时不知道楚历的建正，此处姑且不论；"月唯戊申"有人释为"日

---

① "春"或主张释为"甲"。
② 王长丰、郝本性：《河南新出"阤夫人嬬鼎"铭文纪年考》，《中原文物》2009年第3期，第74页。
③ 刘彬徽：《从包山楚简纪时材料论楚国纪年与楚历》，湖北省荆沙铁路考古队编：《包山楚墓》上册，北京：文物出版社，1991年，第533—547页。

唯戊申",认为是三月的"戊申"日,李家浩认为是三月朔日戊申;"亡作(荒落)"按照我们的意见是指这一年太岁在巳的位置。

按照王长丰与郝本性根据岁星运行规律的推断,䣄夫人嬭鼎的年代是公元前507年,此年按照鼎铭记载,太岁在申。则前推太岁在巳之年是公元前510年,如此12年一个周期,春秋时期(按公元前770—公元前476年计算)符合太岁在巳这一条件的有:公元前486年、公元前498年、公元前510年、公元前522年、公元前534年、公元前546年、公元前558年、公元前570年、公元前582年、公元前594年、公元前606年、公元前618年、公元前630年、公元前642年、公元前654年、公元前666年、公元前678年、公元前690年、公元前702年、公元前714年、公元前726年、公元前738年、公元前750年、公元前762年。

其中只有公元前546年恰是楚康王(公元前559—公元前541年)十四年,查《中国先秦史历表》中的《冬至合朔时日表》,①此年周正三月是戊寅朔,而该年周正四月则恰是戊申朔,因此各家将铭文读为"三月,日唯戊申",并认为记载是周正三月的意见就难以成立,楚历建寅、建亥之说也难以满足所有条件。那么现在就只剩下一种可能:楚国采用的是建丑的历法,也即是以冬至所在月的后一月为岁首,则铭文记载的三月相当于周正四月,且当月朔日恰是"戊申",足证李家浩意见的正确。这样我们的推断就和铭文的记载完全对应,若合符节。这也为刘彬徽主张楚历建丑提供了支持。

我们将䣄子受编钟的年代定为公元前546年,这也符合考古工作者从类型学角度对墓葬年代的推断。䣄子受铜器出土于河南淅川和尚岭2号楚墓,《淅川和尚岭和徐家岭楚墓》一书指出:和尚岭M2随葬器物风格与下寺春秋晚期晚段10号、11号墓所出同类基本一致,从䣄子受纽钟的形制看接近于春秋晚期前段下寺一号墓纽钟。根据这两座墓(按:即和尚岭1号墓与2号墓)的形制以及所出器物与相关材料的对比分析,我们认为,这两座墓的时代皆为春秋晚期。②可见从考古学的角度讲墓葬的年代也应该是春秋晚期,公元前546年恰好是春秋晚期的前段,符合从器物类型学角度对墓葬年代的推论。

(三)结语

综上,䣄子受编镈与编钟中的"亡作"应该释为"荒落",是"太岁在巳"

---

① 张培瑜:《中国先秦史历表》,济南:齐鲁书社,1987年,第81页。
② 河南省文物考古研究所、南阳市文物考古研究所、淅川县博物馆编著:《淅川和尚岭和徐家岭楚墓》,郑州:大象出版社,2004年,第120页。

的专称,与蒍夫人嬛鼎铭文"岁在涒滩"以及《离骚》中的"摄提"一样,都是对太岁位置的记录。蒍子受于朔日作器,又于其铭中记录太岁位置,当有特殊含义,可能是为了核检记录历法,也许与古书中记载的"告朔礼"有关。"亡作"的释读为金文增添了一条天象资料,对于铜器断代和历法研究有重要价值。结合铭文、太岁运行规律以及相关记载可以推断出蒍子受编镈和编钟的具体年代是公元前 546 年,《新收殷周青铜器铭文暨器影汇编》定其年代为春秋晚期是比较合适的,这也为刘彬徽提出的"楚历建丑说"提供了新的证据。

三、西周金文所见姬姓婚姻及相关问题述论

西周铜器铭文中有丰富的女性称谓资料,根据当时的称名规则,女子之名多包含其父国或夫国、父姓等信息,据此便可推论通婚双方的姓氏与国族。西周王室以及姬姓封国的铜器铭文中很多都涉及了对外通婚的内容,这对研究西周姬姓族群的婚姻情况、先秦婚姻制度以及民族融合等内容具有重要价值。

一、西周金文所见周王室婚姻

金文中的周王室婚姻可以从娶入和嫁出两方面分别讨论,本文所论仅限于能确定周王室嫁娶对象国族或姓氏的铭文资料,争议较大、尚不能确定是否与周王室婚姻相关的铭文资料,暂时略而不论。

(一) 娶入

1. 王姒

王姒见于班簋(《商周青铜器铭文暨图像集成》05401),其铭文载:"班拜稽首曰:呜呼!丕杯皇公受京宗懿釐,毓(后)文王、王姒圣孙。"毛为文王之后所封,《左传·僖公二十四年》:"管、蔡、郕、霍、鲁、卫、毛……文之昭也。"[1]因此簋铭中器主毛伯班自称为"文王、王姒圣孙","王姒"就是王姒,为文王配偶,这与《诗经·大雅·大明》所载文王娶有莘氏女太姒为妻是相一致的。

西周早期王姒鼎、叔妣尊、叔妣方彝、保侃母鼎、寓鼎等器中也有"王姒"之称,但是却不能理解为姒姓之女嫁于周王者,"姒"应是周王配偶的尊称[2],其具体姓氏不详。不过从器物的年代来看,刘启益先生将这位"王姒"解释为

---

① 杨伯峻:《春秋左传注》,北京:中华书局,1990年,第421页。
② 裘锡圭:《裘锡圭学术文集·甲骨文卷》,上海:复旦大学出版社,2012年,第525页。

成王配偶①,是有可能成立的。此外,近年在陕西岐山周原遗址出土有两件昔鸡簋,年代为西周中期早段,簋铭中同样有一位"王奊"②,很可能是穆王或恭王的配偶。

2. 王妊

妊簋(《商周青铜器铭文暨图像集成》04074)载:"王妊作簋。"蔡运章先生指出王妊簋的形制具有商末周初的特征,单从铭文书体来看已演变为了康王以后的风格,而与其同出的其他器物也均属康、昭时期,因此王妊应是昭王之妃。③

3. 王姜

叔簋铭文(《商周青铜器铭文暨图像集成》05113、05114)曰:"唯王奉于宗周,王姜使叔使于太保……。""王姜"就是姜姓之女嫁于周王者,刘启益先生认为叔簋与旟鼎、作册胡令簋、作册睘卣中的"王姜"当为同一人,是康王的配偶。④此外,小臣伯鼎(《商周青铜器铭文暨图像集成》02205)时代也在康昭之世,其中的王姜与上述王姜也应该是同一个人。⑤这位王姜或推测其出自姜姓夷国⑥,尚不能确信。

4. 王𡚱姜

"王𡚱姜"见于𢧢鼎(《商周青铜器铭文暨图像集成》02448),其人应是姜姓𡚱氏之女嫁于周王者,唐兰先生曾指出她可能是穆王的后⑦,较为可信。

5. 仲姜

王作仲姜鼎(《商周青铜器铭文暨图像集成》01520)载"王作仲姜宝鼎",仲姜应为王妻。此仲姜与𡚱姜铜器时代接近,不知是否为一人。

6. 芳姞

昔鸡簋(《陕西金文集成》028、029)载:"王奊(姒)乎昔奚(鸡)迓芳姞于韩。"沈培先生正确释读了铭文中的"迓"字,并指出从铭文所记之事来看,芳姞很可能就是要嫁到周王朝的新娘子⑧,"迓""逆"意近,古书中常用

---

① 刘启益:《西周金文中所见的周王后妃》,《考古与文物》1980年第4期。
② 张天恩主编:《陕西金文集成·宝鸡卷·岐山》,西安:三秦出版社,2016年,第48页。
③ 蔡运章:《西周金文中周王的任姓后妃》,《考古与文物丛刊》1983年第2期。
④ 刘启益:《西周金文中所见的周王后妃》,《考古与文物》1980年第4期。
⑤ 绵竹县文管所:《四川绵竹县发现西周小臣伯鼎》,《考古》1988年第6期。
⑥ 陈昭容:《从青铜器铭文看汉淮地区诸国婚姻关系》,《"中央研究院"历史语言研究所集刊》2004年第75本第4分,第639页。
⑦ 唐兰:《唐兰先生金文论集》,北京:紫禁城出版社,1995年,第507页。
⑧ 沈培:《释甲金文中的"迓"——兼论上古音鱼月通转的证据问题》,《上古音与古文字研究的整合》国际研讨会论文集,澳门大学、香港浸会大学,2017年7月15日,第9、10页。

来表示迎亲，沈说可信。簋的年代为西周中期前段，从时代上讲"芮姞"可能是穆王或恭王的后妃。

7. 姜氏

嘼王鬲（《商周青铜器铭文暨图像集成》02776、02777）载："嘼王作姜氏簋。"刘雨先生指出西周时期存在"时王别称"的现象，嘼王应该是孝王，孝王可能曾居于嘼地，作过嘼公，因此可以称为嘼王。[①] 嘼王为周王别称应是可信的，依刘先生意见姜氏应为孝王之妻。

8. 王姜

不寿簋（《商周青铜器铭文暨图像集成》05008）载："王在大宫，王姜赐不寿裘……。"簋的年代多有争议[②]，王世民、彭裕商等先生认为此器是西周中期的风格，大致属夷孝之世。[③] 我们赞同此说，此王姜应是西周中期某位周王之妃，与叔簋等西周早期铜器中的王姜有别。

9. 姜氏

王作姜氏簋（《商周青铜器铭文暨图像集成》04289、04290）云："王作姜氏尊簋。"刘启益先生最早指出簋的时代应为厉王，姜氏为厉王配偶。[④]

10. 王伯姜

"王伯姜"见蔡簋（《商周青铜器铭文暨图像集成》05398）、王伯姜壶（《商周青铜器铭文暨图像集成》12278、12279）、王伯姜鬲（《商周青铜器铭文暨图像集成》02814—02816）、王伯姜鼎（《商周青铜器铭文暨图像集成》02074），诸器刘启益先生以为时代属懿王[⑤]，我们认为王伯姜诸器的时代应依王世民等先生的观点，与王作姜氏簋时代接近。[⑥] "王伯姜"与"姜氏"虽然称谓方式不同，但不排除二者为同一人的可能。

11. 季姜

王壶（《商周青铜器铭文暨图像集成续编》0812）是近年新公布的私人藏器，铭文曰："王作季姜肆彝。"《商周青铜器铭文暨图像集成续编》将此器定为西周晚期，彭裕商先生曾指出此类形制的壶主要属于厉宣之时[⑦]，则季姜可

---

① 刘雨：《金文中的王称》，《故宫博物院院刊》2006年第4期。
② 黄鹤：《西周卣铭铜器断代综览》，吉林大学博士学位论文，2013年，第418、419页。
③ 王世民、陈公柔、张长寿：《西周青铜器分期断代研究》，北京：文物出版社，1999年，第72页；彭裕商：《西周青铜器年代综合研究》，成都：巴蜀书社，2003年，第150页。
④ 刘启益：《西周金文中所见的周王后妃》，《考古与文物》1980年第4期。
⑤ 刘启益：《西周金文中所见的周王后妃》，《考古与文物》1980年第4期。
⑥ 王世民：《王作姜氏簋》，《文物》1999年第9期。
⑦ 彭裕商：《西周青铜器年代综合研究》，第202、203页。

能是厉王或宣王的配偶。

12. 王姞

姞姓与周王通婚见于四件鄂侯簋（《商周青铜器铭文暨图像集成》04828—04831），簋铭云："鄂侯作王姞媵簋。""王姞"即鄂侯之女嫁于周王者，刘启益指出簋铭鄂侯就是禹鼎、鄂侯鼎中的鄂侯驭方，其时代为夷王，王姞为夷王后妃。①

13. 丰妊单

王作丰妊单盂（《商周青铜器铭文暨图像集成》14762）铭文为："王作丰妊单宝盘盂，其万年永宝用。"蔡运章先生认为"丰妊单"之"丰"为溢美之词，不能解释为国族名，妊为姓氏，单为私名，并从器物形制的角度出发，认为妊单可能为宣王后妃。②我们认为"丰"还应理解为国族名，金文女子称名类型中有一类是由国名、姓、名三部分组成的，例如：曾姬无卹、楷妘媸等，曾、楷为国名，姬、妘为姓，无卹、媸则是女子私名③，"丰妊单"的人名结构正与之相同。丰妊单应是妊姓丰国族女子嫁于周王者，其所嫁之王还无法确知。

14. 王改

西周晚期的苏公簋（《商周青铜器铭文暨图像集成》04596）云："苏公作王改盂簋，永宝用。"苏公为苏国之君，苏为己姓，《国语·郑语》："己姓昆吾、苏、顾、温、董。"④己姓金文增加意符女旁作"改"，王改就是苏公之女嫁于周王者。

15. 番改

"番改"见于西周晚期的王作番改鬲（《商周青铜器铭文暨图像集成》02870），鬲铭载："王作番改䵼鬲。""番改"应是改姓番国之女嫁于周王者，番为改姓可由番匊生壶（《商周青铜器铭文暨图像集成》12416）证明。⑤

16. 王妫

陈侯簋（《商周青铜器铭文暨图像集成》04674）载"陈侯作王妫媵簋"，陈为虞舜之后胡公满所封之国，妫姓。此簋是陈侯嫁女于周王室而作的媵器。陈昭容先生认为此器可能已到了宣幽时期⑥，陈侯簋是陈国与周王室通婚的见证。

---

① 刘启益：《西周金文中所见的周王后妃》，《考古与文物》1980年第4期。
② 蔡运章：《西周金文中周王的任姓后妃》，《考古与文物丛刊》1983年第2期。
③ 吴镇烽：《金文人名汇编》修订版，北京：中华书局，2006年，第463页。
④ 徐元诰撰，王树民、沈长云点校：《国语集解》，北京：中华书局，2016年，第467页。
⑤ 韩巍：《西周金文世族研究》，北京大学博士学位论文，2007年，第211页。
⑥ 陈昭容：《从青铜器铭文看两周王室婚姻关系》，《古文字与古代史》第一辑，台北："中央研究院"历史语言研究所，2007年，第273页。

（二）嫁出

1. 垂姬

传世有一件西周时期的王作垂姬鼎（《商周青铜器铭文暨图像集成》01719），铭文曰："王作垂姬宝尊鼎。"鼎应是周王为嫁女于垂氏而做，此鼎仅有拓本传世，《商周青铜器铭文暨图像集成》将其时代定为西周早期，但是从铭文字体来看，似应是西周中晚期之物。

2. 頯（？）王姬

頯（？）王姬见于1976年河南新郑出土的两件铜鬲（《商周青铜器铭文暨图像集成》02790、02791），铭文为："王作頯（？）王姬䊷肆彝。"王姬即周王之女，頯（？）是其女所嫁之国族。頯（？）字《河南省新郑县唐户两周墓葬发掘简报》释为"亲"①，《殷周金文集成》释为"頯"②，与字形均有差距，存疑待考。

3. 王姬

周王嫁女的资料还见于传世的西周晚期遣小子师簋（《商周青铜器铭文暨图像集成》04728），簋铭为："遣小子师以（与）其友，作鲁男、王姬肆彝。"据铭文知此器是遣小子及其同族之人为鲁男、王姬而作，鲁男为鲁国之君，王姬之"王"指周王，其身份为周王之女，鲁男与王姬当为夫妻。

经过上文的清理可知西周诸王曾与姒、姜、妀、妊、姞、妘诸姓有过婚姻关系，其中姜姓配偶尤其多，令人瞩目。从出身上说周王后妃来自辛、番、陈、丰、苏、鄂、𤰈、芳等，此外还有不少周王配偶的母家尚无法考证。金文中周王室嫁女的资料较少，而且集中在西周晚期，王女所嫁之国族垂、頯（？）、鲁均名不见于经传。值得特别注意的是，西周晚期周王室曾集中与多个南土诸侯：鄂、申（宣王改封于南阳）、陈、番联姻，显得较为特殊，这应与周王在西周晚期着力经营南疆的策略有关。③

二、西周金文所见姬姓侯国婚姻

西周立国之后同姓贵族是其重点分封的对象，姬姓封国的数量较多。金文中各姬姓封国的婚姻资料亦不在少数，这里同样仅讨论能判定出姬姓侯国

---

① 开封地区文管会、新郑县文管会、郑州大学历史系考古专业：《河南省新郑县唐户两周墓葬发掘简报》，《文物资料丛刊》1978年第2期，第46页。

② 中国社会科学院考古研究所编：《殷周金文集成》修订增补本，北京：中华书局，2007年，第580页。

③ 陈昭容：《从青铜器铭文看汉淮地区诸国婚姻关系》，《"中央研究院"历史语言研究所集刊》2004年第75本第4分，第671页。

联姻对象所属国族或姓氏的资料。

（一）毕

毕国始封为文王之子毕公高，《左传·僖公二十四年》载："毕、原、酆、郇，文之昭也。"①西周金文中毕国的对外婚姻关系有以下三条：①番伯鬲（《商周青铜器铭文暨图像集成续编》0246）铭文载："番伯作毕姬宝尊鬲"，前文已述番为改姓国，此处的毕姬就是毕国之女嫁于番伯者。②山西绛县横水倗②氏墓地 M1 出土的西周中期前段倗伯诸器（《商周青铜器铭文暨图像集成》01821、04499）言："倗伯作毕姬宝旅鼎/簋"，这个毕姬就是毕国之女嫁于倗伯者。③西周中期的倗仲鼎（《商周青铜器铭文暨图像集成》01961）又云："倗仲作毕媿媵鼎"，毕为姬姓，则媿是倗国之姓，此器明言"媵鼎"，知是倗仲为嫁女于毕而作。

（二）蔡

蔡为武王弟蔡叔度所封，西周金文所见蔡国婚姻资料有三条：①《商周青铜器铭文暨图像集成续编》0964 著录有一件西周中期前段的蔡妘盂，铭文曰："蔡妘作□器。""蔡妘"就是妘姓之女嫁于蔡国者，其出自哪个国族暂时不得而知。②西周中期后段的虘钟（《商周青铜器铭文暨图像集成》15269）云："虘作宝钟，用追孝于己伯，用享大宗，用乐好宾，虘眔蔡姬永宝。"钟铭里器主"虘"称"追孝于己伯"，同人所作的另一件钟（《商周青铜器铭文暨图像集成》15273）又称"用作朕文考釐伯和林钟"，"釐伯"就是"己伯"，釐、己音近相通，金文亦作"异"，也就是传世文献中的纪国，为姜姓，其地在山东寿光附近。③钟铭还称"虘眔蔡姬永宝"，虘在太师虘簋（《商周青铜器铭文暨图像集成》05280）中又称："太师虘"，知其曾出任太师一职。蔡姬应是虘的妻，是蔡侯之女嫁于纪国者。③西周晚期的蔡姞簋（《商周青铜器铭文暨图像集成》05216）曰："蔡姞作皇兄尹叔尊肆彝。"此器是蔡姞为其兄所作，蔡姞就是姞姓之女嫁至蔡国者，其兄为"尹叔"，则蔡姞应出自尹氏。

（三）郕

郕为文王子所封，《左传·僖公二十四年》载："管、蔡、郕、霍……文

---

① 杨伯峻：《春秋左传注》，第 421 页。
② 倗氏之"倗"，不少学者将其释为"倗"，不确，参见季旭昇：《说文新证》，福州：福建人民出版社，2010 年，第 311 页。
③ 郭沫若：《两周金文辞大系图录考释》，上海：上海书店出版社，1999 年，第 199 页；杨伯峻：《春秋左传注》，第 17 页。

之昭也。"①西周金文中郕国的婚姻资料有四条。①成伯孙父鬲(《商周青铜器铭文暨图像集成》02933)载:"成伯孙父作㮚嬴尊鬲","成伯"即郕国之君,"㮚嬴"应是嬴姓㮚氏之女嫁于郕者。②许男鼎(《商周青铜器铭文暨图像集成》02076)称:"许男作成姜桓母媵尊鼎",许国为姜姓,此器是许国之君为嫁女于郕所作媵器,"成(郕)姜"是夫国加父姓的女性称名格式,该鼎是郕、许通婚的明证。③郕伯㠱生壶盖(《商周青铜器铭文暨图像集成》12269)铭文云"郕伯㠱生作旅壶",㠱生就是㠱国之甥的意思②,也就是说郕伯其母来自㠱国,郕国即是郕国,㠱国就是山东之姜姓纪国,这是纪、郕通婚的证据。④成伯邦父壶(《商周青铜器铭文暨图像集成》12259)言:"成伯邦父作叔姜万人(年)壶。"郕为姬姓,这里的叔姜应是成伯的妻子,可惜不知出自哪里。

(四)单

单为姬姓封国,或说是成王少子所封,封地在王畿之内。③西周金文所见单国通婚资料有三条。①单子白盨(《商周青铜器铭文暨图像集成》05612)载:"单子白作叔姜旅盨","叔姜"当是姜姓之女嫁于单国者;②单叔鬲(《商周青铜器铭文暨图像集成》02957—02965)云:"单叔作孟祁尊彝(鬲)",孟祁是排行加父姓,是祁姓之女嫁于单叔者;③单伯遵父鬲(《商周青铜器铭文暨图像集成》03007)曰:"单伯遵父作仲姞尊鬲","仲姞"与"孟祁"一样,也是排行加父姓,是一名姞姓妇女嫁于单国者。

(五)凡

金文中的"凡"旧多误释为"同",使得凡国铜器不为人所知。后来王子扬先生对凡字进行考释,并与董珊先生分别对凡国铜器进行了梳理④,遂使金文凡国史料得以显明。凡为周公之后,属姬姓,《左传·僖公二十四年》云:"凡、蒋、邢、茅、胙、祭,周公之胤也。"⑤目前所见的凡国婚姻资料有两条。①师询簋(《商周青铜器铭文暨图像集成》05402)载:"(师询)用作朕烈祖乙伯、

---

① 杨伯峻:《春秋左传注》,第421页。
② 张亚初:《两周铭文所见某生考》,《考古与文物》1983年第5期。
③ 陈槃:《不见于春秋大事表之春秋方国稿》,上海:上海古籍出版社,2009年,第106—109页。
④ 王子扬:《甲骨文旧释"凡"之字绝大多数当释为"同"——兼谈"凡"、"同"之别》,复旦大学出土文献与古文字研究中心编:《出土文献与古文字研究》第五辑,上海:上海古籍出版社,2013年,第6—30页;董珊:《它簋盖铭文新释——西周凡国铜器的重新发现》,复旦大学出土文献与古文字研究中心:《出土文献与古文字研究》第六辑,上海:上海古籍出版社,2015年,第163—178页。
⑤ 杨伯峻:《春秋左传注》,第423页。

凡益姬宝簋",同人所作之询簋(《商周青铜器铭文暨图像集成》05378)则称:"文祖乙伯、凡姬"。凡姬是父国加父姓,凡益姬是又加入了夫氏"益",韩巍先生曾考证益族为姜姓①,询簋是姬姓凡国与姜姓益族联姻之证。②伯庶父鼎(《商周青铜器铭文暨图像集成》04904)载:"伯庶父作王(皇)姑凡姜尊簋","凡姜"就是嫁入凡国的姜姓之女。

(六)虢

虢国为文王之弟所封,西周金文所见虢国婚姻资料有五条。①西周中期的遣叔吉父盨(《商周青铜器铭文暨图像集成》05602—05604)载:"遣叔吉父作虢王(皇)姞旅盨","王"读为"皇",是溢美之辞,虢皇姞就是姞姓之女嫁于虢国者,此虢王姞出自遣氏。②西周晚期的虢姞鬲(《商周青铜器铭文暨图像集成》02694)曰:"虢姞作鬲",虢姞应是姞姓之女嫁于虢国者。③同为西周晚期的虢仲鬲(《商周青铜器铭文暨图像集成》02739、02740)载:"虢仲作姞尊鬲",亦是姞姓与虢通婚的明证。④西周晚期的齐侯匜(《商周青铜器铭文暨图像集成》14982)铭文云:"齐侯作虢孟姬良母宝匜",齐为太公之后姜姓国,虢孟姬良母是虢国之女,排行为孟,私名为良母,嫁于齐侯为妻者。⑤传世的一件西周晚期虢姜鼎(《商周青铜器铭文暨图像集成》01972)云:"虢姜作宝尊鼎",此处的"虢姜"与前文的"虢姞"人名结构相同,是姜姓之女嫁于虢国者。虢姜之名还见于虢姜簋盖(《商周青铜器铭文暨图像集成》05198)、虢姜簋(《商周青铜器铭文暨图像集成》04498),三器中的虢姜有可能是同一人。

(七)贾

《元和姓纂》载:"贾,唐叔虞少子公明,康王封于贾。"②知贾亦为姬姓国,西周金文所见贾国婚姻资料有一条。《商周青铜器铭文暨图像集成》公布有多件西周晚期基本同铭的贾伯之器,其中的簋铭(《商周青铜器铭文暨图像集成》05130—05132)云:"贾伯作郮孟姬尊簋",贾为姬姓,那么"郮孟姬"就只能是贾伯之女,根据金文女性的称名规律,"郮孟姬"中的"郮"应是此女所嫁之国族。

(八)晋

西周金文所见晋国婚姻资料共有五条:①北赵晋侯墓地出土的铜簋(《商

---

① 韩巍:《眉县盠器群的族姓、年代及相关问题》,《考古与文物》2007年第4期。
② (唐)林宝撰,岑仲勉校记:《元和姓纂》,北京:中华书局,1994年,第1044页。

周青铜器铭文暨图像集成》04233）云："晋姜作宝簋"，"晋姜"应是姜姓之女嫁于晋国者。②北赵晋侯墓地 M63 所出的两件铜壶（《商周青铜器铭文暨图像集成》12239、12240）云："杨姞作羞醴壶"，《发掘简报》已经指出从 M63 墓葬规格和所处位置看，墓主杨姞应是 M64 墓主晋侯邦父的次夫人①，杨姞壶的发现说明晋国与姞姓杨国存有婚姻关系。③北赵晋侯墓地 M64 所出叔钊父甗（《商周青铜器铭文暨图像集成》03335）载："叔钊父作柏姞宝甗"，叔钊父应是晋国贵族，柏姞是姞姓柏国之女嫁于晋国者。④传世的一件西周中期格伯簋（《商周青铜器铭文暨图像集成》04923）云："格伯作晋姬宝簋"，格伯应是晋姬的夫君，簋铭揭示了格氏与晋国的婚姻关系。格氏有学者认为应即是地处翼城大河口的霸国②，此说证据不足，恐难成立。⑤苏公匜（《商周青铜器铭文暨图像集成》14892）与苏公盘（《商周青铜器铭文暨图像集成》14404）言"苏公作晋妀匜/盘"，前文已述苏为妀姓国，此处的"晋妀"就应是苏公之女嫁于晋国者。

（九）邢

邢金文常作井或丼，前引《左传·僖公二十四年》传文已说明"邢"为周公之后所封，地在今河北邢台附近。与此同时在王畿之内另有一支井氏，其与河北邢国之间的关系存有较多争议③，我们此处仅论及河北之邢国。西周金文中的邢国婚姻资料有一条，西周晚期的䘒侯簋盖（《商周青铜器铭文暨图像集成》04939）云："䘒侯作䘒邢妢母媵尊簋"，前文已述䘒就是山东的姜姓纪国，此器又明言为媵器，则"䘒邢妢母"就是私名为妢母的䘒侯之女嫁于邢国者。

（十）黎

黎金文作楷，其地在山西黎城，韩巍先生认为黎为毕公高之后姬姓国④，应可信。西周金文所见的黎国婚姻资料有四条：①西周早期的方簋盖（《商周

---

① 山西省考古研究所、北京大学考古系：《天马——曲村遗址北赵晋侯墓地第四次发掘》，《文物》1994年第8期。

② 谢尧亭：《"格"与"霸"及晋侯铜人》，陕西省考古研究院、上海博物馆编：《两周封国论衡——陕西韩城出土芮国文物暨周代封国考古学研究国际学术研讨会论文集》，上海：上海古籍出版社，2014 年，第 440 页；黄锦前、张新俊：《说西周金文中的"霸"与"格"——兼论两周时期霸国的地望》，《考古与文物》2015年第5期。

③ 韩巍：《西周金文世族研究》，第 127、128 页。

④ 韩巍：《西周金文世族研究》，第 57、60 页。

青铜器铭文暨图像集成》05129)铭文载:"楷侯作姜氏宝肆彝,方事姜氏,作宝簋,用永皇方身,用作文母楷妊宝簋,方其日受宠。"铭文中楷侯为其作器的"姜氏"应即楷侯之妻。②上述簋铭中还有一位器主"方"的母亲"楷妊",应是妊姓之女嫁于楷国者。而同属西周早期的吹鼎(《商周青铜器铭文暨图像集成》01523)铭文中亦有"楷妊"之名,两人未详是否为同人。③西周中期的师趛盨(《商周青铜器铭文暨图像集成》05622)载:"师趛作楷姬旅盨",此器应是师趛为妻子"楷姬"所作,"师趛"的职官是"师","趛"是其私名。④此外,西周金文中有妘姓姛氏之女嫁于楷国的资料,出自周棘生簋,分析见下文第三部分中"通婚对象的身份地位问题"小节。

(十一)鲁

鲁国在西周金文中的婚姻资料目前有三条:①西周早期的鲁侯盉(《商周青铜器铭文暨图像集成》14724)载:"鲁侯作姜享彝。""姜"应是鲁侯的配偶,此处单称其父国之姓。②西周晚期的一件鲁侯匜(《商周青铜器铭文暨图像集成》14923)云:"鲁侯作杞姬番媵匜",同时另有一件鲁侯鬲(《商周青铜器铭文暨图像集成》02735)作"鲁侯作姬番鬲","姬番"应该就是匜铭中的"杞姬番",是鲁侯之女嫁往杞国者。③传世和出土的三件鲁伯愈父盘(《商周青铜器铭文暨图像集成》14448—14450)曰:"鲁伯愈父作邾姬仁沬盘",邾为曹姓国,"邾姬仁"是私名为仁的鲁国之女嫁于邾国者,盘铭是鲁、邾联姻的证据。

(十二)毛

毛国的相关婚姻资料有两条:①西周晚期的毛伯㾾父簋(《商周青铜器铭文暨图像集成》04970)载:"毛伯㾾父作仲姚宝簋",已知毛为姬姓,则"仲姚"就应是毛伯的妻子。②西周晚期的膳夫旅伯鼎(《商周青铜器铭文暨图像集成》02210)又载:"膳夫旅伯作毛仲姬尊鼎","毛仲姬"是国名加排行加姓的人名结构,"膳夫旅伯"出自旅氏,"毛仲姬"应是其配偶。

(十三)密

《左传·僖公十七年》载:"齐侯好内,多内宠,内嬖如夫人者六人。"其中即有"密姬",密姬为齐侯宠妃,则知密为姬姓之国。①西周金文所见的密国婚姻资料有一则。西周晚期的密妃簋(《商周青铜器铭文暨图像集成》05837)云:"密妃作旅簋",密妃应是妃姓之女嫁于姬姓密国者。

---

① 陈槃:《春秋大事表列国爵姓及其存灭表撰异(三订本)》,上海:上海古籍出版社,2009年,第591页。

（十四）芮

芮国的相关婚姻资料有四条：①山西绛县横水西周墓地出土的芮伯簋（《商周青铜器铭文暨图像集成续编》0372）云："芮伯作朋姬宝媵簋四"，朋是狄人建立的媿姓之国，朋姬是芮国之女嫁于朋国者，在横水墓地出土的铜器中，朋姬之名还见于甗（《商周青铜器铭文暨图像集成续编》0276）、簋（《商周青铜器铭文暨图像集成续编》0442）、盘（《商周青铜器铭文暨图像集成续编》0924）等器。②西周中期后段的芮姞簋（《商周青铜器铭文暨图像集成》04330）铭文言："芮姞作旅簋，⋈。"芮姞是姞姓之女嫁于芮国者，⋈是其所出的族氏。③西周晚期的吕王壶（《商周青铜器铭文暨图像集成》12292）曰："吕王造作芮姬尊壶。"吕国为姜姓，《国语·郑语》载："南有荆蛮、申、吕、应、邓……"韦昭注："申、吕，姜姓也。"[①]壶铭证实了吕、芮之间的婚姻关系。④西周晚期芮公鬲（《商周青铜器铭文暨图像集成》02989）又载："芮公作铸京氏妇叔姬媵鬲"，"叔姬"是芮公排行第三的女儿，也可证芮为姬姓，京氏为其往嫁之族氏。《商周青铜器铭文暨图像集成续编》0428 著录的莆嬴鼎载："京叔作莆嬴媵簋"，此器是京叔嫁女所作，其女名为"莆嬴"，可见京氏为嬴姓，则芮公鬲是姬、嬴联姻的证据。

（十五）卫

卫国的西周金文婚姻资料有两条，分别是娶女于苏国和某一姒姓之国。①苏国与卫的联姻见西周晚期苏卫改鼎（《商周青铜器铭文暨图像集成》01870—01873），铭文曰："苏卫改作旅鼎"，苏为改姓，卫是姬姓。"苏卫改"就是苏国之女嫁于卫国者。②西周晚期的卫姒鬲（《商周青铜器铭文暨图像集成》02802）载："卫姒作鬲"，卫姒应为姒姓之女嫁于卫国者，"卫姒"之名还见于两件西周晚期铜豆（《商周青铜器铭文暨图像集成》06121、06122）。

（十六）吴

西周金文中的吴国婚姻资料有两条：①传世的西周晚期獣叔簋（《商周青铜器铭文暨图像集成》05858）载："獣叔作吴姬尊筐"，吴姬是獣叔之配，"獣"即胡国，为归姓，也即媿姓，其地在安徽阜阳一带[②]。②西周晚期伯頵父诸器（《商周青铜器铭文暨图像集成》02249、04998）中另有一个"吴姬"，鼎铭曰：

[①] 徐元诰撰，王树民、沈长云点校：《国语集解》，第461页。
[②] 徐少华：《周代南土历史地理与文化》，武汉：武汉大学出版社，1994年，第213—215页。

"伯頵父作朕皇考犀伯、吴姬宝鼎",犀伯、吴姬为伯頵父的父母,这是吴国嫁女于犀伯的证据。伯頵父还见于郑伯頵父壶(《商周青铜器铭文暨图像集成续编》0830),壶铭载:"郑伯頵父为叔姜尊壶",表明伯頵父出自郑氏。《商周青铜器铭文暨图像集成续编》0986 著录有一件西周晚期的郑邢姜匜,器主名为"郑邢姜",已知邢为姬姓,那么这里的郑就应是姜姓,这个姜姓的郑,很有可能就是伯頵父所属国族。

(十七)西虞

西虞国国名金文作⺈,旧释为"矢",陈剑先生将其改释为"胡"①,李学勤先生指出其即文献记载中的姬姓西虞国。②湖北省枣阳市郭家庙曹门湾曾国墓地 43 号墓出土有一件铜匜③,铭文为"夨(胡)叔囗父媵孟姬元女匜盘"。夨(胡)叔之女为孟姬,足证夨(胡)也就是西虞国为姬姓。

西周金文中与西虞国相关的婚姻资料有三条:①西周早期的𡩬王尊(《商周青铜器铭文暨图像集成》11684)载:"𡩬王作胡姬宝尊彝。"胡姬是西虞国之女嫁于𡩬王为妃者。②西周中期后段的胡王簋盖(《商周青铜器铭文暨图像集成》04823)载:"胡王作郑姜尊簋",姜姓的郑氏已见上文吴国婚姻条,西虞为姬姓,郑姜是胡王之妻。③西周晚期的散伯簋(《商周青铜器铭文暨图像集成》04652—04655)载:"散伯作胡姬宝簋",胡姬应是散伯之妻,这是散与西虞联姻的证据。

(十八)燕

西周时期的燕国婚姻资料见于匽侯旨卣(《商周青铜器铭文暨图像集成续编》0874),卣铭云:"燕侯旨作姑妹宝尊彝。"姑妹就是燕侯旨父亲的妹妹,此卣出土于山西翼城大河口霸国 1 号墓,因此燕侯姑妹所嫁之国就应是媿姓的霸国。④

(十九)宜

西周金文中的宜国婚姻资料仅有一条,见西周中期的霸伯盘(《商周青铜

---

① 陈剑:《据〈清华简(五)〉的"古文虞"字说毛公鼎和殷墟甲骨文的有关诸字》,《古文字与古代史》第五辑,台北:"中央研究院"历史语言研究所,2017 年,第 261—286 页。
② 李学勤:《中国古代文明研究》,上海:华东师范大学出版社,2009 年,第 151—153 页。
③ 武汉大学历史学院等:《湖北枣阳郭家庙墓地曹门湾墓区(2015)M43 发掘简报》,《江汉考古》2016 年第 5 期。
④ 谢尧亭:《解读霸国》,山西省考古研究所、山西博物院、首都博物馆编:《呦呦鹿鸣——燕国公主眼里的霸国》,北京:科学出版社,2014 年,第 15、16 页。

器铭文暨图像集成续编》0949），盘铭载："霸伯对扬，用作宜姬宝盘"，此盘是霸伯为其配偶宜姬所作，霸国一般认为是狄人建立的媿姓政权①，宜姬应该是宜国之女嫁于霸国者。

（二十）应

应国是武王之后所封，位于河南省平顶山市，西周金文中的应国婚姻资料共有四条：①西周中期邓公簋（《商周青铜器铭文暨图像集成》04648—04651）载："邓公作应嫚毗媵簋"，此为邓公嫁女于应所作，"应嫚毗"是夫国加父姓加私名。②穆王时期的㝬应姬鼎（《商周青铜器铭文暨图像集成续编》0221）又载："唯昭王伐楚荆，㝬（胡）应姬见于王"，人名"㝬（胡）应姬"就是应国之女嫁于㝬（胡）国者。③西周晚期的应姚簋（《商周青铜器铭文暨图像集成》05102）云："应姚作叔诰父尊簋"，"应姚"就是姚姓之女嫁于应国者。这个应姚还另见于应姚鬲、应姚盘等器，此人也即应侯墓地 M95 侯氏作姚氏铜鬲中的"姚氏"②。④西周晚期的应侯视公簋（《商周青铜器铭文暨图像集成》05311）铭文云："余用作朕王（皇）姑单姬尊簋"，"王（皇）姑单姬"为应侯之姑，此簋盖铭云："应侯作姬邍母尊簋"，知应侯之姑名为"姬邍母"，"单姬"之"单"就应是其所嫁之国族。

（二十一）曾

随州叶家山以及文峰塔曾国墓地的发掘，使学界确定出土金文、简帛资料中的位于湖北随县的曾国就是文献中的姬姓随国。③目前西周金文中的曾国婚姻资料有一条，见于叶家山 M28 和 M2 出土的多件曾侯谏诸器，以簋铭（《商周青铜器铭文暨图像集成续编》0367）为例，其铭文为："曾侯谏作媿宝尊彝。"这个"媿"就是媿姓之女嫁于曾侯谏者，其母国暂时不详。

（二十二）郑

郑国的西周金文婚姻资料有两条：①鬻鼎（西周晚期，《商周青铜器铭文暨图像集成》02479）载"用作朕皇考爃（邰）伯、郑姬宝鼎"。《说文·邑

---

① 谢尧亭：《解读霸国》，山西省考古研究所、山西博物院、首都博物馆编：《呦呦鹿鸣——燕国公主眼里的霸国》，第 25 页。
② 陈昭容：《从青铜器铭文看汉淮地区诸国婚姻关系》，《"中央研究院"历史语言研究所集刊》2004 年第 75 本第 4 分，第 664、665 页。
③ 李学勤等：《湖北随州叶家山西周墓地笔谈》，《文物》2011 年第 11 期；江汉考古编辑部：《"随州文峰塔曾侯舆墓"专家座谈会纪要》，《江汉考古》2014 年第 4 期。

部》:"邰,炎帝之后,姜姓所封,周弃外家国。从邑台声。右扶风斄县是也。"①郑为周厉王之子所封,斄(邰)伯、郑姬是趯之父母,知姬姓之郑曾与姜姓之邰有过婚姻关系。②同为西周晚期的郑伯匜(《商周青铜器铭文暨图像集成》14946)云:"郑伯作宋孟姬媵匜",宋为子姓,宋孟姬应是郑国之女嫁于宋国者。

(二十三)中

中是一个地处湖北随州附近的姬姓之国②,传世文献之中未见记载。其金文婚姻资料见西周晚期的中伯壶(《商周青铜器铭文暨图像集成》12361、12362),壶铭文载:"中伯作辛姬繸人媵壶",辛即有莘氏,为文王配偶太姒之国,属姒姓。辛姬繸人是中伯之女嫁于辛国者。

此外辛中姬皇母鼎(《商周青铜器铭文暨图像集成》02174)曰:"辛中姬皇母作尊鼎",人名"辛中姬皇母"之"中"如果理解为中国之中,那么此器又是姬姓中国一位名为皇母之人嫁于辛国者。但如果将"中"读为"仲",则"仲姬皇母"就不知出自哪个姬姓之国。辛叔皇父簋(《商周青铜器铭文暨图像集成》04727)中的"中姬",同样有这样两种解释的可能,附记于此留待后考。

(二十四)胙

胙为周公之后所封,西周金文所见的胙国婚姻资料有一条,见窦盘(《商周青铜器铭文暨图像集成》14528)云:"窦对扬天子休,用作文考幽公、怍(胙)姬宝尊盘。"这里的"怍(胙)姬"应是胙国之女嫁于幽公为妻者。

三、西周金文所见姬姓婚姻中的有关问题讨论

(一)姬姜联姻问题

姬姓周族与姜姓的关系可以追溯到很早的时候,周人始祖后稷就是有邰氏姜姓所生,《诗·大雅·生民》云:"厥初生民,时维姜嫄。""居岐之阳,实始翦商"的古公亶父也曾娶于姜姓,《诗·大雅·绵》云:"古公亶父……爰及姜女,聿来胥宇。"此后文王、武王亦曾与姜姓联姻。③通过多次的通婚,

---

① (汉)许慎:《说文解字》,北京:中华书局,1963年,第132页。
② 张亚初:《论鲁台山西周墓的年代和族属》,《江汉考古》1984年第2期。
③ 朱君孝、朱思红:《炎帝后裔与周族兴衰》,宝鸡市社科联:《炎帝论》,西安:陕西人民出版社,1996年,第177—179页。

姬周与姜姓建立了紧密的亲缘关系，姬、姜联盟是周人克商取得胜利的重要原因，作为征商大军统帅的太师吕望以及作为六师长官之一的吕他，均是姜姓贵族。①周王朝建立以后，姬、姜两姓的通婚关系一直保持着，据文献记载，厉、宣、幽三王均曾娶于姜。②从西周金文资料来看，姬、姜两姓这种相互联姻的关系是尤为突出的。

首先就周王室来说，总数为 16 例的娶女婚姻资料中，与姜姓发生的联姻关系占了 8 例左右（暂时还不能排除时代相近同的诸位周王姜姓配偶，存在同人异名的可能），而且从西周早期一直延续至西周末期。厉、宣、幽还曾连续三代娶于姜姓，厉王、幽王的后妃均有申姜，说明周王室还存在隔代人娶于同一姜姓国的现象。

其次就本文所搜集到的 24 个姬姓侯国的 59 条金文婚姻资料来说，对象为姜姓的有 17 条，媿姓 8 条，姞姓 8 条，姒姓 4 条，改姓 3 条，姚、妘、嬴各 2 条，嫚、子、祁、妊、曹各 1 条，另有 8 条姓氏不明。其中仍以姜姓最多，并远高于其他诸姓，而且共有蔡、郕、凡、虢、邢、芮、吴、西虞、郑、单、晋、黎、鲁十三个姬姓之国与姜姓通婚，也就是说在已有的西周金文婚姻资料中，超过半数的姬姓国家都曾与姜姓发生过婚姻关系，其中郕、凡、虢还是多次与姜姓通婚。

最后就本文所搜集的西周金文资料来看，与姬姓发生婚姻关系的姜姓国族有齐、吕、许、纪、郑、益、𤰞等，加上传世文献记载中的周王后妃申姜所出的申国，则姬姜联姻中所涉及的姜姓国族同样是较为广泛的。

概而言之，从西周金文来看，无论是周王室还是其他姬姓诸侯，其与姜姓通婚的频次明显高于其他姓氏。在周人代商以前的先周时代，周族便开始与姜姓联姻，同时选拔重用姜姓贵族，形成了姬姓与姜姓的政治军事同盟，这个联盟在后来征伐商纣过程中发挥了重要作用。姬周灭商以后之所以仍旧重点选择姜姓之国进行嫁娶，无非是希望继续保持和发展姬姜两族的盟友关系，从而维护姬周的统治地位。

（二）通婚对象的身份地位问题

婚姻对于诸侯国的政治意义，春秋时期的臧文仲曾有说明，《国语·鲁语》载："夫为四邻之援，结诸侯之信，重之以婚姻，申之以盟誓，固国之艰急是为。"③可

---

① 杨宽：《西周史》，上海：上海人民出版社，2016 年，第 533 页。
② 刘启益：《西周金文中所见的周王后妃》，《考古与文物》1980 年第 4 期，第 89 页。
③ 徐元诰撰，王树民、沈长云点校：《国语集解》，第 148 页。

见周人将婚姻看作发展各国间邦交关系和寻求盟友的重要手段,联姻的目的是为了在国家艰难危急之时求得援助。因此周王室以及各姬姓诸侯在通婚对象的选择上,必然会认真考虑对方身份地位等方面的问题。

综合周王室娶入和嫁出两方面的婚姻资料来看,能确定身份的周王室通婚对象均是诸侯国。传世有一件晋司徒伯郄父鼎(《商周青铜器铭文暨图像集成》02143),铭文云:"晋司徒伯郄父作周姬宝彝",郭沫若先生曾认为"周姬"是晋司徒之女嫁于周王室者,从而推论大国之卿也可与周王室通婚。① 其实晋司徒伯郄父鼎中"周姬"之"周"应该是妘姓的"琱",周棘生簋(《商周青铜器铭文暨图像集成》04876)铭文载"周棘生作楷妘媵簋",同人所作之盘(《商周青铜器铭文暨图像集成》14464)载:"周棘生作楷妘媵盘",这是周棘生嫁女于楷国(即黎国)而作的媵器,妘是其姓氏,妘姓的"周"氏就是"琱"氏。② 因此伯郄父之女实际上是嫁往了琱氏,而不是周王。目前的西周文献中还没有诸侯国卿大夫这一级别的贵族可以与周王通婚的证据。当然即使周王室的通婚对象都是诸侯国,各国的地位也是不同的。苏国之君可以称公,陈、鄂称侯,鲁国却称男。虽然"五等爵制"之说所宣扬的等级关系在西周时期并不存在,但是"公"的实际政治地位还是高于"侯"的③,由此看来,周王室的多个通婚对象之间是存有地位差别的。

西周金文中姬姓诸侯国通婚所涉及的古姓以及国族较为广泛,就我们所搜集到的能确定通婚对象所属国族的资料来说,姬姓封国的联姻总体上来说也是以各异姓诸侯国为主。只有蔡嫁女于太师虘,蔡娶女于尹氏,凡嫁女于益氏,虢娶女于遣氏,黎国楷姬嫁于师趛,毛国嫁女于膳夫旅伯等是以某族氏或职官为通婚对象,这类情况在全部资料中所占比例较小。不过尹氏、益氏、遣氏虽然不是诸侯,却也是西周时期地位尊崇、势力强大的世族。尹氏为姞姓,世代为史官之长;益氏为姜姓,虽不见于文献记载,但在金文中其活动事迹从昭穆之世一直延续到宣幽,家族成员多次担任王朝官职;遣氏亦为姞姓,西周早中期出现于金文之中,遣氏曾任周王朝的军队统帅④,可见这三支贵族的地位均非小可。而太师虘、师趛、膳夫旅伯分别官居太师、师和膳夫,

---

① 郭沫若:《两周金文辞大系图录考释》,第230页。
② 韩巍:《西周金文世族研究》,第202、203页。
③ 朱凤瀚:《关于西周封国君主称谓的几点认识》,陕西省考古研究院、上海博物馆编:《两周封国论衡——陕西韩城出土芮国文物暨周代封国考古学研究国际学术研讨会论文集》,上海:上海古籍出版社,2014年,第285页。
④ 韩巍:《西周金文世族研究》,第162—172、182—194页。

太师、师为军队长官，掌握兵权，位高权重。膳夫本是主管膳食之官，但是由于常在君王之侧，与周王关系密切，身为亲信，权力逐渐扩大，地位重要。①

综上所述，无论是周王室还是各姬姓诸侯，其通婚对象的地位都是较高的。具体来说，西周金文资料中的周王室通婚对象均为诸侯国，但周王室对外联姻似乎是忽略诸侯国内部地位差异这一点的；姬姓诸侯国的对外婚姻也是以同身份地位的异姓诸侯为主，同时也常会和一些显赫宗族通婚。

关于姬姓的对外联姻还有一点需要补充：通婚对象的选择还会受到风俗思想的影响。《左传·宣公三年》石癸曰："吾闻姬、姞耦，其子孙必蕃。姞，吉人也，后稷之元妃也。"②大概是由于姞、吉谐音，字形写法又相关，于是当时便有了"姞，吉人也"的说法，加之周人先祖亦曾娶于姞，从而形成"姬、姞通婚，宜于子孙"的风俗思想。从我们所搜集到的西周金文姬姓婚姻资料来看，周王室曾娶于姞姓鄂国、芇国，蔡、单、虢、晋、芮也均曾与姞通婚，其中虢、晋还是多次娶于姞。更为重要的是，这几条姬姞联姻的资料均是姬姓之国娶女于姞，却没有一例是嫁女于姞，这种现象的背后恐怕与"姬、姞耦，其子孙必蕃"的风俗思想是分不开的。

（三）民族融合问题

陈昭容先生曾指出异文化在族群融合过程中，婚姻扮演了重要的角色，并以金文所见的媿姓复、胡，陕甘地区的隗、彊，以及东土莒、杞、邾等夷族为例，揭示了其积极与华夏族群通婚，认真向主流文化靠拢的事实。③从诸多夷狄方国的角度来看，通过与身为统治集团核心成员的姬姓诸侯联姻，可以与其建立甥舅方面的血缘关系，以便融入华夏文化圈之中，加强族群认同。反过来从周王室与姬姓诸侯的角度讲，与夷狄族群的通婚可以发展对外关系，扩充自身实力，从而巩固与加强四方统治。

金文中的媿姓即传世文献中的怀、隗、嬇等姓，其族起源于殷卜辞以及传世文献中的"鬼方"或称"鬼戎"，其地在宗周之西而包其东北，后世的猃狁、昆夷皆是其分支。④鬼方中的一支在商末开始臣服于中原王朝，并开始

---

① 张亚初、刘雨：《西周金文官制研究》，北京：中华书局，1986 年，第 3—7、42 页。
② 杨伯峻：《春秋左传注》，第 675 页。
③ 陈昭容：《从青铜器铭文看两周夷狄华夏的融合》，《古文字与古代史》第二辑，台北："中央研究院"历史语言研究所，2009 年，第 329—362 页。
④ 王国维：《观堂集林》，石家庄：河北教育出版社，2001 年，第 206—306 页。

华夏化。①本文所整理的西周金文中的姬姓封国婚姻资料中,姬姓与媿姓通婚的资料有 8 条,分别是:毕嫁女于朋、毕娶女于朋、曾国娶女于媿姓之国、芮嫁女于朋、吴嫁女于猷、宜嫁女于霸、燕嫁女于霸。姬媿联姻是目前所见资料中除了姬姜、姬姞联姻以外最多的,而且霸国多次与姬姓联姻,朋与毕还互相嫁娶,这种现象值得重视。此外在姬媿通婚中媿姓娶于姬有 6 次,姬姓娶于媿仅 2 次,两者并不对等,这说明了姬媿联姻虽然不是单向流动,但是身为夷族的媿姓对这一关系的发展是更为积极主动的。

除了与媿姓联姻以外,西周金文资料所见与姬姓通婚的古姓还有:东夷部族少昊氏之后的嬴姓,祝融八姓中的己、曹、妘三姓,殷商后裔的宋国子姓,虞舜之后的姚姓、妫姓,夏禹之后的姒姓,以及祁、妊、嫚等姓。对于先秦时期总共不到三十的古姓总量而言②,与姬姓通婚的古姓也算是数量较多,族群来源广泛。《国语·郑语》载:"是非王之支子母弟甥舅也,则皆蛮夷戎狄之人也。"③四方之国与王室关系的亲疏远近是区分华夏与夷狄的标准④,因此与姬姓国族建立起姻亲关系,成为王室之甥舅,就成为了夷狄向华夏靠拢以及不同族群之间相互融合的重要手段。而周王室与姬姓诸侯则通过对外婚姻延伸了其血缘关系,与异姓贵族之间建立起了政治纽带,达到了加强统治的目的。

传世文献当中有关西周王室以及姬姓封国的婚姻资料较为稀少,传世典籍中能梳理出的西周诸王配偶仅有文王妃太姒、武王妃邑姜、昭王妃王祁、厉王妃申姜、宣王妃齐姜、幽王妃申姜和褒姒 7 位,而金文中则有约 16 条周王的配偶资料,不仅证明了文王娶太姒等方面的典籍记载,更是补充了多例文献佚记的周王室婚姻史料。金文所见西周姬姓封国的婚姻史料则更为丰富,诸多内容向我们揭示了西周立国以后姬姜两姓持续联姻的实际情况,通婚对象身份地位方面的特点,风俗思想对于婚姻的影响,以及民族融合方面的信息。总之,金文中的姬姓婚姻史料虽然是零散且不全面的,但在补证经史方面仍具有十分重要的价值。

---

① 张海:《商周时期的鬼方、媿姓族氏及其华夏化》,《殷都学刊》2015 年第 2 期。
② 曹兆兰:《金文女性称谓中的古姓》,《考古与文物》2002 年第 2 期。
③ 徐元诰撰,王树民、沈长云点校:《国语集解》,第 462 页。
④ 尹波涛:《略论先秦时期的夷夏观念》,《青海民族大学学报》(哲学社会科学版)2013 年第 1 期。

四、西周金文夌氏考

一、夌氏铭文疏证

在已著录的西周金文中有如下几件铜器：

（1）夌伯觯：夌伯作宝彝。（西周早期，《商周青铜器铭文暨图像集成》10588）

（2）夌姬鬲：夌姬作宝齍。（西周早期后段，《商周青铜器铭文暨图像集成》02715）

（3）陵叔鼎：陵叔作衣宝彝。（西周中期，《商周青铜器铭文暨图像集成》01599）

（4）夆伯鬲：夆伯作陵孟姬尊鬲，其万年子子孙孙永宝。（西周中期，《商周青铜器铭文暨图像集成》02954）

（5）夌伯鼎：夌伯肁（肇）作肆（？）宝鼎，其万年用享。（西周中期，《商周青铜器铭文暨图像集成》01963）

以上五件铜器中的人名：夌伯（夌伯觯）、夌姬（夌姬鬲）、陵叔（陵叔鼎）、陵孟姬（夆伯鬲）、夌伯（夌伯鼎）均是以夌或陵为族氏名，在这里可以统称它们为夌氏。过去对于部分夌氏铜器铭文的释读存有一些误区，直接影响了有关铜器族属的判定，下面先来对此进行简要论述祛疑。

夆伯鬲中"陵孟姬"之"陵"写作 ，《殷周金文集成》[1]《商周青铜器铭文暨图像集成》[2]均隶定为陴而无说，《夏商周青铜器研究》仅照录原形[3]，

---

[1] 中国社会科学院考古研究所：《殷周金文集成》修订增补本，北京：中华书局，2007年，第651页。
[2] 吴镇烽主编：《商周青铜器铭文暨图像集成》第六卷，上海：上海古籍出版社，2012年，第374页。
[3] 陈佩芬：《夏商周青铜器研究·西周篇》下，上海：上海古籍出版社，2004年，第435页。

《商周青铜器铭文选》释为郗①，而《金文形义通解》则指出此字应释为陵②，《殷周金文集成释文》③《商周金文摹释总集》④均从此说。在战国文字中"陵"字写作🔲、🔲等形（《楚系简帛文字编》⑤第1190页），其右侧的偏旁🔲、🔲与夆伯鬲🔲字所从的🔲，具有明显的字形演变关系⑥，所以🔲确应从《金文形义通解》的意见释为"陵"。

夋伯鼎旧或称棶伯鼎、杞伯鼎，铭文中"夋"字原作🔲，《殷周金文集成》释此字为棶⑦，《商周青铜器铭文暨图像集成》从之⑧，《殷周金文集成释文》⑨《商周金文摹释总集》⑩仅隶定作杫，《山东金文集成》则释为杞，进而将此器当作杞国之物⑪，我们认为这几种意见均不确。前文已述金文夆伯鬲铭文中的🔲字应从《金文形义通解》的意见释为陵，其所从的偏旁🔲与本铭🔲字接近，只是二者上部一作🔲（木形），一作🔲，相似的变化可以参看金文中的"釐"字，其字形既作🔲（左上为🔲，叔钟，《商周青铜器铭文暨图像集成》15273），又作🔲（左上为🔲，穼鼎，《商周青铜器铭文暨图像集成》02398），再比如战国文字中的"差"字，既作🔲（上作🔲，中山王鼎，《商周青铜器铭文暨图像集成》02517），又作🔲（上作🔲，《葛陵楚墓竹简》⑫甲三211），上部所从皆是木、🔲互作。由此例之，🔲与🔲自当为一字，均应释作夋，而且二者字形中还均保留有声符"＝（夂）"⑬。此外，🔲释为夋以后，还可以很好地解释夋伯鼎铭文字体为什么会与朋国铜器高度一致的问题（参见下文）。

---

① 马承源主编：《商周青铜器铭文选》第三卷，北京：文物出版社，1988年，第261页。
② 张世超等：《金文形义通解》，京都：中文出版社，1996年，第3340页。
③ 中国社会科学院考古研究所：《殷周金文集成释文》第一册，香港：香港中文大学出版社，2001年，第533页。
④ 张桂光主编：《商周金文摹释总集》第二册，北京：中华书局，2010年，第143页。
⑤ 滕壬生：《楚系简帛文字编》，武汉：湖北教育出版社，2008年，第1190页。
⑥ 详细论述参郭永秉：《续说战国文字的"夋"和从"夋"之字》，《古文字与古文献论集》，上海：上海古籍出版社，2015年，第85—91页。
⑦ 中国社会科学院考古研究所：《殷周金文集成》修订增补本，第1237页。
⑧ 吴镇烽主编：《商周青铜器铭文暨图像集成》第四卷，第119页。
⑨ 中国社会科学院考古研究所：《殷周金文集成释文》第二册，第236页。
⑩ 张桂光主编：《商周金文摹释总集》第二册，第367页。
⑪ 山东省博物馆编：《山东金文集成》，济南：齐鲁书社，2007年，第146页。
⑫ 武汉大学简帛研究中心、河南省考古研究所：《楚地出土战国简册合集》第二册《葛陵楚墓竹简 长台关楚竹简》图版，北京：文物出版社，2013年，第52页。
⑬ 刘钊：《金文考释零拾》，《古文字考释丛稿》，长沙：岳麓书社，2004年，第121页；何琳仪：《战国古文字典——战国文字声系》，北京：中华书局，2007年，第153页。

宝鸡茹家庄㚄国一号墓和二号墓为㚄伯、井姬夫妻的异穴合葬墓①，二号墓出土的㚄伯鼎（《商周青铜器铭文暨图像集成》02269、02270）铭文云："井姬归，亦俐祖考𢼸公宗室，□孝祀孝祭，㚄伯作井姬用鼎（鼎）簋。"该鼎铭文颇为漫漶零乱，据文意知此鼎乃㚄伯为其配偶井姬所作。其中的𢼸字，《发掘简报》②《殷周金文集成》③《商周青铜器铭文暨图像集成》④等均曾释为"夌"，若此则"夌公"就又是一位夌氏族人。但是𢼸释为"夌"实在难以令人信从，首先，在字形上𢼸与所有西周金文中的"夌"字，包括其作偏旁的写法均有差距；其次，若"𢼸"释为夌，则本铭的文意就难以解释，"井姬"是出自井氏也即邢氏家族之女，其嫁于㚄伯为妻，无论如何也不会称外族之人"夌公"为祖考的，从文意上说"𢼸公"应解释为井氏家族之人才合理。㚄伯鼎与本文要讨论的夌氏应无关。

除此之外，在已著录的铜器中尚有几件器主名为"陵"的铜器，见陵鼎（《商周青铜器铭文暨图像集成》01526）、陵尊（《商周青铜器铭文暨图像集成》11619）、陵甗（《商周青铜器铭文暨图像集成》13817），这些器物中的"陵"可能只是器主的私名，而非族氏名，也应排除在西周夌氏之外。总之，经过梳理与释读铭文，目前在西周金文中总共可以得到五件夌氏铜器，深入研究这些铭文的话就会发现，西周金文中的夌氏应分为两支，一为媿姓，一为姬姓。

二、媿姓夌氏考

我们之所以断定有一支媿姓夌氏，这还得先从 2004 到 2005 年左右发掘的山西绛县横水倗⑤国墓地说起。⑥横水西周墓地中出土有多件倗氏铜器，经李学勤先生研究，倗氏就是传世文献中的鄘国。⑦后来马保春先生对此又有详论⑧，证实了李先生之说可成定谳。横水墓地出土的倗国铜器中有两件伯晋生

---

① 卢连成、胡智生：《宝鸡㚄国墓地》，北京：文物出版社，1988 年，第 270 页。
② 宝鸡茹家庄西周墓发掘队：《陕西省宝鸡市茹家庄西周墓发掘简报》，《文物》1976 年第 4 期，第 41 页。
③ 中国社会科学院考古研究所：《殷周金文集成》修订增补本，第 1364 页。
④ 吴镇烽主编：《商周青铜器铭文暨图像集成》第五卷，第 7 页。
⑤ 这个金文中的"倗"（[字]）国，不少学者都释写作"倗"，这是错误的。[字]字实际上就是今天隶楷文字中"朋"的直接形体来源。详论参见季旭昇：《说文新证》，台北：艺文印书馆，2014 年，第 306 页。
⑥ 山西省考古研究所、运城市文物工作站、绛县文化馆：《山西绛县横水西周墓地》，《考古》2006 年第 7 期。
⑦ 李学勤：《文物中的古文明》，北京：商务印书馆，2008 年，第 273 页。
⑧ 马保春：《山西绛县横水西周倗国大墓的相关历史地理问题》，《考古与文物》2007 年第 6 期，第 37 页；马保春：《晋国地名考》，北京：学苑出版社，2010 年，第 201、202 页。

鼎（M1016：32、M1016：42，《商周青铜器铭文暨图像集成续编》0106、0181），还有一件朋伯簋（M1006：66，《商周青铜器铭文暨图像集成续编》0442）铭文分别为：

伯晋生作尊鼎。（M1016：32）

唯八月初吉，伯晋生［肇作］宝尊鼎，其𤯌（万）年永宝，其用亯。（M1016：42）

朋伯肇作内（芮）姬宝簋，其用夙夜亯于厥宗，用亯孝于朕文祖考，用匄百福，其𤯌（万）年永宝，子子孙其𤯌（万）年用，夙夜于厥宗用。（M1006：66）

伯晋生鼎器主名为"伯晋生"，依据张亚初先生的研究，"晋生"之"生"当读为甥舅之"甥"①。谢尧亭先生又进一步指出这里的"伯"应是"朋伯"之省，器主"伯晋生"的母亲为晋国之女嫁于朋国者。②需要注意的是，伯晋生鼎（M1016：42）的铭文字体与前文提到的夜伯鼎、朋伯簋铭文高度相似，字形对比参见表5-2：

表5-2　夜伯鼎、伯晋生鼎、朋伯簋铭文对比表

例字	夜伯鼎	伯晋生鼎	朋伯簋
白			
肇			
乍			
宝			
鼎			
其			
万			

---

① 张亚初：《两周铭文所见某生考》，《考古与文物》1983年第5期，第83页。
② 陈昭容：《两周夷夏族群融合的婚姻关系——以姬姓芮国与媿姓倗氏婚嫁往来为例》，陕西省考古研究院、上海博物馆编：《两周封国论衡——陕西韩城出土芮国文物暨周代封国考古学研究国际学术研讨会论文集》，上海：上海古籍出版社，2014年，第101页。

续表

例字	夌伯鼎	伯晋生鼎	朋伯簋
年			
用			
言			

具体说来，铭文中"肇"字均从舟声；"宝"字贝旁内部均只有一横，"宀"旁两侧向下的拐角处均作直角式折笔；"鼎"字的两足形笔画上均有两个">""<"形符号；"万"字左侧均有"卜"形偏旁（我们怀疑这个"卜"形应是"外"字，可能是叠加的声符①）；"年"字四见，其上部的"禾"旁均将"∨"形笔画写为"一"笔，禾穗部分的弯曲形状毫无二致，下部"人"旁均接近"∩"形；尤其令人称奇的是，三器中"用"字共七见，居然均是倒书。也就是说，凡共见于三器之字，写法全都近同。

伯晋生鼎与夌伯鼎、朋伯簋在字形上有如此多的共同特点恐怕绝非巧合，尤其考虑到三者时代尚均为西周时期，东周时期的那种地域文字风格尚未凸显，我们怀疑夌伯与伯晋生、朋伯应是同国之人②。毕竟夌伯鼎著录在前，而伯晋生鼎、朋伯簋又是后来经考古发掘出土的，三者均没有铭文是仿造或伪刻的可能。伯晋生、朋伯为朋国人，夌属来母蒸部，朋属并母蒸部。二字韵部相同，声纽一为舌音一为唇音，发音部位相邻，夌（）右下的"="即其声符"夂"，"夂"为帮母即属唇音，古书中夂声之字常与朋声字通假，例如：

《战国策·韩策》："王不如资韩朋。""韩朋"，《史记·田敬仲完世家》作"韩冯"。

《诗·小雅·小旻》："不敢冯河。""冯"，徐锴《说文系传》引作"淜"。

《尔雅·释训》："冯河，徒涉也。"《释文》："冯，依字当作淜。"

---

① 马超：《2011至2016新刊出土金文整理与研究》，西南大学博士学位论文，2017年，第152页。
② 杨博先生告诉笔者，铜器铭文字体一致除去同属一国这种情况外，或许还有其他解释的可能，即：夌伯鼎和伯晋生鼎等同出于某一周王朝所属的铜器作坊，而不是由朋（夌）国自己铸造，在铜器铸造完成后又分属于夌氏和朋氏这两个不同的国族，葛亮先生也提出了相似看法。两位先生的意见较有道理，在此向两位先生表示感谢。就本文所涉及的夌伯鼎、伯晋生鼎和朋伯簋而言，三器不仅通篇字体一致、字形接近，更为重要的是夌、朋语音还很密切，典籍多见二字声符的通假关系，我们推测夌、朋为同一国族名的假借正是基于这两方面的考量。若否定三器出自同国，则其铭文书写一致而恰又语音相近，难免有过于巧合之嫌，因此我们仍倾向于认为夌伯鼎应属于朋国。

《说文·仌部》:"冯,马行疾也。从马仌声。"段注:"凡经传云冯依、其字皆当作凭。或叚为淜字。如《易》、《诗》、《论》语之'冯河'皆当作'淜'也。"①

由上述可知朋、夌古音接近,二字声符在典籍中又常可通假,夌伯完全可以读为朋伯,夌伯与伯晋生、朋伯应为同国之人。②在先秦时期国名用字常常无定,通假现象屡见不鲜。比如,山东的祝国在金文中即作铸又作孰③,山西翼城大河口的霸国既作霸又作格④,山东的纪国金文既作己又作釐⑤。所以朋国国名又写作夌,是不足为奇的。依据现有的资料至少可以确认夌伯鼎应属朋国之器,器主夌伯当为一代朋国君主。也就是说西周金文中的夌氏有一支就是山西横水的朋氏,也即传世文献中的倗国。⑥

经过考古发掘和学界的讨论,媿姓夌(朋)氏的族源、姓氏、地望等问题还是比较清楚的。李学勤、马保春先生曾引《元和姓纂》《万姓统谱》的记载指出倗为倗伯綮之后,而《穆天子传》又说倗伯綮是河宗氏的子孙。⑦据西周金文朋仲鼎(《商周青铜器铭文暨图像集成》01961)铭文"朋仲作毕媿媵鼎",可知朋(倗)国为媿姓,这与文献记载倗为戎狄之后是契合的。

三、姬姓夌氏考

夌伯甗1980年出土自陕西宝鸡竹园沟强国墓地四号墓,夌姬鬲则是出自宝鸡强国茹家庄墓地二号墓,甗、鬲同出于强国墓葬,应为同一族氏。茹家庄墓地二号墓中还出土有多件强伯为井姬所作的铜器,井姬是强伯的配偶,西周时期同姓不婚,此外发掘者也已从陪葬器物等角度指出强国可能是氐羌中的一

---

① 张儒、刘毓庆:《汉字通用声素研究》,太原:山西古籍出版社,2002年,第76页。
② 可惜夌伯鼎为传世器没有器形资料,而伯晋生鼎、朋伯簋的器形也暂时不详,暂不能进一步判断三者的时代先后。
③ 徐在国:《金文考释拾遗》,《安徽大学汉语言文字研究丛书·徐在国卷》,合肥:安徽大学出版社,2013年,第6、7页。
④ 山西省考古研究所、临汾市文物局、翼城县文物旅游局联合考古队等:《山西翼城大河口西周墓地2002号墓发掘》,《考古学报》2018年第2期,第230页。
⑤ 郭沫若:《两周金文辞大系图录考释》,上海:上海书店出版社,1999年,第199页。
⑥ 笔者在博士论文中已发现夌伯鼎和伯晋生鼎、朋伯簋在铭文书写上的一致性,并推测其可能属于同国,只是当时未能将夌伯鼎中的"夌"字释出,而是仍从旧说释作"棶"。参见马超:《2011至2016新刊出土金文整理与研究》,第152、153页。
⑦ 李学勤:《文物中的古文明》,第272、273页;马保春:《山西绛县横水西周倗国大墓的相关历史地理问题》,《考古与文物》2007年第6期,第38、39页。

支①，均可证明弻当非姬姓，那么夌姬就应是一位姬姓女子嫁至弻国为妻者。经考古工作者研究，竹园沟弻国四号墓的年代要稍早于茹家庄二号墓，夌伯觯中的夌伯很可能就是夌姬的长辈②，二人同属于姬姓。

夆伯鬲铭文中的"陵孟姬"，其与夆伯的关系从文意上说有两种可能：①二人为夫妻，则陵孟姬就是姬姓陵氏之女嫁于夆伯为妻者。②二人为父女，这样的话陵孟姬就是夆伯之女"孟姬"嫁入陵氏者。但是有学者早已指出夆伯就是逢伯陵之后，以国为氏者③，"逢伯陵"见《左传·昭公二十年》，杜预注明言其为姜姓④，所以"陵孟姬"就只能是姬姓陵氏之人，与夆伯为夫妻。在金文中同一国名常常使用同一声符的多个文字来表示，如纪国既作己（己侯弟鼎，《商周青铜器铭文暨图像集成》02231）又作己（己侯鬲，《商周青铜器铭文暨图像集成》02892）。陵孟姬与夌伯觯、夌姬鬲中的夌伯、夌姬当属同族，同属于西周金文中姬姓的夌氏。

这个姬姓夌氏的地望又在哪里呢？曾有学者对此发表过一些看法，《宝鸡弻国墓地》一书说："夌国或与弻国联姻，夌伯之女嫁与弻国，夌国方位不能确指，可能在关中西部，陕甘交界处。"⑤王自兴先生也说："夌，当为封国名或氏族名，其地望当在今陕西宝鸡一带。"⑥两家意见均认为姬姓夌氏应在关中西部或宝鸡附近，这样论断的原因应该是受夌氏铜器出土地及其与弻国之间婚姻关系的影响。这种思考的方向应该是正确的，在两周时期的婚姻资料中，尤其是那些国力较弱小的封国或氏族，其影响力和交际范围都非常有限，也就很难有机会和远邦联姻。⑦

所以姬姓夌氏的地望就应在关中地区尤其是宝鸡一带进行重点排查，但是在有关记载中宝鸡附近并没有一个"夌"地，看来姬姓夌氏的地望要么不见于文献记载，要么只能以通假求之。前文已说媿姓的夌氏应该就是朋氏，也就是说传世文献中的䣙国，说明了夌与䣙以及从朋得声之字间的音近通假关系。无独有偶，古书记载中宝鸡附近正有一个"蒯（䣙）"地，这一点马保

---

① 卢连成、胡智生：《宝鸡弻国墓地》，第 462 页。
② 卢连成、胡智生：《宝鸡弻国墓地》，第 421 页。
③ 马承源主编：《商周青铜器铭文选》第三卷，第 261 页。
④ 杨伯峻：《春秋左传注》，第 1421 页。
⑤ 卢连成、胡智生：《宝鸡弻国墓地》，第 421 页。
⑥ 王自兴：《殷周金文所见地名辑释》，郑州大学硕士学位论文，2014 年，第 42 页。
⑦ 崔明德：《先秦政治婚姻简表》，《烟台大学学报》（哲学社会科学版）1998 年第 4 期，第 83 页。

春先生已曾说明。①

《史记·傅靳蒯成列传》:"蒯成侯緤者,沛人也,姓周氏。"司马贞《索隐》曰:"案:《三苍》云:'蒯乡在城父县,音裴'《汉书》作'䣆',从崩,从邑。今书本并作'蒯',音'菅蒯'之'蒯',非也。……《楚汉春秋》作'憑成侯',则裴憑声相近,此得其实也。"张守节《正义》引《舆地志》言:"蒯成县故陈仓县之故乡聚名也,周緤所封也。晋武帝咸宁四年,分陈仓立蒯成县,属始平郡也。"②

《汉书·高惠高后文功臣表》:"䣆成制侯周緤。"颜师古注:"䣆音陪,又音普肯反。"③

又《长安志》载:"晋太始二年置始平郡,领槐里、始平、武功、鄠、蒯城五县。"④

据《索隐》《汉书》知"蒯成侯"之"蒯"本当作"䣆","蒯"为误字。⑤又据《舆地志》《长安志》记载知蒯(䣆)成侯的封地——"蒯(䣆)"在汉陈仓县,晋始平郡尚有蒯(䣆)城,汉陈仓县的治所在今陕西宝鸡市东二十里渭水北岸⑥,蒯(䣆)地自当在此附近。这个宝鸡附近的蒯(䣆)地与根据夌氏婚姻关系及其铜器出土地所推断的西周姬姓夌氏地望相合,很可能就是其所在。

在陕西宝鸡附近还出土和采集有多件以""为族徽的商代晚期和西周早期铜器⑦,此字旧或被释为"佣"⑧,加之器物出自宝鸡与姬姓夌氏地望相合,而且年代更早。有学者就认为氏或许是宝鸡佣氏(也就是本文所说的姬姓夌氏)的更早来源⑨,这种意见是有问题的。现在既已辨明了西周时期存在于宝鸡附近的夌(䣆)氏为姬姓,而父乙壶(《商周青铜器铭文暨图像集成》12057)

---

① 马保春:《山西绛县横水西周倗国大墓的相关历史地理问题》,《考古与文物》2007年第6期,第40页。
② 《史记》修订本,北京:中华书局,2014年,第3284、3285页。
③ 《汉书》,北京:中华书局,1962年,第574页。
④ (宋)宋敏求撰,(清)毕沅校正:《长安志》,台北:成文出版社,1970年,第326页。
⑤ 原本《史记》中有数篇早已散佚,今本所见乃是后人增补,《傅靳蒯成列传》即是其一(参见中华书局2014年《史记》中《修订前言》第4页),"䣆"误为"蒯"或出自增补人之手。
⑥ 史为乐:《中国历史地名大词典》,北京:中国社会科学出版社,2005年,第1397、1398页。
⑦ 何景成:《商周金文族氏铭文研究》,济南:齐鲁书社,2009年,第384、385页。
⑧ 李孝定、周法高、张日昇编著:《金文诂林附录》,香港:香港中文大学出版社,1977年,第117—127页。
⑨ 马保春:《山西绛县横水西周倗国大墓的相关历史地理问题》,《考古与文物》2007年第6期,第40页。

铭文云"▨父乙",既用日名又有族徽,根据周人不用族徽、日名的习俗①,▨更有可能是一个非姬姓族氏,其与西周宝鸡附近的夌（郮）氏当无关,更何况目前▨字的释读仍存有较多异议,释"倗"之说并未得到较多认同。

（四）结语

经过上文的讨论,西周金文中的夌氏应分为两支：一支是河宗氏之后媿姓,即是山西绛县横水的朋（郮）国,朋氏又称夌氏属于国名用字中的通假现象；另一支则与周王室同为姬姓,其地就在汉代陈仓县的蓢乡,即今陕西宝鸡市东,据金文资料还可知其与弜、夆两氏均有过联姻。媿、姬两支夌氏在时间上有过并存关系,又均以"夌"作为国族名,这为研究先秦时期异地同名现象增添了新史料,同时也丰富了我们对西周国族史的认知,具有一定价值。至于另外两件夌氏铜器——陵叔鼎与夌伯鼎,由于均为传世器,出土信息不详,且铭文内容也没有透露出族姓线索,其属于上文哪一支夌氏抑或是另外的夌氏,暂不可知。

---

① 张懋镕：《周人不用日名说》,《历史研究》1993 年第 5 期,第 173—177 页；张懋镕：《再论"周人不用日名说"》,《古文字与青铜器论集》第三辑,北京：科学出版社,2010 年,第 23—26 页；张懋镕：《周人不用族徽说》,《古文字与青铜器论集》,北京：科学出版社,2002 年,第 223 页；张懋镕：《再论"周人不用族徽说"》,《古文字与青铜器论集》第三辑,北京：科学出版社,2010 年,第 27—33 页。

五、新出霸国铜器与宜国地望研究

一、宜国历史的几点争议

宜作国名本不见于传世典籍记载,直到20世纪50年代康王时器宜侯夨[①]簋的出土才为世人所知。据介绍当时铜簋的出土情况是:

> 一九五四年六月间,丹徒县龙泉乡下聂村农民聂长保的儿子在烟墩山南麓斜坡上翻山芋地"垄沟"时,无意间在地表下三分之一公尺的土里掘出一只鼎,他就小心地扩大挖的范围,在三分之二公尺的深度,共掘得铜器十二件,计:鼎一,甗一,簋二(其中一只是有铭的夨簋),大盘一,小盘一,盉一对,牺觥一对,角状器一对,聂长保把这些东西统统交给当地乡区政府……[②]

文中提到的"有铭的夨簋"就是宜侯夨簋,铭文长达一百二十余字,内容牵涉到了虞国改封,宜国成立,周王册命诸侯授土授民,以及地图使用等诸多西周史实。因此簋铭资料公布以后学界便对其中的有关问题展开了广泛的讨论,直到今日依旧热度不减。[③]为便于讨论,现参照学界相关研究意见将簋铭释写如下(释文从宽,尽量采用通行文字):

> 唯三(四)月,辰在丁未,王省斌王、成王伐商图,诞省东国图,

[①] 宜侯夨簋即旧称的宜侯矢簋,"矢"字近年来经诸位学者的研究,知其应改释为"夨",详参后文。
[②] 江苏省文物管理委员会:《江苏丹徒县烟墩山出土的古代青铜器》,《文物参考资料》1955年第5期。
[③] 学界关于宜侯夨簋的相关讨论可以参看张广志:《宜侯矢簋与吴的关系研究的历史回顾与再认识》,杜勇主编:《叩问三代文明——中国出土文献与上古史国际学术研讨会论文集》,北京:中国社会科学出版社,2014年,第128—137页;王文轩:《宜侯矢簋及其相关问题研究综述》,苏州博物馆编:《苏州文博论丛》第7辑,北京:文物出版社,2016年,第34—40页;王一凡:《宜侯矢簋学案综理》,复旦大学出土文献与古文字研究中心网站,2018年4月16日,http://www.gwz.fudan.edu.cn/Web/Show/4236。

王立（莅）于宜，入社，南向，王令虞侯胡曰：迁侯于宜，锡囗鬯一卣，商瓒一囗、彤弓一、彤矢百、旅弓十、旅矢千。锡土：厥川三百囗，厥囗百又廿，厥宅邑卅又五，厥囗百又卌，锡在宜王人囗十又七生（姓），锡奠（甸）七伯，厥卢囗又五十夫，易宜庶人六百又囗六夫，宜侯胡扬王休，作虞公父丁尊彝。

铭文的释读有几点需要说明：

①"虞侯"之"虞"有学者释为"虡"，从铭文拓片来看此字下部应是夨，当以释"虞"为是。[①]国名"宜"旧或释为"俎"[②]，并不可信。之所以会有学者认为俎、宜一字而误释铭文，是因为金文中嬱字所从的偏旁存在"宜"形与"且（俎）"形[③]换用的现象，既作"▨"（苏甫人盘，《商周青铜器铭文暨图像集成》14405）又作"▨"（嬱妊壶，《商周青铜器铭文暨图像集成》12149）。但是陈剑先生已指出嬱字中的"宜"形与"且（俎）"形根本就不能看作"宜"字和"俎"字，而是"创"字之省，创是与宜、俎均不同的另一个字。[④]既然宜（▨）、俎（▨、▨）并非同字，簋铭就只能释为"宜侯"。

②宜侯之名"夨"旧多释为"矢"，亦有释"天"[⑤]"吴"[⑥]之说，均误。陈剑先生指出应释为"胡"，其字来源于甲骨文中的▨（《甲骨文合集》16846），是"胡"之表意初文。"胡"可以指人、牛、鸟兽之颔下垂肉，▨之造字本意就是"人之胡""人颔下之垂肉"，字形在后来的演变过程中省去上部的圆圈形指示符号，就演变为了人倾头形的"夨"。[⑦]将夨解释为胡字的表意初文较有

---

① 唐兰：《宜侯夨簋考释》，《考古学报》1956年第2期。
② 陈邦福：《矢簋考释》，《文物参考资料》1955年第5期；唐兰：《西周青铜器铭文分代史征》，北京：中华书局，1986年，第155页；王晖：《从西周金文看西周宗庙"图室"与早期军事地图及方国疆域图》，《陕西师范大学学报》（哲学社会科学版）2012年第1期。
③ "且"本当是象"俎"的俯视之形，旧或认为是男性生殖器，不确。参见陈剑：《甲骨金文旧释"蠿"之字及相关诸字新释》，复旦大学出土文献与古文字研究中心编：《出土文献与古文字研究》第二辑，上海：复旦大学出版社，2008年，第39、40页。
④ 陈剑：《甲骨金文旧释"蠿"之字及相关诸字新释》，复旦大学出土文献与古文字研究中心编：《出土文献与古文字研究》第二辑，第37—47页。
⑤ 沈长云：《谈铜器铭文中的"天王"及相关历史问题》，《考古与文物》1989年第6期。
⑥ 陈絜、马金霞：《叔▨鼎的定名及西周历史上的▨国》，朱凤瀚、赵伯雄编：《仰止集——王玉哲先生纪念文集》，天津：天津人民出版社，2007年，第353—367页。
⑦ 陈剑：《据〈清华简（五）〉的"古文虞"字说毛公鼎和殷墟甲骨文的有关诸字》，陈昭容主编：《古文字与古代史》第五辑，台北："中央研究院"历史语言研究所，2016年，第281—286页。

道理，先秦出土文献中尚有不少从大之字的读音均与鱼部字接近①，也可证明将此字释读为"胡"是合理的，不能释为"矢"或"夭"。

③"珷王、成王伐商图""东国图"中的"图"，陈梦家先生释为鄙②，郭沫若先生则指出当即图绘之图③，其后黄盛璋④、李学勤⑤、唐兰⑥等先生均有将"图"看作地图的意见，应是正确的。王晖先生又曾补充说明"珷王、成王伐商图"分别是指周武王伐商和成王伐商的作战地图，而且应是作战之前制作而成，"东国图"则是周初的东方疆域图。⑦

几个关键的疑难字释疑以后，簋铭的内容还是很清楚的，就是：康王省视武王、成王伐商的作战地图以及东方疆域地图以后，命令虞侯胡迁国于宜，赏给虞侯一些物品，同时赐土授民。铭文涉及了两个国名用字"虞"与"宜"，据簋铭知宜为虞迁封而来，宜侯胡簋出土于江苏丹徒县，这里是后世吴国的势力范围。因此唐兰先生认为宜是吴国的始封之地，宜侯胡簋就是吴国最早的铜器⑧，此说得到了不少学者的赞同。李学勤先生认为吴、虞音近可通，虞就是吴，簋铭所载是虞（吴）迁封于宜。⑨同时还有研究者指出宜、吴是并立的两个国家，但是持此说的学者中对于宜的地望仍存有较多分歧，或以为地在河南宜阳⑩；或在误释"宜"为"俎"的基础上，认为俎即柤，在江苏邳县⑪；或以为地在安徽阜阳⑫；或认为在簋的出土地江苏丹

---

① 相关论述可参见陈剑：《据〈清华简（五）的"古文虞"字说毛公鼎和殷墟甲骨文的有关诸字》，陈昭荣主编：《古文字与古代史》第五辑，第281—286页；马超：《2011至2016新刊出土金文整理与研究》，西南大学博士学位论文，2017年，第566—573页。
② 陈梦家：《宜侯矢簋和它的意义》，《文物参考资料》1955年第5期。
③ 郭沫若：《矢簋铭文考释》，《考古学报》1956年第1期。
④ 黄盛璋：《铜器铭文宜、虞、矢的地望及其与吴国的关系》，《考古学报》1983年第3期。
⑤ 李学勤：《宜侯矢簋与吴国》，《文物》1985年第7期。
⑥ 唐兰：《西周青铜器铭文分代史征》，第154—155页。
⑦ 王晖：《从西周金文看西周宗庙"图室"与早期军事地图及方国疆域图》，《陕西师范大学学报（哲学社会科学版）》2012年第1期。
⑧ 唐兰：《宜侯矢簋考释》，《考古学报》1956年第2期。
⑨ 李学勤：《宜侯矢簋与吴国》，《文物》1985年第7期，第16页；李学勤：《走出疑古时代》，沈阳：辽宁大学出版社，1997年，第260—263页。
⑩ 黄盛璋：《铜器铭文宜、虞、矢的地望及其与吴国的关系》，《考古学报》1983年第3期；夏含夷先生赞同黄盛璋先生的意见，只是在具体表述上认为宜应在洛阳以南的宜水之上，参见（美）夏含夷著，张淑一、蒋文、莫福权译：《海外夷坚志——古史异观二集》，上海：上海古籍出版社，2016年，第166页注释1。
⑪ 王晖：《西周春秋吴都迁徙考》，《历史研究》2000年第5期。
⑫ 胡进驻：《矢国、虞国与吴国史迹略考》，《华夏考古》2003年第3期。

徒^①，除此以外还有洛邑边鄙附近^②，陕西陇县、宝鸡、凤翔一带^③，山东莱芜^④等诸种说法。

长期以来学界关于虞（宜）与吴的关系，宜的地望等问题一直聚讼纷纭。还有学者将簋铭中的"虞"与地处陕西宝鸡附近的强国^⑤联系起来，使得宜国相关历史问题更加复杂迷离。值得庆幸的是，近年公布的西周金文中出现了新的宜国史料，这就为拨开宜国历史的疑云提供了契机。

二、近出宜国金文史料辩证

2007年开始发掘的山西翼城大河口西周霸国墓地出土有一件霸伯盘（M1017：41），《2010 中国重要考古发现》最早刊布其铭文^⑥，但是图片尺幅较小，铭文模糊。2014年，李建生先生公布了铜盘铭文的清晰照片^⑦，后著录于《商周青铜器铭文暨图像集成续编》一书（编号0949）。2018年，《山西翼城大河口西周墓地1017号墓发掘》又公布了盘铭拓片以及器形等详细资料^⑧，经各家研究，其铭文为：

> 唯正月既死霸丙午，戎大捷（翦？）于霸，伯搏戎，获讯一［夫］，伯对扬，用作宜姬宝盘，孙子子其万年永宝用。

盘铭记载了霸国与戎人之间的一次战斗，戎人来犯，霸伯御驾亲征参与搏斗，取得胜利，俘获敌人一名，因此为宜姬铸作宝盘。有学者主张霸应为媿姓之国^⑨，应可信，此盘刻记军功，明显不是媵器，"宜姬"从文意上说只能是霸伯的配偶，而不会是他的女儿。宜姬之"宜"原作𠭯，此字最初的时候

---

① 王文轩：《宜侯夨簋及其相关问题研究综述》，苏州博物馆编：《苏州文博论丛》第7辑，第38页。
② 陈邦福：《夨簋考释》，《文物参考资料》1955年第5期。
③ 张亚初：《两周铭文所见某生考》，《考古与文物》1983年第5期；曹锦炎：《关于〈宜侯夨簋〉铭文的几点看法》，《东南文化》1990年第5期。
④ 陈絜、刘洋：《宜侯吴簋与宜地地望》，《中原文物》2018年第3期。
⑤ 梁晓景、马三鸿：《论强、夨两国的族属与太伯奔吴》，《中原文物》1998年第3期；尹盛平：《西周史征》，西安：陕西师范大学出版社，2004年，第71页。
⑥ 谢尧亭等：《山西翼城大河口西周霸国墓地》，《2010中国重要考古发现》，北京：文物出版社，2011年，第71页。
⑦ 李建生：《"倗"、"霸"国家性质辩证》，复旦大学出土文献与古文字研究中心网站，2014年12月10日，http://www.gwz.fudan.edu.cn/Web/Show/2395。
⑧ 山西省考古研究所等：《山西翼城大河口西周墓地1017号墓发掘》，《考古学报》2018年第1期。
⑨ 谢尧亭：《解读霸国》，山西省考古研究所、山西博物院、首都博物馆编：《哟哟鹿鸣——燕国公主眼里的霸国》，北京：科学出版社，2014年，第9—15页。

未被正确释出，陈梦兮女士以为与"昷"形近①，李建生先生与《商周青铜器铭文暨图像集成续编》均释为"白"，单育辰先生则释为"西"②，《山西翼城大河口西周墓地1017号墓发掘》释为"宜"而括注问号，是对释"宜"之说表示怀疑。各家释读意见不同，一方面是因为最初公布的铭文不够清晰；另一方面则主要是因为此字的写法稍有特别，略有变形。宜（☒）字本象俎上置肉之形，而此处的☒两"肉"之形虽在，而外部的"俎"形却差异较大，且右上角还加有饰笔。谢明文先生曾对此字进行过详细考释分析，指出外部作椭圆形的"宜"字已见于甲骨卜辞☒，而于此类形体的右上加饰笔的现象同见于昷、害等字的古文字形体中，力证此字当改释为"宜"③。此外盘铭的"宜"字形体还可以和仲旬人盉（《商周青铜器铭文暨图像集成续编》0981）铭文中"剖"（☒）字左侧偏旁合观，二者近似，这也足以证明释盘铭为"宜姬"之说可信。

按照金文女姓称名的规律，"宜姬"就应是来自宜国的姬姓女子嫁于霸伯为妻者，谢明文先生已经敏锐地指出霸伯盘"宜姬"之"宜"应与宜侯夨之"宜"为同一国。于是乎得益于霸伯盘的问世和铭文释读，总算是在宜侯夨簋出土之后，时隔几十年又发现了一则新的宜国史料。

新刊布的倗国铜器中有一件仲旬人盉，也曾有部分学者将其与宜国联系起来，在这里需要进行辩证说明。此器最早在陈昭容女士《两周夷夏族群融合中的婚姻关系》中公布（同出尚有一件同铭的盘，资料尚未公布）④，后又收录于《商周青铜器铭文暨图像集成续编》之中（编号0981），盉铭云：

> 仲旬人肇作剖（☒）姬宝盉，其用夙（夙）夜享于厥宗，用享孝于朕文祖考，用匄百福，其万年永宝，子子孙其万年用，夙（夙）夜享考（孝）于厥宗用。

铭文中的"剖姬"，陈昭容女士读为"姪姬"，并推测这位"姪姬"就是同墓所出朋⑤伯作芮姬簋中的芮姬之姪，"姪"是在说明这位姬姓女子的身份，

---

① 陈梦兮：《新出铜器铭文研究》，安徽大学硕士学位论文，2013年，第121页。
② 李建生：《"倗"、"霸"国家性质辩证》第15楼评论。
③ 谢明文：《霸伯盘铭文补释》，中国文字编辑委员会编：《中国文字》新四十一期，台北：艺文印书馆，2015年，第169—172页。
④ 陈昭容：《两周夷夏族群融合中的婚姻关系——以姬姓芮国与媿姓倗氏婚嫁往来为例》，陕西省考古研究院、上海博物馆编：《两周封国论衡——陕西韩城出土芮国文物暨周代封国考古学研究国际学术研讨会论文集》，上海：上海古籍出版社，2014年，第95、96页。
⑤ "朋"陈先生原文以及不少学者常释作"倗"，实误。此字就应释为"朋"，参季旭昇：《说文新证》，台北：艺文印书馆，2014年，第306页。

仲旬人是他的丈夫。①石小力先生则认为"副姬"可能与霸伯盘中的"宜姬"有关。②前文已引陈剑先生的论点指出"副"字与宜、俎均不同,在仲旬人盉中当以读"姪"为是,这里的"副姬"应与宜国无关。

三、霸国对外交往对宜国地望的启示

霸伯盘表明霸国曾与宜国联姻,这对于解决宜国地望问题有重要启示,两周时期的诸侯联姻都有着重要的地缘政治考量,通婚的背后是两国族利益关系的建立与巩固。《国语·鲁语》载:"夫为四邻之援,结诸侯之信,重之以婚姻,申之以盟誓,固国之艰急是为。"③《列女传》所载卫懿公在嫁女于许和齐之间选择时,其女说:"古者诸侯之有女子也,所以苞苴玩弄,系援于大国也。言今者许小而远,齐大而近……今舍近而就远,离大而附小,一旦有车驰之难,孰可与虑社稷?"④陈昭容女士曾据相关记载指出,春秋国家间婚嫁所考虑的主要因素:以婚姻作为邦国外交结好的手段,婚姻结好之国需要"大而近",以备国有外患时,能伸出援手。⑤可见嫁娶对象的远近是联姻的一项重要考虑因素,曾有学者全面考察过先秦时期的政治联姻,发现就那些自身本就弱小的方国而言,由于国力有限,其相互间的联姻大都是短距离的。⑥

这一小国间联姻历史事实的揭示十分重要,位于山西翼城的媿姓霸国娶入姬姓宜国之女,应有向统治集团姬周族和华夏靠近的企图,且宜、霸又均非西周时期的强盛之国,甚至于"微不足道"、名不见经传。因之宜国的地望应与霸国临近,至少也应在霸国对外交际圈以内才合于常理,所以只要全面梳理霸国史料中的对外交往信息,确定出霸国的交际范围,便可为宜国地望问题提供有关线索。霸国文献佚记,相关史迹仅见于传世和近年新公布的霸国铜器铭文中,据我们考察其对外交往的资料共有如下几条:

---

① 陈昭容:《两周夷夏族群融合中的婚姻关系——以姬姓芮国与魏姓佣氏婚嫁往来为例》,陕西省考古研究院、上海博物馆编:《两周封国论衡——陕西韩城出土芮国文物暨周代封国考古学研究国际学术研讨会论文集》,第96页。
② 石小力:《〈商周青铜器铭文暨图像集成续编〉释文校订》,邹芙都主编:《商周青铜器与先秦史研究论丛》,北京:科学出版社,2017年,第150、151页。
③ 徐元诰撰,王树民、沈长云点校:《国语集解》,北京:中华书局,2002年,第148页。
④ (汉)刘向撰,刘晓东点校:《列女传》,沈阳:辽宁教育出版社,1998年,第26页。
⑤ 陈昭容:《从青铜器铭文看汉淮地区诸国婚姻关系》,《"中央研究院"历史语言研究所集刊》2004年第75本第4分,第639页。
⑥ 崔明德:《先秦政治婚姻简表》,《烟台大学学报》(哲学社会科学版)1998年第4期。

①娶女于燕。霸国墓地 M1 出土有燕侯旨卣（《商周青铜器铭文暨图像集成续编》0874），铭文云："燕侯旨作姑妹宝尊彝。"据参与发掘工作的谢尧亭先生介绍，此墓出土的另外两件爵、一件尊和觚上也发现有燕侯旨相关的铭文。燕侯旨是燕国第二任君主，"姑妹"是其小姑，很可能是召公奭的女儿。大量的燕国铜器埋葬在霸国君主的墓葬之中，这不是一般的助葬之器所能解释的，更不可能是分赐、掠夺而来，赠送的唯一途径就是两国联姻。① 西周早期燕国的都城位置随着北京房山琉璃河墓地的发掘，已经可以确定是在北京。②

②邢叔来赏。霸伯簋（M1017：8）云："唯十又一月，井（邢）叔来榦，蔑霸伯历，事伐，用帱二百、井二粮、虎皮一。霸伯拜稽首，对扬邢叔休……"同墓所出另有两件铜簋（M1017：40、35）铭文与此基本相同。③ 西周金文中的邢氏有多支，或位于河北邢台附近的邢国④，或居于陕西岐周、奠地⑤，还有一支是位于宗周地区的邢叔氏。⑥ 其中宗周邢叔氏世为王室重臣，霸伯簋中的邢叔能够对霸君宣令，并行嘉勉赏赐，地位应高于身为诸侯的霸伯，这个邢叔当出自在王朝任职的宗周邢叔氏。

③周王赏赐。大河口 M1017 出土的霸伯盂（《商周青铜器铭文暨图像集成》06229）载："唯三月，王使伯考蔑尚历，归（馈）茅苞、旁（芳）鬯、臧（浆），尚拜稽首。既稽首，延宾……"周与霸之间的联系还见于霸伯方簋（M1017：42）载："唯正月王祭蒸于氏，大奏，王赐霸伯贝十朋……"这次事件另见于霸伯盂（M1017：70）。⑦ 这几件铜器均是周王与霸国直接相往来的证据。

④搏斗戎人。M1017 出土的霸伯盘（《商周青铜器铭文暨图像集成续编》0949）载："唯正月既死霸丙午，戎大捷（觐？）于霸，伯搏戎……"此次战争还见于 M2002 的三件格仲簋："唯正月甲午，戎捷（觐？）于丧遽（原），

---

① 谢尧亭：《解读霸国》，山西省考古研究所、山西博物院、首都博物馆编：《呦呦鹿鸣——燕国公主眼里的霸国》，第 15、16 页。
② 李学勤：《北京、辽宁出土铜器与周初的燕》，《考古》1975 年第 5 期。
③ 山西省考古研究所、临汾市文物局、翼城县文物旅游局联合考古队，山西大学北方考古中心《山西翼城大河口西周墓地 1017 号墓发掘》，《考古学报》2018 年第 1 期。
④ 张渭莲、段宏振：《邢台西周考古与西周邢国》，《文物》2012 年第 1 期。
⑤ 陈絜：《周代农村基层聚落初探——以西周金文资料为中心的考察》，朱凤瀚主编：《新出金文与西周历史》，上海：上海古籍出版社，2011 年，第 131 页。
⑥ 中国社会科学院考古研究所：《张家坡西周墓地》，北京：中国大百科全书出版社，1999 年。
⑦ 山西省考古研究所、临汾市文物局、翼城县文物旅游局联合考古队，山西大学北方考古中心：《山西翼城大河口西周墓地 1017 号墓发掘》，《考古学报》2018 年第 1 期。

格仲率追，获讯二夫、或（馘）二……"①簋所记时间为正月甲午，盘铭时间为正月丙午，相距 12 天。看来这次与戎人战斗持续时间颇长，双方有过数次短兵相接。格仲簋中的地名"丧邍（原）"，李建生先生指出就在今天大河口向南 3 公里的桑古堆附近。②

⑤倗国赠器。M1017 出土的两件铜盆铭文云："朋伯肇作旅盆，其万年永用。"绛县横水的朋国墓地的朋，即是传世文献中的倗国。③倗为媿姓，与霸族出一源，且绛县与翼城毗邻，倗伯铜器出自霸伯之墓很可能是出于赠送，当然也不排除战争掠夺等原因。

⑥芮伯送礼。见于著录的两件霸簋（《商周青铜器铭文暨图像集成》04609、04610）铭文云："芮公舍霸马两、玉、金，用铸簋。"据铭文知芮公曾向霸君赠送过马、玉器和铜料，可见芮与霸之间关系友好。随着 2005 年以来陕西韩城梁带村芮国墓地的发掘，知芮国西周时期应在陕西韩城附近。

⑦与某姞姓、姬姓国族联姻。传世有一件霸姞鼎（《商周青铜器铭文暨图像集成》01603）和一件同铭的霸姞簋（《商周青铜器铭文暨图像集成》04329），云："霸姞作宝尊彝。"大河口 M2002 出土的氣盘载："唯八月戊申，霸姬以气讼于穆公……"。④"霸姞"应是某位姞姓女子嫁至霸国者，而"霸姬"则是姬姓女子嫁于霸国者，可惜铭文并没有交代霸姞、霸姬所出的国族名。

有学者曾根据霸国之"霸"有写作"格"字的现象，认为金文中所见的格氏铜器也应与霸国相关，更进一步推测霸国即典籍之潞氏。⑤这种意见除了字形上能将霸国与格氏、潞氏联系起来以外，尚无其他确凿的证据表明格氏、潞氏与霸国相关，而先秦时期异国族同名的现象数见不鲜，故此说不可信据。

以上所述就是目前所能见到的所有霸国对外交往的资料，从这些记载可知与霸国建立有往来关系的对象有燕、芮、倗、周王室、王室重臣邢叔和戎人。这些对象除了周王室与邢叔身份地位特殊以外，其他国族的地理位置均

---

① 山西省考古研究所、临汾市文物局、翼城县文物旅游局联合考古队，山西大学北方考古中心，中国人民大学出土文献与中国古代文明研究协同创新中心：《山西翼城大河口西周墓地 2002 号墓发掘》，《考古学报》2018 年第 2 期。
② 李建生：《"佣"、"霸"国家性质辩证》，复旦大学出土文献与古文字研究中心网站，2014 年 12 月 10 日。
③ 李学勤：《绛县横北村大墓与倗国》，《文物中的古文明》，北京：商务印书馆，2013 年，第 272、273 页。
④ 山西省考古研究所、临汾市文物局、翼城县文物旅游局联合考古队，山西大学北方考古中心，中国人民大学出土文献与中国古代文明研究协同创新中心：《山西翼城大河口西周墓地 2002 号墓发掘》，《考古学报》2018 年第 2 期。
⑤ 黄锦前、张新俊：《说西周金文中的"霸"与"格"——兼论两周时期霸国的地望》，《考古与文物》2015 年第 5 期。

与霸国较近，且没有一个是处于较偏远的周人东土、南土的。这说明霸的交际范围重点在于周王室及其自身周边地区，影响力远远触及不到地处东方、南方边陲的诸侯国。霸国交往对象除了地处西方的周王和邢叔氏以外，多在周之北土一带，这应该还与其族源有关。前文已引有关学者的意见指出霸为媿姓，是华夏化了的戎狄，而媿姓源于商代鬼方，王国维先生谓其族西自汧陇，环中国而北，东及太行常山间①，王玉哲先生则进一步辨明了鬼方在殷周时期应位于今山西境内②，也即是说鬼方一族的活动区域本就与华夏北土国族接近，那么其交往的对象多集中在这一区域也就是极为自然的了。

黄盛璋先生将宜国定在宜阳时提出了几条关键证据：首先，宜侯夨簋载康王赏赐宜侯"在宜王人十又七姓，赐郑七伯"，"王人"就是当地周贵族，周初淮河流域为徐戎、淮夷等族所阻隔，远未达到长江流域，丹徒一带不可能有周贵族；其次，王先省览武王、成王伐商图和东国图，而后到宜行改封宜的典礼，省图和迁封二事之间应有内在联系。宜必在东国，与伐商线路有关。宜阳当长安、洛阳南道之冲，在周东都畿内③，这些意见洵为卓识。至于黄先生在将"奠七伯"读为"郑七伯"的基础上，认为宜应与郑地临近则未必准确。近来陈絜、刘洋与强晨先生均著文申论了宜应处于东国这一观点，同时还说明了西周时期的"东国"所指大致在成周以东这一区域范围之内，从而将毗邻成周的宜阳排除在外④，几位先生对东国区域的揭示十分可信，但认为宜必在东国则又失之于绝对。康王省视武王、成王伐商地图以及东国地图之后迁封宜国，正如前贤所论，说明了宜的迁封应与"东国"以及两次伐商有关，很可能是出于监管东国的政治目的。但这并不意味着宜必须在东国范围之内，其处在东国毗邻区域同样能够达到强化管理的效果。

综上所述，宜侯夨簋铭文的叙事线索透露了宜应与"东国"（成周以东的区域）临近或在其内，同时也与两次伐商路线相关，而通过新见金文中的霸、宜通婚以及霸国对外交往史料，又可进一步推论出宜地应距翼城不太远。以这四个限制条件来核实以往关于宜国地望的诸多论点，有学者提出的宜在江苏邳县、安徽阜阳、江苏丹徒、陕西宝鸡附近等说法，均有明显的不合理之

---

① 王国维：《观堂集林》，北京：中华书局，1959年，第583页。
② 王玉哲：《鬼方考》，《古史集林》，北京：中华书局，2002年，第302—308页。
③ 黄盛璋：《铜器铭文宜、虞、夨的地望及其与吴国的关系》，《考古学报》1983年第3期。
④ 陈絜、刘洋：《宜侯夨簋与宜地地望》，《中原文物》2018年第3期；强晨：《由西周"东国"看宜侯夨簋中宜地所在》，《中国国家博物馆馆刊》2018年第10期。

处。要么距离翼城过远超出了霸国的影响力和交际范围，要么就是无法与簋铭所交代的武王、成王伐商线路或者东国建立起联系。陈絜、刘洋先生曾从"宜""义"通假出发，推测宜国应即卜辞中的"义"地，在山东莱芜。①莱芜虽处东国，也与成王所征伐的商奄接近，然而此说却无法将宜与武王伐商建立起关联，也距霸国较远，更何况莱芜远在王畿之外，接近东夷，康王时期恐也不太可能有众多"王人"存在。

诸说之中我们认为只有黄盛璋先生提出的宜阳之说是最为可靠的，首先，宜阳紧邻西周"东国"的西界——成周，符合宜国迁封这一事件发生的历史背景，即加强对东国的管控；其次，宜阳与霸国所在的山西翼城接近，符合小国联姻多以短途为主的历史实际；最后，宜阳一带距武王伐商观兵振旅所在的孟津，以及成王践奄而营建的成周均不远，处于周人两次伐商的路线之中或附近，宜阳与簋铭提到的武王伐商、成王伐商、东国这三种地图均相关，完全符合铭文的叙事逻辑线索。

四、余论

最后还有一个问题必须说明，既然宜国在宜阳，那么宜侯之器为何出土自江苏丹徒呢？这就需要对宜侯胡的出土情况进行认真地辨析，从本文开头所引的出土介绍可知，这批铜器并非考古发掘所得，出土器物的层位关系，摆放位置、器物组合方式等均不详。过去一直被认为是一处墓葬，近来钱公麟、许洁先生指出烟墩山青铜器群出土有镦、镈等东周时期的铜器，又有西周早期的宜侯胡簋，这批铜器群时代跨度大，青铜器种类比较杂乱，没有一定规律，不成体系。埋葬方式随意，没有递嬗关系，不合礼制，应属于窖藏，宜侯胡簋属于舶来品。②我们完全赞同两位先生的分析，康王时期的宜侯胡簋属于地在宜阳的宜国，但是后来由于种种原因流散至江苏丹徒一带，并和一批其他东周铜器一起被窖藏起来，这就合理地解释了宜侯之器出自江苏丹徒的原因。

过去由于宜国地望问题一直悬而未决，从而导致学界对宜（虞）、吴之间的关系纠葛不清。现在既然能够知道宜在河南宜阳而不是江苏丹徒，不属于东周时期吴国的范围，宜侯胡簋并不是吴国铜器，其与吴国始封或迁徙也就无关了。

---

① 陈絜、刘洋：《宜侯吴簋与宜地地望》，《中原文物》2018年第3期。
② 钱公麟、许洁：《从"宜侯夨簋"谈起》，《中国文物报》2016年10月21日，第6版。

六、六国文字与隶变关系的再思考
——黄惇先生《战国竹简墨迹的笔法问题》一文阐微

黄惇先生大作《战国竹简墨迹的笔法问题》一文[①]，探讨了战国墨迹文字中的"倒薤"（"蝌蚪"）笔法问题，并详细分析了这种笔法在战国墨迹文字中的具体表现和演变。文中通过研究近年出土的战国秦汉简牍、帛书、盟书等手写汉字材料，指明了倒薤笔法与后世波挑、掠笔等隶书、草书以及楷书笔法的关系，这对于隶变问题研究具有重要意义。本文拟在黄先生研究的基础上对六国文字与隶变的关系问题进行一番讨论，不当之处敬请黄惇先生以及诸位方家批评指正。

（一）忽视"笔法"问题是以往"隶变"研究中的不足之处

在汉字形体演变的过程中，由篆文演变为隶书是最重要的一次变革。这次变革使汉字的面貌产生了极大的变化，对汉字的结构也产生了很大影响。[②]"隶变"一词最早出现于唐文宗时期唐玄度编著的《九经字样》一书。[③]如果唐玄度算是最早对隶变问题进行研究的学者，那么从唐文宗时期一直到现在，"隶变"已经被研究了上千年。然而关于"隶变"中的一些问题，学界迄今未能取得一致意见，其中不乏一些完全相左的看法，战国时期东方"六国文字"与"隶变"的关系问题即是其中之一。

不少学者认为六国文字同样存在隶变现象，如：唐兰先生在《中国文字学》中说："六国文字的日渐草率，正是隶书的先导。"[④]饶宗颐先生指出"楚帛书已全作隶势，结构扁衡，而分势开张，刻意波发……惟帛书用圆笔而不

---

① 黄惇：《战国竹简墨迹的笔法问题》，《书法研究》2016 年第 1 期，第 136 页。
② 裘锡圭：《文字学概要》修订本，北京：商务印书馆，2013 年，第 73 页。
③ 赵平安：《隶变研究》，保定：河北大学出版社，2009 年，第 2 页。
④ 唐兰：《中国文字学》，上海：上海古籍出版社，2005 年，第 131 页。

用方，以圆笔而取衡势，体隶而笔篆也……于此可悟隶势写法之所祖。"①刘凤山先生在其博士论文中将"楚文字隶变"列为其中一节，并说"秦国以外，其他诸侯国在文字的发展和演变上，隶变的迹象依然也很明显。"②

而另一些学者则坚决反对六国文字与隶变有直接的关系，如：姜宝昌先生在《文字学教程》一书中明确地将隶变限定为秦篆向隶书的演变过程中的现象。③赵平安先生也明说："我们认为，大约从战国中期开始，秦系文字的小篆经由古隶向今隶的演变，就是隶变。隶变始于秦文字……文字学界的大多数人认为：隶书是六国文字发展的共同倾向……这一观点是根本站不住的。"④

王贵元先生分析这两种观点之所以对立的原因时说："持论隶变是各系文字的共有现象者，主要是发现了六国文字有与隶书同样的形变现象；而持论隶变是秦系文字独有现象者，思路是从后向前推，既然秦汉隶书是因秦始皇统一全国而由秦国文字发展来的，自然隶变也只是秦系文字的事。"⑤王先生的总结是有道理的，但是却忽略了有学者坚持"六国文字有隶变"的另一个重要原因，那就是：六国文字有后世隶书笔法的影子。饶宗颐先生所说的楚帛书"分势开张，刻意波发"，明显就是针对楚帛书的笔法与隶书有关而言的。

黄惇先生指出"笔法"是与"形构"同时发生隶变的重要内容，而古文字学界对隶变的研究多指形构，而鲜涉笔法。⑥黄先生此说一针见血地指出了隶变研究中存在的一项不足之处，对"隶变"过程中汉字笔法问题的忽视，是导致一些学者对"六国文字"与"隶变"关系产生误解的重要原因。汉字演变过程中不仅"形体"（文字学研究中"形体"一词较"形构"常用，故下文用"形体"替换黄惇先生所说的"形构"一词）一脉相承，"笔法"更是如此。战国时期是"隶变"发生的重要阶段，只有辨明"六国文字"与"秦文字"在"形体"和"笔法"两个方面演变的共性与个性，才能正确认识"六国文字"与"隶变"的关系。

---

① 饶宗颐：《楚帛书之书法艺术》，饶宗颐、曾宪通：《楚地出土文献三种研究》，北京：中华书局，1993年，第342页。
② 刘凤山：《隶变研究》，首都师范大学博士学位论文，2006年，第44页。
③ 姜宝昌著，殷焕先校订：《文字学教程》，济南：山东教育出版社，1987年，第782页。
④ 赵平安：《隶变研究》，第6—8页。
⑤ 王贵元：《隶变问题新探》，《暨南学报》（哲学社会科学版）2011年第3期，第156页。
⑥ 黄惇：《战国竹简墨迹的笔法问题》，《书法研究》2016年第1期，第144页。

（二）"六国文字"与"秦文字"形体演变上的共性与个性

1. "简化"是"六国文字"与"秦文字"形体演变的共性

简化是汉字发展的基本规律，战国时期的六国文字与秦文字也均在这一规律的支配下各自发展。何琳仪先生在《战国文字通论》中指出"汉字的部件多源于对客观事物的摹写，所谓'画成其物，随体诘屈'。然而文字部件越是酷似客观事物，就越不便书写。趋简求易，是人们书写文字的共同心理。因此，从文字产生之时就沿着简化的总趋势不断地发展演变……战国文字简化现象，不但在各系文字中普遍存在，而且其简化方式比殷周文字尤为复杂。简化方式往往由约定俗成的习惯所支配。"①

也就是说战国时期虽然各国文字形体有别，正所谓"言语异声，文字异形"，但是都在经历着相似发展趋势——简化，更重要的是各系文字在简化方式上也存在着诸多相似之处。战国文字的简化可以参考裘锡圭先生的意见从字形与字体两方面来论述。字形指一个个字的外形，字体指文字的字形特点和书写风格。②从字体上说六国文字与秦文字简化的总体趋向是非常接近的，大致都是在从线条化向笔画化发展。③例如："夫"字金文作"夫"（膳夫吉父鬲，《殷周金文集成》00704），楚文字中有时写作"夫"（《郭店楚简·语丛一》109号简）；"祝"字金文作"祝"（大祝禽方鼎，《殷周金文集成》01938），晋系文字《侯马盟书》中有时作"祝"；"中"字金文作"中"（中友父盘，《殷周金文集成》10102）"，燕国文字有时作"中"（《古玺汇编》5351）；"余"字金文作"余"（鼄公华钟，《殷周金文集成》00245），齐国文字有时作"余"（《殷周金文集成》11035）；"此"金文作"此"（此鼎，《殷周金文集成》02822），秦国文字作"此"（《睡虎地秦墓竹简·法律答问》2号简）"等。通过上述几例西周春秋金文到战国文字的写法变化，可知在各系文字中均出现了将金文的"婉曲线条"简化为"方折""直线"等笔画的现象。

至于战国文字字形上的简化则较为复杂，《战国文字通论》一书归纳为：单笔简化、复笔简化、浓缩形体、删简偏旁、删简形符、删简音符、删简同形、借用笔画、借用偏旁、合文借用笔画、合文借用偏旁、合文删简偏旁、

---

① 何琳仪：《战国文字通论（订补）》，南京：江苏教育出版社，2003年，第202页。
② 裘锡圭：《文字学概要》修订本，第35页。
③ 王贵元：《隶变问题新探》，《暨南学报》（哲学社会科学版）2011年第3期，第156页。

合文借用形体十三种类型。①需要注意的是，这些简化方式并不是单独存在于某一国文字之中，而是六国文字与秦文字的共有现象，《战国文字通论》论述上述简化类型时所举的例证已能很好地证明这一点。

综上所述，战国时期"六国文字"与"秦文字"形体演变的总趋势是"简化"，并且无论是从字体上还是字形上来看，其所采取的总的"简化"方法都是近似的，这是二者的共性。

2. "六国文字"与"秦文字"具体的简化方式有别

"六国文字"与"秦文字"在字体上的简化，都是从线条化向笔画化发展；字形上的简化也不外乎何琳仪先生所总结的十几种方法，但是两者在形体简化过程中又有一些具体的差别。

首先，具体到某一个字或者某一个偏旁时，"六国文字"与"秦文字"所采取的简化方式以及简化程度有所不同。例如："定"字在金文中的写法一般作"圖"，秦文字简化作"圖"（《睡虎地秦墓竹简•法律答问》121 号简），变曲笔为直线；三晋文字作"圖"（《侯马盟书》），将声符"正"改换为写法简单的声符"丁"，并将"宀"旁改写为"/""\"两个斜笔，可见同是形体简化但是两者所使用的方式不同，且晋系文字中"定"字的简体明显简化程度更高。

其次，"六国文字"与"秦文字"在形体简化过程中侧重于使用的方式有所不同，秦文字侧重于"变曲为直"的方式简化篆体，而六国文字则似乎没有特别侧重于某一种简化方式，虽然"六国文字"中"变曲为直"的简化同样存在，但总体而言远没有"秦文字"中使用得那么普遍。正如裘锡圭先生所说："六国文字俗体的字形跟传统的正体的差别往往很大。秦国的俗体侧重于使用方折、平直的笔法改造正体，其字形一般跟正体有明显的联系。而且秦国文字的正体虽然并不是一点没有受到俗体的影响，但是没有象六国文字的正体那样被俗体冲击得溃不成军。"②

以上两点大致是战国时期"秦文字"与"六国文字"在形体简化过程中的不同之处。这里还必须强调一点，用方折、平直笔画改造篆书婉曲的线条，是后世隶书形成的先决条件之一。裘锡圭先生已经指出："在秦国文字的俗体里，用方折的笔法改变正规篆书的圆转笔道的情况很常见。有些字仅仅由于

---

① 何琳仪：《战国文字通论（订补）》，第 203—212 页。
② 裘锡圭：《裘锡圭学术文集•语言文字与古文献卷》，上海：复旦大学出版社，2012 年，第 136 页。

这种变化，就有了浓厚的隶书意味。"①可见大量地"用方折的笔法改变正规篆书的圆转笔道"对隶变的发生具有重要意义。

（三）"六国文字"与"秦文字"的笔法演变问题

黄惇先生指出先秦时期手写汉字的原始笔法就是倒薤或称蝌蚪笔法（下文使用倒薤笔法之称），战国时期的墨迹文字斜执笔、侧锋运用广泛，运笔多表现为弧拱形运动，因而横势明显。倒薤笔法之横画加上圆势运动，为波挑之初形。倒薤法之撇画加上圆势运动，为掠笔之初形。②黄先生的论述总结出了战国时期手写体汉字笔法演变的规律，即"倒薤笔法"以及运笔的"圆势运动"，导致了隶书笔法中波挑和掠笔的产生。

这种观点与战国时期墨书材料的实际情况是完全相符的。《包山楚简》中有如下几个字：乙（乙，171号简）、九（九，55号简）、巳（巳，21号简）等，张传旭先生指出这几个字已经出现类似隶书成熟之后的波挑，张先生还使用了"特别令人感到吃惊"来形容这种现象。③其实明白了战国墨迹文字笔法的演变规律之后，这种现象就显得不足为奇了。黄惇先生已经指出"圆势运动"以及"倒薤笔法"是战国墨迹文字笔法的共同演变特点，楚简文字在此规律下发展，自然就会产生出后世隶书中的"波挑"之笔。楚简文字中还存在着掠笔雏形，黄惇先生论文中已有详论，此不赘述。

除此之外，邢文先生指出："晋系侯马盟书多见蚕头与燕尾的早期形态；楚系湖南子弹库帛书、湖北望山楚简、河南葛陵楚简等，都见早期隶书的结体与用笔。"④邢先生说明的这些六国文字笔法现象，同样是战国时期墨迹文字笔法演变具有共同规律的具体表现。

"六国墨迹文字"与"秦系墨迹文字"在具有共同笔法演变规律的同时，也各有一些笔法上的特点。张传旭先生将楚文字的笔法分为四种主要类型：第一类，侧锋重按入笔，然后改变笔锋的角度，提笔出锋，下笔处形成一个三角形斜茬；第二类，两头都是露锋，笔锋顺锋滑入，逐渐下按笔锋，至笔画的中前部，逐渐提笔出锋，形成两头尖细，"胸部"肥大的形状；第三类，中锋入笔，下笔稍顿，然后提笔出锋，出锋时速度稍放慢，笔锋能留得住，

---

① 裘锡圭：《裘锡圭学术文集·语言文字与古文献卷》，2012年，第218页。
② 黄惇：《战国竹简墨迹的笔法问题》，《书法研究》2016年第1期，第144、145页。
③ 张传旭：《楚文字形体演变的现象与规律》，首都师范大学博士学位论文，2002年，第46页。
④ 邢文：《楚简书法的笔法与体势——答刘绍刚先生》，《光明日报》2012年7月2日，第15版。

整个线条无有尖细的露锋；第四类，与第二类入笔、出笔类似，在行笔过程中线条回旋屈曲，是受鸟虫书影响所致。①按照黄惇先生对"倒薤笔法"的总结，此处可以补充第五种类型："头锐尾粗（起笔出锋，收笔略按）"。②

因为楚系墨迹文字资料及笔法的丰富性，这五种楚系墨迹文字笔法大概也是战国时期墨迹文字笔法的主要类型。这五种类型的笔法均存在于楚系简帛文字中，尤其以第一类、第二类居多，第四类笔法因是受鸟虫书影响而产生的，故应是楚系墨迹文字中的特色笔法。

秦文字中的笔法受到秦文字多用方折、平直笔画的影响，整个字形横势明显，圆弧形笔画较楚文字为少。以战国中期的青川木牍为例："月"字作"■"，"己"作"■"，"草"作"■"，"时"作"■"，大致是以平直的笔法居多，并且笔画均匀，倒薤笔法较少。③隶书及其笔法源自战国秦系文字，笔者近来整理新出土青铜器铭文，偶然发现秦国上郡所造的兵器上常有"工隶臣某"的铭文，这些兵器上的刻划铭文（殳书）应是隶书的最早源头之一。这类文字是刻划上去的，须用很大的力气，因而也形成了与篆书完全不同的握笔（刀）方法和运笔（刀）方法，笔者经过反复研究琢磨，发现刻划这类字体的发力点不在腕部，也不在肘部而在臂部，是以臂关节为支点，从左向右刻画的，故其横画常向右下倾斜，这就是隶人契刻之法。隶书的笔法来源于这种执刀法和运刀法，故古隶的横画也常向右下倾斜，至汉隶始能平直。④笔法的圆势运动不如楚系文字的包山简、清华简、郭店简明显。秦文字多用"方折"和"平直"笔画改造篆体，就会增加"横画"在整个秦文字系统中的数量，造成了秦文字的横势明显强于六国文字，横画的增多加之圆势运动的影响，使得"波挑"等隶书笔法在秦系墨迹文字中快速发展和成熟。从同时期的资料来看，秦文字"波挑"笔法成熟的程度远高于楚文字，比如战国末期至秦代的《睡虎地秦墓竹简》中隶书的成分均以具备，且"波挑"十分明显⑤，而战国晚期的楚系墨迹文字中此类笔法则较为罕见。

---

① 张传旭：《楚文字形体演变的现象与规律》，第40页。
② 黄惇：《战国竹简墨迹的笔法问题》，《书法研究》2016年第1期，第142页。
③ 张传旭：《楚文字形体演变的现象与规律》，第36页。
④ 胡长春：《从尹湾汉墓名谒木牍谈关于隶八分的一些问题》，《中国书法与古文字研究》，北京：人民出版社，2015年，第191、192页。
⑤ 张传旭：《楚文字形体演变的现象与规律》，第88页。

(四)"六国文字"与"隶变"的关系

有不少学者注意到了六国文字中有与秦文字相似的形变现象,如:楚文字中的"夫(夫)""大(大)""天(天)"等字与后世隶书近似。有人便以此作为六国文字有隶变的证据,如王贵元先生说:"虽然不能说秦汉隶书来源于六国文字,但六国文字同样出现了与秦系文字相同的形变现象,即隶变现象,是符合实际的。"①

还有学者从"六国文字"有与"隶书"近似的笔法立论,认为六国文字有隶变,饶宗颐等先生即持此类意见(说参前文),事实上这两种认识都是有失偏颇的。六国文字中之所以会出现与隶书近似的形体和笔法,是因为六国文字与秦文字具有共同的形体和笔法演变规律决定的。如果六国文字在形体简化的时候采用了变篆体为方折、平直笔画的方法,就会偶尔出现与后世隶书同形的文字形体;六国文字的倒薤笔法中加入圆势运动,同样会产生出隶书式的"波挑"和"掠笔"。

事实上隶变的发生以及隶书的成熟,需要"形体"与"笔法"两个方面的共同作用和相互影响。以秦文字为例,在形体上秦文字主要以"方折""平直"的笔画简化篆书;同时在笔法上于"倒薤笔法"中加入圆势运动。"方折""平直"的笔画增加了秦文字的隶书意味,并使得字形的横势加强。横画的增多加之笔法中的圆势运动,才使得秦文字中隶书笔法发展成熟起来。

六国文字中虽然同样有以"方折""平直"的笔画简化篆书的现象,但是这种简化方法在整个六国文字体系不占主流,只是少数现象。②这就是为什么在战国中期的青川木牍中可以看到较多的横直笔画,而在战国中晚期的上博简、郭店简、清华简以及战国晚期的九店楚简等楚文字中,横直的笔画并不明显的主要原因。因此虽然楚文字运笔过程中圆势运动明显(尤其是纵竖方向的笔画),但是由于整个文字体系中横直笔画数量较少,很难呈现出横平竖直的隶书意味,"波挑""掠笔"等笔法的发展也远不如秦文字成熟。

实际情况也可以证明楚文字并没有向"隶书"式的文字发展。战国中期的秦文字墨迹资料"青川木牍"虽已有浓厚的隶书意味,但是仍保留有明显的篆书面貌,隶书笔法更没有清晰地显现出来。但是到了战国晚期的《睡虎

---

① 王贵元:《隶变问题新探》,《暨南学报》(哲学社会科学版)2011年第3期,第156页。
② 六国文字的墨迹资料,目前以楚文字为大宗,就楚系简帛资料来看,我们初步认为其形体简化方式主要是通过解散篆体、合并笔画、删减笔画偏旁、改换偏旁以及书写上的圆势运动等方式实现的。

地秦墓竹简》中却已经完全具备了隶书的笔法要素。而拿战国早期的《曾侯乙墓竹简》和战国晚期的《九店楚简》相比，完全看不出"波挑""掠笔"等"隶书"式笔法有什么显著发展，与隶书形体上的差距就更加明显了。这就可以很好地说明六国文字与秦文字的简化道路是不同的。

我们认为六国文字仅是在发展过程中，偶尔出现了与"隶变"相似的形体和笔法等现象，不能以偏概全，因此就认为六国文字有隶变。我们反对六国文字有隶变的说法，但是完全赞成某些六国文字中的简化字可能会对隶变起到借鉴和指导作用。①战国时期各国文化交流频繁，一国文字受到他国影响是完全有可能的，属于楚系文字的清华简中就有明显的三晋文字特征。②秦国文化相对落后，秦文字受到东方六国文字影响的可能性是很大的。

（五）结语

对于"六国文字"与"秦文字"演变过程中出现的偶尔相似的文字现象，王贵元先生主张给予相同的名称——"隶变"，他说："如果隶变仅指秦系文字的变化，那么六国文字相同的阶段性形体变化怎么表示？若另外给一个名称，就等于相同现象而有两名。"③我们认为使用"简化"一词就可以很好地概述六国文字形体演变的规律。这样也可以表明"六国文字"与"秦文字"在发展过程中的区别。总之完全没有必要借用原本表示秦文字形体简化的"隶变"一词，来表示"六国文字"中的形体演变现象，否则不仅与事实不符，也会造成概念上的混乱。

虽然六国文字出现有个别与"隶书"相似的字形与笔法，但却无法更进一步向隶书发展，更不可能大量地产生隶书式的笔法和文字形体。这个主要是六国文字与秦文字在形体简化过程中所采用的简化方式决定的。有学者从"六国文字"中有个别形体和个别笔法与隶书近似的现象立论，认定六国文字有隶变是很不恰当的，关键就在于没有正确地认识这类相似形体和笔法之所以出现的原因。

---

① 赵平安：《隶变研究》，第16页。
② 赵平安：《谈谈战国文字中值得注意的一些现象——以清华简〈厚父〉为例》，复旦大学出土文献与古文字研究中心编：《出土文献与古文字研究》第六辑，上海：上海古籍出版社，2015年，第303页。
③ 王贵元：《隶变问题新探》，《暨南学报》（哲学社会科学版）2011年第3期，第156页。